职业教育产教融合新形态教材

新编21世纪高等职业教育精品教材
人力资源管理系列

U0853747

绩效管理实务

（含活页实训手册）

主　编　杨喜军　赵　楠　朱　怡
副主编　郭新娟　谢　幸　赉绍云　谢艾秀　罗香苑
参　编　韦荣录　闫　燕

中国人民大学出版社
·北京·

图书在版编目（CIP）数据

绩效管理实务：含活页实训手册 / 杨喜军，赵楠，朱怡主编. -- 北京：中国人民大学出版社，2025.7.
（新编 21 世纪高等职业教育精品教材）. -- ISBN 978-7-300-33591-9

Ⅰ. F272.5

中国国家版本馆 CIP 数据核字第 20253JT817 号

职业教育产教融合新形态教材

新编 21 世纪高等职业教育精品教材·人力资源管理系列

绩效管理实务（含活页实训手册）

主　编　杨喜军　赵　楠　朱　怡

副主编　郭新娟　谢　幸　贲绍云　谢艾秀　罗香苑

参　编　韦荣录　闫　燕

Jixiao Guanli Shiwu (Han Huoye Shixun Shouce)

出版发行	中国人民大学出版社		
社　　址	北京中关村大街 31 号	**邮政编码**	100080
电　　话	010－62511242（总编室）		010－62511770（质管部）
	010－82501766（邮购部）		010－62514148（门市部）
	010－62511173（发行公司）		010－62515275（盗版举报）
网　　址	http://www.crup.com.cn		
经　　销	新华书店		
印　　刷	中煤（北京）印务有限公司		
开　　本	787 mm×1092 mm　1/16	**版　　次**	2025 年 7 月第 1 版
印　　张	15.75	**印　　次**	2025 年 7 月第 1 次印刷
字　　数	340 000	**定　　价**	49.00 元

前言
PREFACE

本教材全面贯彻党的二十大精神，坚持落实立德树人根本任务，遵循高素质技术技能人才成长规律，突出体现“以学生为中心”“做中学，做中教”等职业教育理念和产教融合类型特征。

本教材在案例与任务导入、直通职场和学以致用等栏目充分展示了中国式现代化进程中绩效管理方面的新经验、新模式，为解决各类组织绩效管理面临的共同问题提供中国智慧、中国方案；同时将创新创业教育等融入教材之中，充分展现中国式现代化的中国特色和职业教育的本质要求。

本教材根据教育部《高等学校课程思政建设指导纲要》、国家教材委员会《习近平新时代中国特色社会主义思想进课程教材指南》等文件精神对教材的要求，突出思想性、先进性、科学性、适用性和时代性。为了实现学生的认知提升、技能提升和素养提升，本教材通过案例引出任务和问题，通过任务和问题引出理论基础与操作技能，还增加了直通职场等栏目，主要介绍中国式现代化企业实践的最新成果。通过深入挖掘我国改革开放的成果，广泛采用国内知名企业的成功案例来介绍相关理论，演绎相关操作技能，从而学习贯彻习近平新时代中国特色社会主义思想，使学生形成正确的价值判断。

本教材编写团队由学校老师和企业专家共同组成，凝结着学校老师 10 多年的课程教学经验和企业专家绩效管理经验。本教材注重理论与实践、案例等相结合，将专业知识和企业工作场景相融合，以真实工作任务和实践案例等为载体，将学习领域和工作领域相衔接，建立基于工作问题导向和任务驱动的内容体系。本教材还提供了数字化学习资源，有的是对重点难点的讲解，有的是对教材内容的补充，适用于在线学习和混合式学习。活页实训手册供教师和学生对内容进行自主选择和组合。

本教材紧扣人力资源管理专业人才培养能力目标，深度对接行业企业标准和国家专业教学标准，将绩效管理的实际解决方案、岗位能力要求等内容有机融入，通过数字化技术的应用和最新绩效管理工具的介绍反映最新管理技术、操作规范和未来技术发展，体现教学改革要求及高素质技术技能人才培养特色。本教材介绍的数字化绩效管理的新技术、新方法包括人工智能技术在绩效管理制度制定中的应用、目标与关键结果工具的应用对于数字化技术的选择与开发、数字化考核系统的开发现状及未来发展趋势、用数字化技术分析绩效考核数据，最后在附录中总体介绍了绩效管理数字化转型的现状和存在的不足等。

本教材由广西机电职业技术学院杨喜军老师、赵楠老师、朱怡老师担任主编，其中杨喜军老师负责统筹和统稿，完成了工作领域一到工作领域四的写作，赵楠老师完成工作领域六、七和附录的写作，朱怡老师完成工作领域五的写作。广西人力资源服务协会执行会长郭新娟老师、广西经济职业学院谢幸老师、广西交通职业技术学院贲绍云老师、广东财贸职业学院谢艾秀老师、广东工贸职业技术学院罗香苑老师担任副主编，其中郭新娟老师为教材的大纲编写、写作体例设计和案例选择等提供了很多建设性意见，并提供了工作领域一、二的企业案例，谢幸老师和罗香苑老师分别参与了工作领域三、四及相关在线练习的编写，贲绍云老师参与了工作领域三任务三的编写，谢艾秀老师参与了工作领域七任务一的编写。同时，广西培贤国际职业学院韦荣录老师协助完成了工作领域二中的大部分图表的制作，陕西工商职业学院闫燕老师协助完成了工作领域一、三中大部分图表的制作。

另外中国建设银行来宾分行高级副经理马跃荣、广西筑猎信息科技有限公司总经理费育云、步步高广西南城百货有限责任公司人力资本部部长蒙娟萍等都为教材的编写提出了很多宝贵的建议。本教材还大量参考了相关著作、论文、网站、App，在此向这些文章、作品的作者一并致以深深的谢意！

本教材编写团队已在超星学习通建立线上课程（课程网址：https://mooc1.chaoxing.com/course-ans/courseportal/240220549.html），欢迎注册共享共建共发展。本教材系广西教育科学“十四五”规划2022年度研学实践教育与劳动教育专项课题“高职院校项目化育训融合劳动育人模式的研究与实践”（项目编号：2022ZJY1868）的研究成果之一。

鉴于编写团队水平有限，教材难免还存在一些疏漏和不足之处，敬请广大师生和读者朋友批评指正。联系邮箱：583675227@qq.com。

本教材编写团队

CONTENTS 目 录

工作领域一

绩效管理基本理论

学习目标

知识目标

1. 掌握什么是绩效，理解绩效的完整含义。
2. 理解影响绩效的主要因素。
3. 掌握绩效管理的科学内涵，树立现代绩效管理理念。
4. 理解什么是战略绩效管理。
5. 理解制定完善的绩效管理制度的重要性。

技能目标

1. 能够区分不同绩效观点的应用场景，并能运用于未来的工作之中。
2. 能够运用影响绩效的因素去分析实际工作中的绩效差异。
3. 能够结合实际工作科学设计绩效管理流程。
4. 能够理解战略绩效管理理念并贯彻在绩效管理实施过程中。
5. 能够参与制定绩效管理制度。

素养目标

1. 通过对绩效和绩效影响因素的分析，培养全面客观分析问题的科学精神。
2. 通过不同绩效管理阶段模型的分析，培养优化管理流程的效率意识。
3. 通过学习战略绩效管理的理念，培养大局意识和远见。
4. 通过制定绩效管理制度，培养纪律观念和法治意识。

任务一　理解绩效内涵

案例与任务导入

有一家软件开发企业，该企业专注于为企业提供定制化的软件解决方案。随着市场的不断发展和企业经营规模及人员规模的不断扩大，企业高管发现，员工的工作积极性难以充分调动起来，由于员工人数增多，管理人员也觉得在人员管理方面心有余而力不足。企业高管觉得以前靠人管人的方式行不通了，意识到需要建立一个完善的绩效管理体系来确保员工目标与企业战略的一致性，并激励员工实现更高的业绩。要推行绩效管理体系，需要对全员进行关于将来建立绩效管理体系的看法与建议的摸底。为此，人力资源部特意设计了一个调查问卷来收集大家的意见，其中对绩效理解存在的疑问如下：

1. 绩效是什么？如果绩效就是任务的话，完不成任务公司会怎么处罚我？
2. 如果任务在执行过程中，遇到不可抗的客观因素影响完不成任务，公司会怎么处理？
3. 本人做的都是行政事务性工作，绩效任务是什么呢？
4. 我们卖软件的，已经是拿提成了，还需要考核绩效吗？那不多此一举？

……

任务： 总经理看了以上问卷的调查结果，深深感到建立绩效管理体系的难度不小，其中大家对绩效就有不同的理解甚至误解。接下来，企业首先应该让大家对绩效的概念有个基本的认知。那么什么才是绩效呢？

理论基础与操作技能

一、国内关于绩效含义的理解

（一）国家职业资格培训教程的解释

绩效的含义

《企业人力资源管理师（四级）》对绩效的解释是："从最一般的意义上讲，绩效（performance）指的是活动的结果和效率水平。从管理实践来看，人们对于绩效的认识是不断发展的，从单纯地强调数量到强调质量，再到强调满足客户需求，从强调'即期绩效'到强调'未来绩效’等，发展到今天，对其内涵的认识也愈加成熟，学者们从不同角度对绩效进行了界定。概言之，绩效是‘绩’（即工作的结果）与‘效’（即实现工作结果的效率水平）的复合体，本身是一种客观存在。”

（二）国内有关学者的解释

中国人民大学的林新奇教授认为，“所谓绩效，包括产出和行为，是指组织、部门或员工控制下的与工作目标相关的行为及其产出。行为旨在促进产出的合理实现，产出旨在形成目标导向，二者不可偏废”。曹子祥认为绩效和绩效管理体系都来自西方，“Performance的意思是表现，所以也可以说绩效就是表现，个人的绩效就是个人的表现，部门的绩效就是部门的表现，事业部的绩效就是事业部的表现，公司的绩效就是公司的表现”。

二、国外关于绩效含义的理解

（一）绩效产出说

绩效是指工作结果，持此观点的代表人物是 H. J. 伯纳丁，他说：“绩效应该定义为工作结果，因为这些工作与组织的战略目标、顾客的满意度及所投入的资金的关系最为密切。”绩效是员工最终行为的结果，是员工行为过程的产出。这种说法是人们早期对绩效的理解，因为绩效刚开始主要是针对一线生产工人或体力劳动者而言的。

（二）绩效行为说

绩效不是行为结果，而是行为本身。持此观点的代表人物有墨菲、坎贝尔和克利夫兰等。他们的依据是：第一，许多工作结果并不一定是个体行为所致，可能会受与工作无关的其他因素影响；第二，员工没有平等地完成工作的机会，而且员工在工作中的表现不一定都与工作任务有关；第三，过分关注结果会导致忽视重要的过程和人际因素，不适当地强调结果可能会在工作要求上误导员工。因此，他们强调，绩效是员工在完成工作过程中表现出的一系列行为特征，诸如工作能力、责任心、工作态度、协作意识等。

（三）绩效综合说

绩效是产出与行为的综合。持此观点的代表人物有奥利安和赖恩斯等。他们认为绩效作为产出，即行为的结果，是评估行为有效性的重要方法。同时，行为既受外界环境的影响，又受主观因素的直接控制，只看结果有失偏颇。这一观点得到了国内外学界和实践界的广泛认可。

三、本书的观点

人们对绩效的认知经历了一个由片面到全面、由现象到本质的过程。因此，绩效是被考核者在可以直接控制的条件下产生的与工作目标相关的行为过程及其结果。在此，我们需要强调的是，绩效按照评价的范围或者对象来分包括组织绩效、部门绩效、团队或项目绩效、员工个人绩效。因此，我们在理解绩效的时候还要避免仅仅把绩效理解为员工绩效的误区。

综上，国内外不同的绩效定义如表 1-1 所示。

表 1-1　国内外不同的绩效定义

	关于绩效的定义	来源/代表人物
国内观点	绩效指的是活动的结果和效率水平	《企业人力资源管理师（四级）》
	所谓绩效，包括产出和行为，是指组织、部门或员工控制下的与工作目标相关的行为及其产出	林新奇
	绩效就是表现，个人的绩效就是个人的表现，部门的绩效就是部门的表现，事业部的绩效就是事业部的表现，公司的绩效就是公司的表现	曹子祥
国外观点	绩效是指工作结果	H. J. 伯纳丁
	绩效不是行为结果，而是行为本身	墨菲、坎贝尔和克利夫兰等
	绩效是产出与行为的综合	奥利安和赖恩斯等
本书观点	绩效是被考核者在可以直接控制的条件下产生的与工作目标相关的行为过程及其结果	

直通职场

华为技术有限公司对绩效的解读

所谓绩效，简单来讲就是事物运动过程（狭义上：业务运作过程）中所表现出的状态或结果，可通过客观的考核和主观的评估等评价方法表现出来。在不同的情况下，绩效有不同的含义：

1. 绩效＝完成了工作任务
2. 绩效＝结果＋过程
3. 绩效＝做了什么（实际收益）＋能做什么（预期收益）

对于管理者而言，绩效包括三方面的含义：

1. 管理者本人的绩效
2. 管理者所辖员工的绩效
3. 管理者所辖部门和流程的绩效

该含义的核心是部门和流程的绩效，管理者应通过改进绩效管理以实现部门的绩效改进（矢量和最大原则）。

组织绩效与员工绩效的关系如图 1－1 所示。

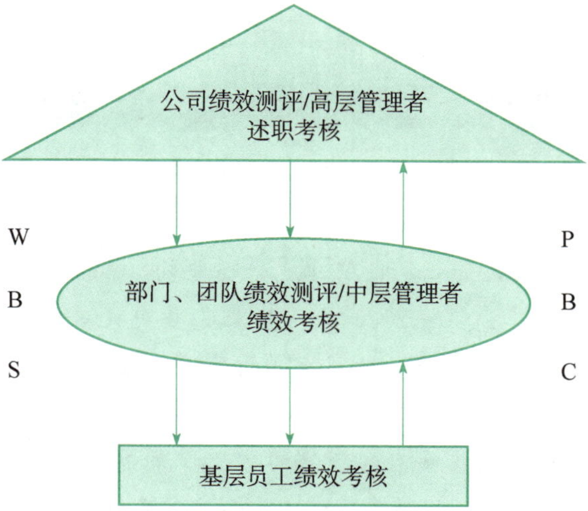

图 1－1　组织绩效与员工绩效的关系

注：图中 PBC 是指个人业务承诺（Personal Business Commitment）；WBS 是指工作任务分解（Work Breakdown Structure），以可交付成果为导向，对项目要素进行分解，它归纳和定义了项目的整个工作范围。

任务分析

我们可以看出案例中该软件开发企业的员工对绩效的理解是比较片面的，主要是把绩效理解为任务或者业绩。这说明该企业此前人管人的管理模式导致员工没有绩效的概念，也由此导致员工对未来的不确定性充满担心，因此在管理活动中需要多宣传、多培训，培养员工的绩效意识，建立企业的绩效文化。

学以致用

大学生在进行学习、实习或者创业活动时，要确立自身的绩效理念，不管是结果还是过程抑或二者兼顾，都要有一个合理的界定和标准，这是任何人必须具备的一个认知，并体现到学习和实践之中。

在线练习

任务二　了解绩效影响因素

案例与任务导入

是什么影响了 K 公司的绩效？

K 公司是做医疗器械的企业，自创立以来以年均 30%的速度实现销售增长，特别是受新冠疫情的影响，2020—2021 年，其业务量更是井喷式增长，年增速高达 560%，由此确立了自己在口罩这一狭窄市场的稳固地位。2022 年，K 公司计划继续扩建厂房并招聘生产工人，生产能力提高到 2020 年的 2 倍，销售收入突破 10 亿元。但是，2023 年公司的口罩销售额不到预计的 20%。同时，由于全球经济下行，公司其他产品的出口大幅下滑，国内销售也业绩平平。公司的计划目标有一些根本无法实现，按照年初拟定的考核方案，年底绩效考核后不少员工都将大幅度降薪，而公司高层却迟迟没有调整目标的意思，为此，整个公司内人心惶惶。

任务： K 公司的绩效目标基本不能实现，员工的薪酬也会因为绩效不佳而面临大幅下降，这种状况是怎么造成的？

理论基础与操作技能

绩效的好坏受到哪些因素的影响？不同研究者的说法大同小异，《企业人力资源管理师（四级）》认为绩效的优劣不取决于单一的因素，而要受到主客观多种因素的影响，即员工的激励、技能、环境与机会，其中激励、技能是员工自身的主观因素，环境、机会是外在的客观因素。林新奇教授也持相同观点。谢伟宁等在《员工绩效管理——理论知识与操作技能训练》中指出“绩效既与评价的客体有关，也与评价的标准有关，而评价的客体和标准又由多个因素决定”，提出了“个人或组织的行为”“绩效主体的资源和能力”“外部环境”三个影响因素。其中“个人或组织的行为”涉及激励，“绩效主体的资源和能力”涉及企业组织的核心竞争力和员工的技能，“外部环境”则包括组织内部环境和组织外部环境，外部环境包含了组织实现绩效的机会。综合绩效管理实践和理论概括的逻辑清晰度，本教材采纳《企业人力资源管理师（四级）》的观点。如图 1－2 所示。

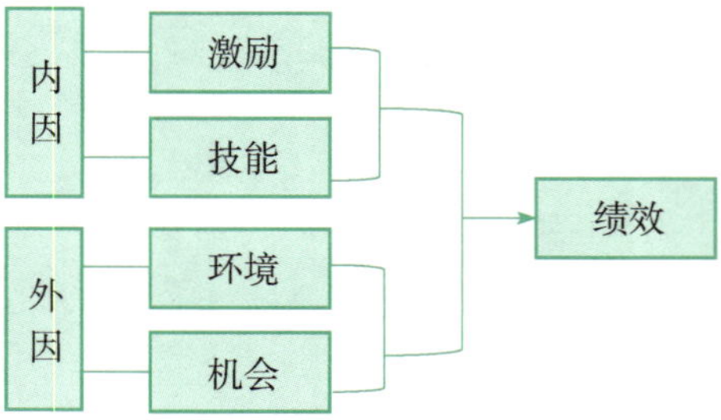

图 1－2　绩效的影响因素

一、激励

激励是通过改变被考核者的工作积极性来发挥作用的。为了使激励手段能真正发挥作用，组织应根据被考核者的需要结构、个性、感知和价值观等特点，确定需求层次，选择激励因素，贯彻公平原则，激发成就欲望等激励手段和方式，对症下药，达到激励的目的。

二、技能

技能是指被考核者的工作技巧和能力水平，影响技能的因素有天赋、能力、经历、教育、培训等，因此，组织可以多途径提高被考核者整体技能水平，促进绩效的达成。主要途径有：一是可以在招聘与录用阶段进行科学的甄选招录到符合技能要求的员工；二是对在职员工进行各种类型的培训或提供学习资源使其达到技能提升的目的。

三、环境

环境可以分为组织的内部环境和外部环境两类。组织的内部环境一般包括：劳动场所的物理环境（如室温、粉尘、照明、噪声、工作场所的设计与布局等）、工作设计的质量和工作任务的性质；办公家具、工具、设备、原材料的供应；上级的领导风格和监控方式；公司的组织结构、职责分工和工作流程；工资结构和福利水平；内外部培训机会；组织文化等。组织的外部环境主要起间接作用，包括政治、经济、文化、技术、社会等方面的因素。总之，无论是组织的内部环境还是外部环境，都会通过影响员工的工作技能和工作态度影响组织不同层面的绩效达成。

四、机会

虽然机会总是留给有准备的人的，但它也具有一定的偶然性。组织中一个员工被安排做什么样的工作受到能力和态度等方面的影响，但具备同样能力和态度的员工在被分配任务或者与客户签订合同时就往往带有一定的偶然性，比如 A 和 B 都胜任接洽某笔业务合同的签订，但恰巧 A 生病请假了，这事就由 B 负责了，B 的业绩因此就可能超过 A。

直通职场

华为技术有限公司关于影响绩效的宏观因素的描述

华为技术有限公司（以下简称华为）关于影响绩效的宏观因素的描述如图 1－3 所示。华为对绩效因素的描述与前述描述有同有异，其中组织因素可以理解为既包括内部环境，也包括组织激励；技术可以理解为技能；环境可以理解为既包括外部环境，也包括市场机会；人的因素比较复杂，大致可以理解为工作态度和能力等。

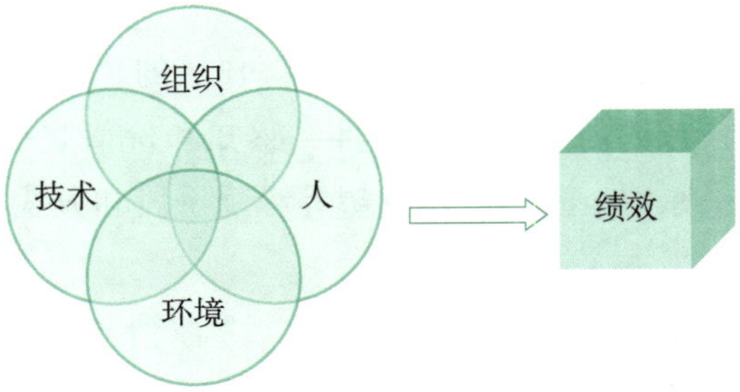

图 1-3　华为关于影响绩效的宏观因素的描述

任务分析

根据案例所述，我们可以提炼出如下关键词：

1. 绩效目标：10 亿元的销售收入。
2. 目标达成：有一些计划目标根本无法实现。
3. 2023 年公司的口罩销售额不到预计的 20%。
4. 由于全球经济下行，公司外销下滑，内销也平平。
5. 公司高层无意调整目标。
6. 员工面临大幅降薪，整个公司人心惶惶。

分析：上述 1、2、6 点表明绩效目标无法达成，属于结果，这是绩效的主要内容。3、4、5 点是造成绩效目标无法达成的原因。其中第 3 点销售额不到预计的 20%，既有疫情好转的外部环境影响，也有公司高层错误估计形势，设定的目标太高的因素，这可以归入“外部环境”或“技能”因素。第 4 点全球经济下行，这是公司无法控制的国际经济形势，属于影响绩效的“外部环境”因素；同时对于公司项目团队来说，它具有偶然性，也可以理解为“机会”不好。第 5 点公司高层无意调整目标，也就意味着员工在现有条件下通过努力无法实现目标，这属于“激励”不当。第 6 点可能的降薪引发人心惶惶说明员工已经无法或者无心开展工作，将进一步影响绩效水平的提高，这是前面一系列因素导致的后果。因此，案例中反映出来的影响绩效的因素包括环境、技能、激励和机会四个方面。

学以致用

理解绩效的影响因素，首先可以用于学习决策分析，通过对环境、机会、技能、激励等要素的分析，明确自己可以努力的方向，比如自我激励，通过提升自身能力，弥补环境和机会可能带来的不足，从而为自己的学习计划进行可行性分析。其次，作为管理类专业的学生可以思考在企业管理实践中如何从绩效影响因素的四个方面来分析团队成员的绩效成因，可以避免主观武断的评价，有利于团队建设。

在线练习

任务三　熟悉绩效管理概念和基本流程

案例与任务导入

案例1　海尔集团的绩效管理

海尔作为一家运营卓越的全球领先企业，它的全球化战略建立在高绩效管理体系和高绩效文化基础之上。这既包括对组织绩效的管理，也包括有效管理员工个人绩效。通过高绩效管理体系将企业战略目标与员工个人发展目标紧密捆绑在一起；通过高绩效文化导向影响每个员工的理念和行为，并产生高绩效结果。海尔绩效管理的目的包括三个方面：

（1）战略目的：将员工工作活动与组织目标联系起来，通过绩效管理体系将战略目标层层分解，落实到个人。

（2）管理目的：为薪酬管理、岗位晋升、员工保留、员工培养等决策提供信息支持。

（3）发展目的：通过绩效管理，提高员工的能力素质和工作业绩，实现人力资本增值。

海尔绩效管理体系以个人业务承诺（PBC）为核心，呈现四个特点：

（1）战略导向：以全球化和卓越运营战略为指针，设计和建设支持战略的绩效管理体系。

（2）持续改进：通过计划、辅导、评价、激励，形成持续不断、循环改进的绩效管理体系。

（3）全员参与：将绩效指标和工作目标层层分解，最终落实到每一位员工身上，实现绩效管理的全员参与。

（4）均衡发展：平衡短期业绩和长期发展之间的关系，构建基于能力的绩效管理体系。

其中，海尔持续改进流程的绩效计划主要完成的任务有工作目标的设定、考核指标的制定、签订个人业务承诺；绩效辅导主要完成的任务有月度业务目标回顾辅导、年度中期绩效回顾辅导、制订改进计划或调整目标等；绩效评价要完成的主要工作有季度业绩评价、年度综合绩效评估、评估结果反馈辅导；绩效激励要完成的主要工作有薪酬发放、员工晋升、员工发展、绩效改善等。

由于集团营造了良好的绩效文化，极大地促进了海尔集团事业的发展，从近几年获得的主要荣誉就可见一斑。如：2023 年中国管理科学大会发布创新奖榜单，海尔位列第一，2022 年获“华谱奖——叱咤全球的国家名片”，海尔智家入选福布斯中国“2022 中国数字经济 100 强”和 2022 年《财富》中国 ESG 影响力榜单；2022 世界物联网 500 强排行榜中，海尔集团位居主榜前十，入选艾媒金榜（iiMedia Ranking）《2022 年上半年中国洗碗机品牌排行榜 Top15》和《2022 年上半年中国扫地机器人品牌排行榜 Top15》，旗下卡奥斯位居工业物联网行业榜第一，海尔智家位居智慧家居行业榜第一；2022 年获选十大“国品之光”品牌，并入选“2022 全球品牌百强榜”，排名 63 位；等等。

案例 2　李经理的烦恼

临近年末，A 商贸有限责任公司销售部李经理情绪糟糕透了。除了要做好销售年底冲量，公司年初提出要实施绩效管理，按照 6 月份发布的绩效管理方案，作为部门经理的他还要完成绩效管理的工作，12 月下旬要组织员工填写各类表格，统计并上报绩效数据。

李经理暗自抱怨：“天天讲绩效管理，市场还做不做？管理是为市场服务的，不以市场为主，这绩效管理还有什么意义！又是规范化，又是考核，各种表格，各种打分，我们哪有精力去抓市场?”抱怨归抱怨，李经理还是怕老板责怪，担待不起。

于是，他把人力资源部制定的各种电子考核表，按要求发给每位员工，要求他们尽快完成自评和互评。然后根据自己对每位业务员一年来的总体印象，进行了简单排序。由于有 40 多个业务员，销售工作纷繁复杂，时间那么长，自己不可能对谁都了解得很清楚，甚至哪些事情是谁做的也不确定都记得住，谁优谁劣难以区分。好在公司没有优劣比例控制，特别好和特别差的，自己还是知道的，至于其他就都差不多了。就这样，最好的给 95～100 分，最差的给 70～75 分，其他的就都在 85 分上下。

李经理排完序，销售文员把员工自评和互评结果也统计出来了。李经理就按照公司绩效管理方案关于上级评价、同级评价和自评 70%、20%、10%的权重让销售文员计算出每个人的得分，然后按照绩效管理方案关于等级确定的方法，除了个别归入特别优秀，个别归入合格和中等外，绝大部分都归入良好。随后李经理随机选取 6 名下属进行了 5～10 分钟的考核反馈。

绩效管理的任务总算完成了。明年的绩效管理又是下个年度年底的事情了，李经理又回到他认为最有价值的业务工作中。

资料来源：林新奇．绩效管理技术与应用［M］．北京：中国人民大学出版社，2021：27．有改动。

任务： 阅读上述案例，比较海尔集团的绩效管理和A商贸有限责任公司的绩效管理有什么不同。

理论基础与操作技能

一、绩效管理的含义

《企业人力资源管理师（四级）》将绩效管理定义为："为实现企业发展战略目标，采用科学的方法，通过对员工个人或组织的综合素质、态度、行为和工作业绩的全面监测分析与考核评定，不断激励员工、改善组织行为，提高综合素质，充分调动员工的积极性、主动性和创造性，挖掘其潜力的过程。"林新奇在其《绩效管理技术与应用》中对绩效管理的定义是："绩效管理是对组织和员工的行为和结果进行管理的一个系统，是充分发挥员工的潜力，提高其绩效，并将员工的个人目标和企业战略相结合以提高组织绩效的一个过程。"

绩效管理的概念

本书认为绩效管理是为了实现组织战略目标，将组织目标与部门目标、员工个人目标紧密地联系在一起，通过制订绩效计划、实施绩效辅导、进行绩效考核和反馈，最后将绩效管理结果充分运用于改进组织绩效管理系统乃至整个组织管理系统的一系列程序，是持续提高组织整体绩效的动态过程。

二、绩效管理的流程设计

当前关于绩效管理的流程设计主要有三种观点：四阶段模型一、四阶段模型二、五阶段模型。

（一）绩效管理四阶段模型一

该观点认为，绩效管理是一个闭环系统，包括绩效计划—绩效监控—绩效考核—绩效反馈四个阶段。如图1－4所示。

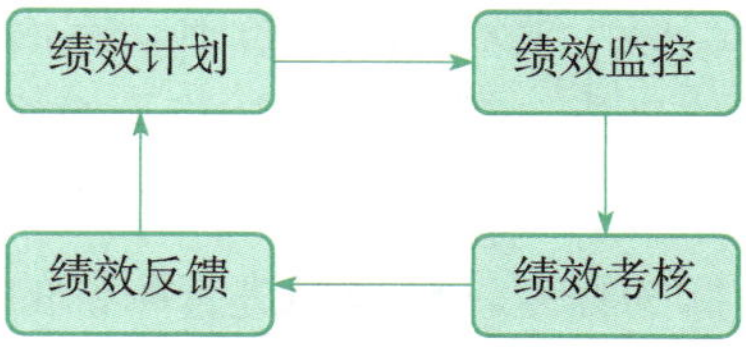

图1－4　绩效管理四阶段模型一

（1）绩效计划是在绩效周期开始时，组织上下级之间经过充分的沟通，明确为实现组织经营管理目标，被考核者在绩效周期内应该做什么、达到什么标准、何时做完、上级提供何种帮助以及被考核者有何决策权限等并就此达成协议。

（2）绩效监控是被考核者按照计划开展工作过程中，上级需要进行指导和监督，及时发现和解决问题，甚至需要根据实际情况的变化及时调整绩效计划，帮助被考核者更好地实现绩效目标。

（3）绩效考核指在绩效管理周期期末，考核者依据绩效计划，使用科学合理的考核方法，对被考核者的工作绩效进行评价的过程。考核的依据是绩效计划实施期间收集到的能够说明被考核者绩效表现的事实和数据。绩效考核是绩效管理的核心环节，也是技术性最强的环节。

（4）绩效反馈主要指绩效考核结束后，上级与被考核者进行考核面谈，使被考核者充分了解和接受绩效考核的结果，并指导其在下一周期改进绩效的过程。绩效反馈应该贯穿于整个绩效管理全过程，绩效考核结束后进行的绩效反馈是正式反馈，平时的绩效反馈是非正式反馈。

（二）绩效管理四阶段模型二

该观点认为，良好的绩效管理是由定义绩效—绩效考核—绩效反馈—绩效改善四个阶段所组成的，如图 1－5 所示。

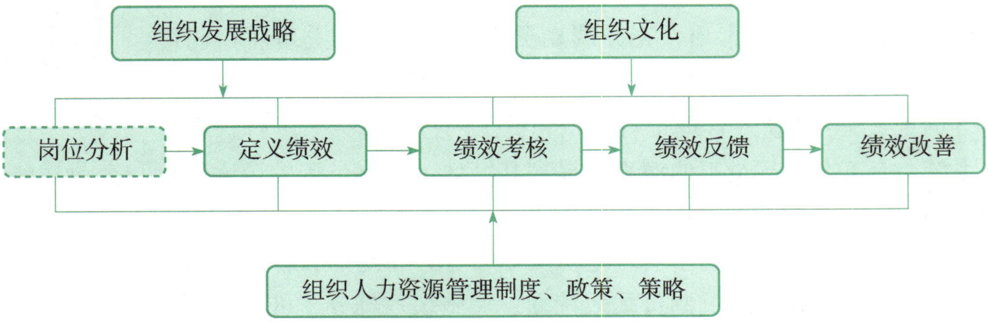

图 1－5　绩效管理四阶段模型二

（1）定义绩效即为了明确被考核者的工作目标，对绩效管理的具体维度及其内容和权重进行界定。其依据首先是岗位说明书，它提供了绩效的内容；其次是组织发展战略和组织文化，它们确定了绩效管理的方向；再次是组织人力资源管理政策，比如如果组织实行内部提升政策，考核各层次管理者的指标就必须包括培养下属的能力。

（2）绩效考核就是制定出健全合理的考核方案并实施，主要包括考核内容、考核方法、考核程序、考核组织、考核主体与考核客体以及考核结果的统计处理等。其中，选择合适的考核方法、设计出可行的考核表格是最关键也是最困难的工作。

（3）绩效反馈是将绩效考核的结果反馈给被考核者，是为了让他们正确地认识自我、评估自我。绩效反馈要基于组织文化和重视程度选择反馈的时机、途径和方式、方法。通过反馈客观、合理的考核结果，管理者可以让被考核者真实了解自己达到组织所期望目标的程度，对他们进行明确的指导。

（4）绩效改善是使绩效管理上升到一个新的水平，继而不断延伸和发展。管理者在前期绩效考核数据和事实的基础上，可以有针对性地分析组织培训需求，将员工个人发展与实现组织目标相结合，从而达到提高组织绩效的目的。

（三）绩效管理五阶段模型

该观点认为，绩效管理由绩效计划—绩效沟通—绩效考核—绩效诊断—绩效总结五个阶段组成，如图 1-6 所示。

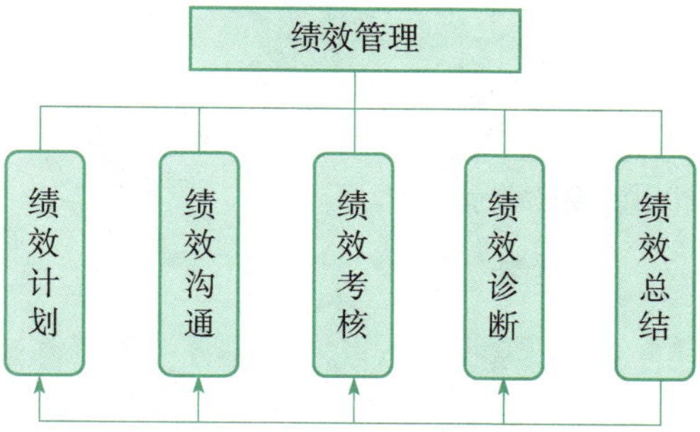

图 1-6　绩效管理五阶段模型

（1）绩效计划是上级与被考核者对考核期间的工作职责、权限、任务重要程度、绩效衡量标准、可能遇到的困难、新技术新技能及培训需求、上级可能提供的帮助及解决问题的途径和方法等一系列问题共同探讨并达成共识的过程。

（2）绩效沟通是被考核者在执行绩效计划时上级进行指导和帮助，此时上级由“考核者”变成下级的“合作伙伴”，全程进行指导、交流、互动，不断完善和充实绩效计划，甚至根据客观环境条件的变化，对绩效计划调整修订，由此下级能亲身感受到绩效管理的积极意义。从这个意义上看，绩效沟通是绩效管理的灵魂。

（3）绩效考核是绩效管理的中心环节。在绩效考核过程中，应注意使被考核者对衡量工作绩效标准有清晰明确的认识，不能有歧义；尽量用数据、事实作依据，防止主观臆断，但又不能在数字上过分地计较；绩效考核应在融洽和谐的气氛中进行。因为在前期沟通中，被考核者已就自己的工作进度和成果与考核者基本上达成共识，所以，绩效考核只是对这些活动的进一步复核和总结。如果在绩效计划和绩效沟通的阶段就能够认真严格地贯彻执行有关标准和要求，那么绩效考核时产生严重分歧的可能性就很小。

（4）绩效诊断是对绩效管理中各个环节和工作要素进行全面监测分析的过程。诊断的具体内容参见工作领域七的“任务二　绩效总结诊断与系统再开发”。

（5）绩效总结。每一轮绩效管理结束，都要对绩效计划、绩效沟通、绩效考核、绩效诊断等各项工作进行深入全面的总结，通过总结发扬成绩，纠正错误，以进一步改进和提高绩效。

（四）本书的观点

上述关于绩效管理流程设计观点的不同源于对绩效管理过程的划分和终点的理解不同，也源于绩效管理实践执行的程度不同。但从绩效管理应该开始和终结的实际要求来看，也从方便人们理解的角度出发，本书认为绩效管理包括以下几个流程：绩效计划—绩效监控与辅导—绩效考核—绩效反馈与改进—绩效考核结果应用与诊断开发五个阶段，如图 1－7 所示。

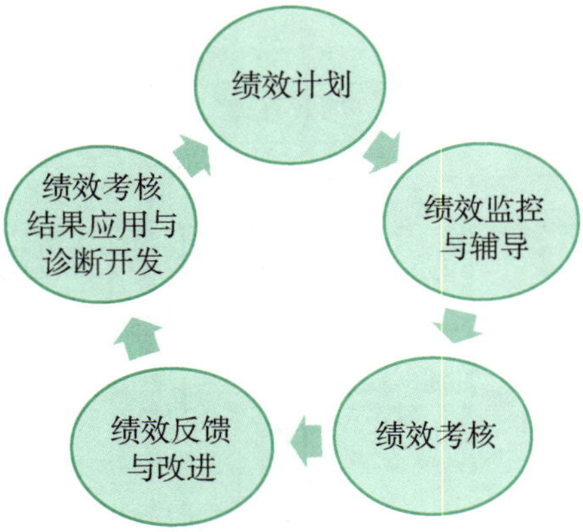

图 1－7　绩效管理流程

1. 绩效计划

具体内容指上级与被考核者对绩效管理期间应该履行的工作职责、权限、各项任务的重要性程度、绩效的衡量标准、可能遇到的困难、新技术新技能及培训的需求、上级可能提供的帮助及解决问题的途径和方法等一系列问题进行沟通，最终达成共识并签订绩效合同的过程。

2. 绩效监控与辅导

制订绩效计划后，管理者需要对被考核者的计划执行情况进行必要的监督和检查，更需要在其遇到困难和问题时提供指导、支持和帮助。

3. 绩效考核

就是绩效管理期满时采用科学合理的考核办法，考核者对照绩效计划对被考核者的工作进行考核的过程。

4. 绩效反馈与改进

绩效反馈是在绩效考核结束以后管理者将考核结果告知被考核者的环节。在该环节不仅仅反馈考核结果，还应基于考核结果分析上一个管理周期被考核者取得成绩和存在不足的原因，并提出今后工作改进的具体措施和建议。

5. 绩效考核结果应用与诊断开发

包括：绩效考核结果在人力资源管理中的应用，如运用于招聘录用条件的调整、培训与开发方案的制定、绩效薪酬的计算、劳动关系处理等；运用绩效考核结果进行绩效诊断与绩效管理系统再开发；运用绩效管理结果调整组织架构、改造业务流程、修订规章制度等方面。

由此可见，绩效管理流程是一个周而复始螺旋上升的闭环，唯有如此，绩效管理才能不断取得进步。

直通职场

深圳某著名咨询公司为其大客户做的绩效管理方案

为了确保绩效管理系统的成功实施，咨询公司建议按照图 1－8 所示的时间表来完成每一项内容。每一步都是建立在前一个步骤的基础之上的。

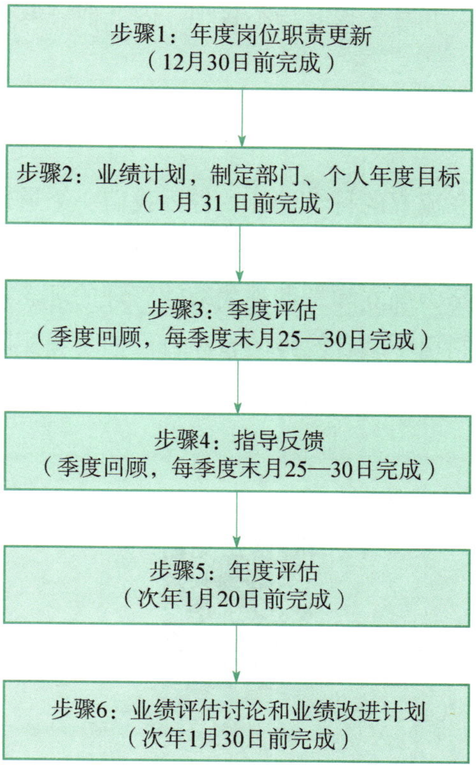

图 1－8　××公司绩效管理执行步骤

思考：请对照前述绩效管理流程的几种观点和本书的观点，思考该绩效管理步骤的合理性和差异性。

任务分析

案例中海尔集团的绩效管理包括了绩效计划—绩效辅导—绩效评价—绩效激励这一比较完整的过程。这个动态过程是螺旋式循环上升的过程，经过一次循环，企业、部门或员工的工作绩效就迈上一个新的台阶。同时我们还需特别注意的是，除了前述过程（即程序）的设计，海尔还特别强调战略导向、全员参与和均衡发展，这就等于对组织实施绩效管理的活动准则和行为规范进行了规定，明确了绩效管理的目的、意义、原则等。因此海尔取得了绩效管理的成功。

A 商贸有限责任公司很显然不具备现代绩效管理的基本认知，没有与被考核者进行绩效计划的深入沟通，缺乏协调一致的经营管理目标，也没有很好地明确考核结果的运用规则和用途等。仅仅是在一个管理周期的期末进行绩效考核，并且很明显考核方法也存在漏洞，不科学，不合理。比如李经理感到庆幸的“公司没有优劣比例控制”，所以他给下属打分大多在 85 左右，这是明显的趋中思维。这些问题是典型的将绩效管理和绩效考核混为一谈，也就注定该商贸公司的绩效管理效果不佳。

从上述案例我们可以看出，海尔集团成功地实施了绩效管理，而 A 商贸有限责任公司仅仅是进行了绩效考核，并且考核方法不合理。因此前者取得了成功，后者给管理者带来了烦恼。

学以致用

绩效管理的科学定义和流程的科学设计，告诉我们一个道理，绩效管理不是绩效考核。联系大学生的学业，就是在学习知识和技能的过程中，不能为了考试而学习，学习也不是为了考试。我们要努力确立和贯彻现代绩效管理的理念，确定中长期学习目标和学习计划，然后在目标的指引下结合教师的教和自己的学等实际情况选择和优化适合自己的学习管理流程，提高学业水平。

在线练习

任务四　理解战略绩效管理

案例与任务导入

索芙特集团的战略绩效管理

索芙特集团成立于 1988 年，坚持以“中国化妆品行业的扛旗者”为目标，致力于洁肤、护肤、洗发、护发、口腔护理等全身洗护领域。索芙特拥有自己的医学科研团队、医药生产基地。30 多年来，一直秉承“用效果说话”的产品开发理念，精益求精，与时俱进，打造属于中国人的功能性身体肌肤护理品牌。集团拥有10项发明专利、9项实用新型专利、35个特殊功能性化妆品生产许可证。集团已经成长为横跨多个高新技术领域并拥有众多知名品牌的跨国集团，旗下全资子公司10多家。目前品牌价值超28亿元，总资产逾100亿元。

索芙特的企业文化是：以产业报国、造福社会、提升人民精神为目标，为激活民众美颜智慧、焕发人民精神面貌和健康美丽而全力工作。

使命：让全世界每人手上都有一台指导美颜的数据电脑，通过精准的数据分析和研究，提供精准的肌肤管理方案与服务，让天下美颜智慧化。

愿景：未来十年，世界化妆品行业的三分天下，索芙特必居其一。

价值观：以客户为中心，以奋斗者为根本，以使命感提升价值！上下同欲，万众一心，同心同德，为天下美颜智慧化而共同努力奋斗！

索芙特集团现阶段战略绩效管理体系推进步骤如图1-9所示：

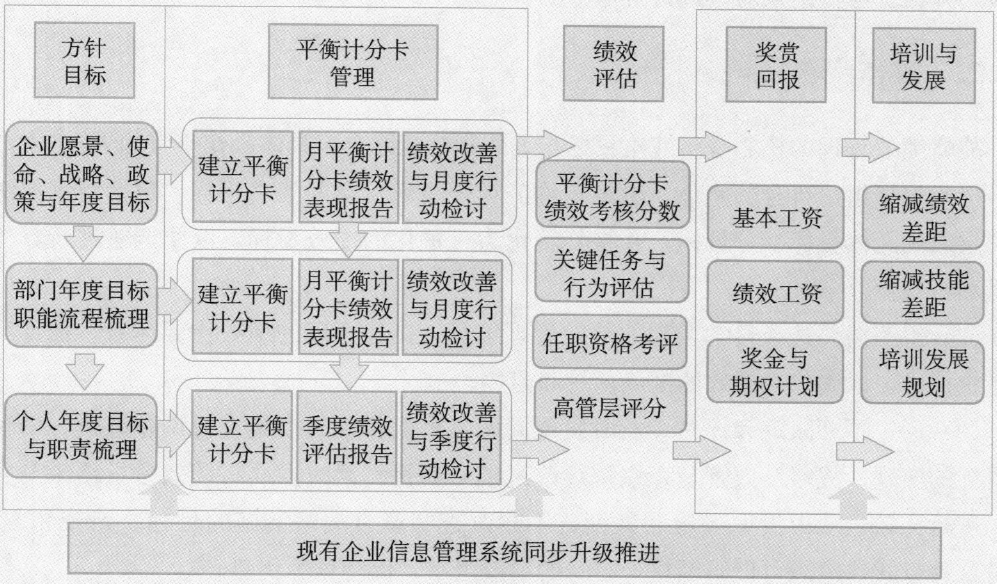

图1-9 索芙特集团现阶段战略绩效管理体系推进步骤

任务：实际工作中，很多公司的工作实行的是项目化管理，按项目进行人员分工，比如研发部每个人负责的工作内容都不一样，每个岗位上的员工就成为独立的个体，相互之间不开展合作。这样导致的后果是每次分配给他们的任务或者设定的目标不能按时完成，大家总是找这样或那样的借口为自己辩解。现在公司让你通过绩效管理来提升员工的工作效率，请问：如何通过有效的绩效管理提升研发人员的工作效率？或者说如何设置他们的绩效目标？请结合索芙特集团的做法谈谈你的想法。

理论基础与操作技能

一、战略绩效管理的含义

在实际工作中常有这样的情况：部门和员工个人绩效突出，但组织绩效不尽如人意，战略目标未能实现，其根本原因在于绩效管理与组织战略脱节，没有形成一体化的战略绩效管理体系。那么什么是战略绩效管理呢？

战略绩效管理，即以战略为导向的绩效管理，是一个强调将组织的战略分解转化为组织、部门、岗位乃至个人的绩效目标和指标，再通过对绩效管理过程进行计划、监控辅导、考核、反馈改进、结果运用等确保战略落地的系统。其管理内容主要包括两方面：一是根据组织战略建立科学规范的绩效管理体系，以战略为中心牵引组织各项经营活动；二是依据相关绩效管理制度对每一个绩效管理循环周期进行回顾，对团队或责任人进行考核，并根据考核结果对其进行价值分配。

二、操作步骤

战略绩效管理的核心是将战略目标与绩效指标相结合。具体操作步骤如下：

（1）根据组织自身的使命、愿景和价值观等明确自己的战略目标，包括组织层级和部门层级的总体目标、分目标，并将其转化为可量化的绩效指标，以便能够进行具体的测量和考核。

（2）组织需要选择科学合理的绩效管理工具，构建合理的绩效指标体系，设计科学的考核标准，以确保对绩效的准确衡量和监控。

（3）通过不断跟踪和评估，及时发现问题，采取相应的措施进行调整改进，确保战略目标的实现。战略绩效管理存在持续改进的必要性。组织需要将绩效考核结果与实际情况进行比较，从中汲取经验和教训，不断改进和调整战略实施的目标、路径和方法。通过这种方式，组织可以不断提升自身的绩效水平，保持竞争优势。

战略绩效管理系统模型如图 1-10 所示：

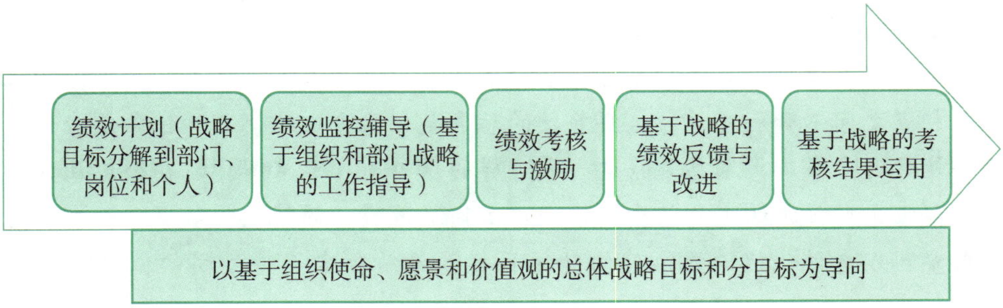

图 1-10　战略绩效管理系统模型

三、需要注意的问题

战略绩效管理是一种全新的管理理念，它的目的是把原来以人为中心或以事为中心分散式的绩效管理整合为以创造组织绩效为中心的全面绩效管理，包含对每一项组织活动、部门、岗位和个人的管理。需要注意以下问题：

（一）战略绩效管理是全员参与的管理

这就要求组织决策层来统筹，比如企业应该建立绩效管理委员会或者领导小组等机构，该机构应该由总经理或者分管副总经理主持工作，其他高层和全体中层都要参加，必要时还可以推选员工代表或聘请外部专家参加。这样通过成员的广泛代表性来为全员参与战略的实施落地创造条件。

（二）战略绩效管理是组织上下互动的过程

战略绩效管理强调战略分解，分解过程强调上下级之间的充分沟通，甚至要求过度沟通，从而确保组织战略目标深入人心。

（三）战略绩效管理是个系统工程

要求组织全过程、全方位参与，它与计划、组织、领导和控制等所有管理活动发生联系，而且以各职能部门和直线单位为绩效管理中心，以部门主管为绩效管理负责人，大量具体工作是由各部门通过员工参与、上下互动的形式来完成的。人力资源部门在制度设计、支持和指导、提供信息和协调监督方面发挥作用。

直通职场

深圳某实业公司实施战略绩效管理后的理性思考

一、绩效管理持续才能有效

（1）绩效管理的最终目标是实现企业价值的持续增长，只有使绩效持续增长的管理程序和方法才是有效的绩效管理。

（2）为了保持绩效管理的持续有效，必须保证绩效管理方法的适应性，必须通过及时的完善和变革使之与组织内外部环境始终保持一致。

二、掌握先进的绩效管理理论

（1）企业高层要理解和接受战略绩效管理的思想，这比学会这种绩效管理的操作方法更重要。

（2）战略绩效管理实质上是一种全面、系统的管理思想，它将企业所有的活动和人都作为可以产生绩效的资源，通过对结果的正负强化或者激励牵引来干预与控制组织和个人的活动，从而达到改善和提高绩效的目的。

（3）掌握了战略绩效管理思想，就可以根据企业的实际情况来自行设计和实施战略绩效管理。

三、宏观思想和微观行动相结合

实施战略绩效管理，思想上要站在战略高度，但操作上应该一步一个脚印。要特别重视开始和实施中的每一个细节，要从易到难。对员工的管理既要抓大放小，又要抓小促大。这样通过一定时期的积累，最终才能实现战略绩效管理的目标。

四、绩效管理要苦心经营

（1）设计和开发战略绩效管理程序是极其复杂的，其中会有许多问题，但是执行过程中的问题会更多，并且随时会有潜在的利益冲突暴露出来。

（2）任何绩效管理都不可避免地被认为不够理想或完美，接受这个现实很重要。我们必须认真学会并接受这个有缺陷的系统，经过长期的运用和改造，这个系统不仅会逐步变得完美，还能创造出巨大的价值。

（3）进行战略绩效管理必须克服一蹴而就的短视思想，要树立“长期抗战”的思想准备。

五、战略绩效管理对象重点是精英层

企业的真正核心是精英群体，一个优秀的企业家、几个核心业务人员和几个好的职业管理者可能就是企业的“半边天”，他们的动机和行为直接影响着企业的发展，因此找出这几个核心人物，对他们进行有效的激励，可以使企业产生最大的“投资收益”。

任务分析

为了提升研发人员的工作效率，根据前述战略绩效管理的理念，我们可以采用如下具体做法：

（1）根据公司使命、愿景和价值观，确立公司战略目标，然后将公司战略目标分解为具体的可执行的研发部门工作目标，再将其分解为每个研发岗位的具体目标，让这些岗位上的员工明确自己的责任和公司对他们的期望。

（2）根据研发部门的不同岗位、不同项目特征、不同工作要求，设置不同的绩效考核指标和考核评价体系，以反映员工在各个方面的表现。

（3）对员工进行绩效考核和反馈。研发人员在开展工作后，管理者要定期不定期地反馈，反馈时以事实、数据为依据，避免主观臆断和个人情感因素的影响，肯定研发人员的成绩，也指导他们改进不足。

（4）绩效管理期满要进行考核，并根据考核结果对员工进行合理的奖励和惩罚，激励优秀人员，淘汰低效人员。

学以致用

通过学习本任务，大学生可以树立全局意识和前瞻思维，学会在学习和工作实践中确立组织或者个人的使命和愿景，“把牢价值取向”，据此确立在未来一段时期的战略目

标。为了实现这个战略目标，就要始终坚持突出学习和工作的重点，自上而下建立工作目标体系，自下而上建立支持体系，坚守初心，避免在执行过程中出现战略偏离。

在线练习

任务五 制定绩效管理制度

案例与任务导入

截至2023年底，某纺织股份有限公司资产总值20亿元，在国内外设立了众多的分支机构，形成了多个大营销事业部统管之下的27个办事处的营销体系。公司的迅速发展，对其企业管理水平提出了新要求，尤其是人力资源管理上的缺陷已经制约公司发展，其中绩效管理制度的不完善较突出。

一、现行做法

（1）对生产工人采取工时考核。（2）普通专业技术（管理）人员由直接主管考核。（3）通过民主评议对中层管理人员进行笼统的评价。（4）副总经理由总经理考核，总经理通过经营指标的完成情况来确定他们的考核分数。

二、现有绩效管理带来的问题

（1）普通专业技术（管理）人员经常出现不认真履职甚至不履职的现象，服务意识不强，但他们的绩效考核得分与其他人员没有多大差异，绩效工资基本不受影响。（2）考核专业技术（管理）人员完全依赖部门负责人，主观性很大，导致部分人员不提升工作技能，热衷于“在领导面前表现”。（3）对中层管理人员的民主评议未反映其真实业绩，存在做“老好人”的现象。（4）副总经理的考核指标就是当期利润，导致他们重视短期利益，损害了企业长期利益。（5）绩效工资与考核结果没有直接挂钩。

任务：请问，该公司的经营管理存在的问题是什么原因造成的？假如上级要你来负责改革该公司的绩效管理制度，你认为应该从哪些方面进行设计？

理论基础与操作技能

一、绩效管理制度的基本构成

为保证绩效管理的顺利进行，确保基于组织战略的绩效目标得以落实，必须有相应的管理制度来规范和指导，为此必须建立和完善绩效管理制度，如组织上下级和平级之间的沟通制度、绩效考核制度、绩效申诉制度、基于绩效考核结果的奖惩制度、基于绩效结果应用的培训制度和人事调整制度等。绩效管理制度作为组织人力资源管理制度的重要组成部分，其正文部分一般由总则、主体和附则等部分组成，在起草和制定组织绩效管理制度（一般公司大多命名为《×××绩效管理方案》）时，至少应当考虑 3 大部分 10 个方面的内容，如表 1-2 所示。

表 1-2　绩效管理制度的基本内容

总则	1. 概括说明制定绩效管理制度的依据和目的，不同考核对象的内涵和外延，绩效管理的地位和作用。
主体	2. 对绩效管理组织架构的设置和不同层级绩效管理工作人员的责任、权限、义务和要求做出具体的规定。
	3. 明确规定绩效管理方法，包括程序和实施过程中应当遵守的基本原则和具体要求。
	4. 言简意赅地说明或者规定对不同人员进行绩效考核的方法、设计依据和基本原理、指标设计和标准体系等。
	5. 详细规定绩效考核的类别、层次和考核周期，如何时开始进行绩效计划沟通，何时确定计划，何时实施考核，何时进行反馈面谈，何时上报结果等。
	6. 明确规范绩效管理中所使用的各类报表格式和考核量表（设计范本），规范统计口径、填写方法和上报期限，以及对考核结果偏差的控制和调整提出具体的要求。
	7. 明确规定绩效考核结果的应用原则和要求，对与之配套的绩效薪酬、奖励、人事调整、晋升、培训等规章制度的贯彻实施作出明文规定。
	8. 对职能和业务部门的年度绩效管理考核、分配、总结、表彰活动和要求做出原则性规定。
	9. 明确规定员工申诉的权利、申诉申请及其具体程序。
附则	10. 明确规定绩效管理制度的生效时间、解释权归属、实施和修改等事项，并对绩效管理制度与其他管理制度之间存在冲突的处理原则进行规定。

二、制定绩效管理制度的基本要求

绩效管理制度是组织实施绩效管理活动的准则和行为规范，它是以组织规章、规则、方案等形式，对绩效管理的目的、意义、性质和特点，以及组织实施绩效管理的程序、步骤、方法、原则和要求所作的统一规定。绩效管理制度作为绩效管理活动的指导性文件，在拟定起草时，一定要从组织现实生产技术条件和管理工作的水平出发，不能脱离实际；一定要注重科学性、系统性、严密性和可行性。如果措辞不当，过于原则化，缺乏适用性，就会使制度条文流于形式，在实际管理中难以发挥作用，以至于有关责任人相互扯皮推诿，考核工作无法落实，造成绩效管理推而不动，停滞不前。具体来说，制定绩效管理制度应体现以下要求，如图 1－11 所示。

1	2	3	4	5	6
全面性与完整性相结合	相关性与有效性相结合	明确性与可操作性相结合	原则一致性与可靠性相结合	公正性与客观性相结合	民主性与透明度相结合

图 1－11　制定绩效管理制度的六项要求

（一）全面性与完整性相结合

这体现了绩效管理的多维性要求，绩效管理虽不能包罗万象、过于烦琐，但必须包括影响工作绩效的关键成功因素，只有这样才能避免片面性。

（二）相关性与有效性相结合

这是绩效管理制度内容上的要求，绩效管理制度一定只对与组织目标实现相关的内容进行规定，如个人性格、生活习惯、喜好等内容就不宜包括在绩效管理的内容之中。

（三）明确性与可操作性相结合

这是对绩效管理标准的要求，即绩效管理制度中关于绩效标准的表述要符合 SMART 原则，如果考核标准含混不清，抽象深奥，则显得大而无当，影响可操作性。考核指标应尽可能量化，可直接测量，尽量转化为具体行为或活动，如“工作热情高”这条标准就很难衡量。应当规定什么样的行为表现才能算“工作热情高”，若改为“工作认真，上班时间工作很投入，遇到问题主动去解决”，就满足了可操作性的要求。若再加上“能主动承担其他人不愿承担的工作”，就更能够准确地衡量“工作热情高”这一较模糊空泛的指标了。

（四）原则一致性与可靠性相结合

这是绩效管理标准适用程度方面的要求。原则一致性是指考核标准应适用于相同类型的所有员工，不能区别对待；可靠性就是绩效考核标准不能经常变动，朝令夕改。否则就会使绩效考核结果的横向与纵向可比性降低或丧失，员工就不会再支持和信任绩效管理，导致绩效管理无法继续实施。

（五）公正性与客观性相结合

这是对绩效管理执行实施过程中的要求。组织制定的绩效管理指标及其标准必须科学、合理和公平，为此我们需认真研究关键成功领域、关键成功因素，得出关键绩效指标，让组织上下都能理解和接受绩效考核的指标及其标准。有了科学、合理、公平的考核指标及其标准，考核者还必须保证在考核过程中规避个人主观误区，以事实和数据作为考核依据，确保考核的客观性。

（六）民主性与透明度相结合

绩效管理要使被考核者心服口服、诚心接受，管理民主常常是必要条件。即在制定目标、指标和标准时要听取被考核者的意见，条件允许时，吸纳员工代表参与绩效管理制度的制定过程，在执行绩效管理时要切实保障被考核者申诉与解释的权利。透明度要求绩效管理的标准、程序公开，绩效管理结果应向被考核者进行及时反馈。

目前，一些组织贯彻实施的制度出自不同人员之手，有些是由人力资源部门的专业人员起草的，有些则是由外聘的管理咨询专家设计的。无论出自谁手，绩效管理制度的基本框架和所涉及的范围都应当是一致或接近的，并且一项成功的绩效管理制度，不可能一蹴而就，而是需要经过不断的实践探索，总结经验教训，逐步健全和完善。其中最重要的是，随着环境的变化、先进管理理念的引进、技术水平的提高，应该定期或不定期地对绩效管理制度做出适当的补充和修改，否则将不利于组织战略目标的实现。

恩格斯在《论权威》中指出，“我们只要考察一下作为现代资产阶级社会基础的那些经济关系，即工业关系和农业关系，就会发现，它们有一种使各个孤立的活动越来越为人们的联合活动所代替的趋势。”“联合活动、互相依赖的工作过程的错综复杂化，正在到处取代各个人的独立活动。”[①] 随着现代企业发展建立起来的绩效管理制度正是这一趋势的产物。组织只有通过绩效管理制度才能确保绩效管理“令行禁止”，统一思想和行为，使经营管理活动有条不紊地进行。绩效管理制度草案提出后，应由专家和有关人员组成的工作小组在广泛征询意见的基础上，进行深入的讨论和研究。经反复修改，上报最高决策者审核批准。绩效管理制度一旦获准通过，人力资源部门应先试行，确定一个过渡期，使各级主管逐步理解、适应和掌握，在试行过程中如遇有特殊情况或发现重大的问题，也便于采取措施补救，防止带来全局性的不利影响。

直通职场

借助人工智能制定绩效管理制度

在为组织制定绩效管理制度时，我们可以借助人工智能提高工作效率，一般来讲，人工智能有四大优势：

（1）人工智能大模型基于海量的数据进行训练，可以提供多元化、全面的视角和建议，有利于在制定绩效管理制度时考虑各种可能的情况和挑战。

（2）使用人工智能不需要任何特别的技能或经验，只需要基于实际工作不断提出问题，就可以得到清晰详细的回答。

（3）使用人工智能可以在较短的时间内得到专业的反馈，而且成本很低。

（4）人工智能可以根据具体需求和问题提供定制的建议。无论是需要制定一个全新的绩效管理制度，还是对现有制度进行优化，人工智能都可以提供帮助。

那么，我们如何利用人工智能来完成一份详细而精准的绩效管理制度呢？具体可以

---

① 马克思，恩格斯. 马克思恩格斯选集：第3卷. 北京：人民出版社，2012：274－275.

通过以下九个步骤进行，如图 1－12 所示。

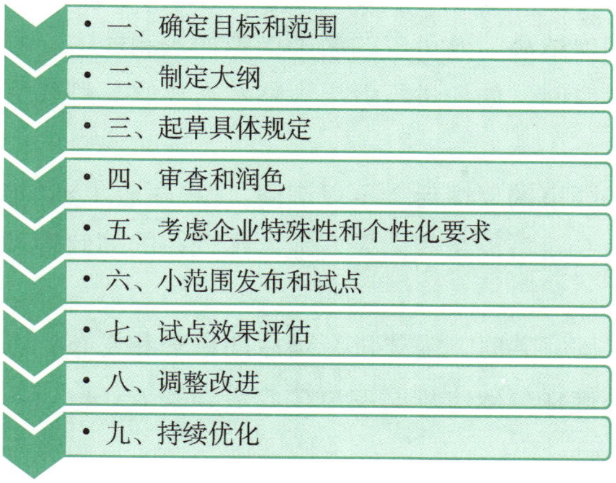

图 1－12　借助人工智能制定绩效管理制度工作步骤图

一、确定目标和范围

如果我们的绩效管理目标是提高员工的工作效率和满意度，应用范围可能包括工作质量、沟通能力以及团队合作等方面。可以问："假定你是资深的公司绩效管理专家，正在为提高员工的工作效率和满意度制定绩效管理制度，应该如何确定具体的目标和范围？"

二、制定大纲

大纲包括总则、考核方法、关键绩效指标及考核标准、绩效考核流程、绩效反馈和改进、考核结果运用、附则等部分。可以问："如果要把这些部分写进绩效管理制度中，能帮忙制定一个详细的大纲吗？"

三、起草具体规定

有了大纲，接下来就是制定具体规定了。我们可以向人工智能提出如何量化和评价员工工作质量的问题："我正在填写关于工作质量的部分，如何量化和考核被考核者的工作质量？有没有具体的评价标准和方法？"

四、审查和润色

每完成一个内容都可以提出审查和润色的问题，以获取具体建议。如果需要制定具体衡量工作质量的方式，需要使用满意度调查、同事反馈、项目完成度等，就可以问："我已经完成了工作质量部分，能帮忙审查和润色一下吗？请提供具体的建议和改进措施。"

五、考虑企业特殊性和个性化要求

为了让人工智能考虑到企业的特殊性，需要提供尽可能具体和详细的信息。如果企业特别重视团队协作，就可以问："我们公司特别重视团队协作，应该如何在绩效管理制度中得到反映？"

六、小范围发布和试点

当绩效管理制度草稿出来后，可以询问是否有遗漏部分，或者是否有改进建议。可以问："我们已经制定了绩效管理制度，应该如何发布和实施？有没有实践案例可以分享？"

七、试点效果评估

根据人工智能和各级员工反馈，可以继续进行具体内容的修订和打磨。如可以将处理低绩效员工的策略和保持高绩效员工的激励措施加入制度中。可以问：“绩效管理制度已经小范围试用了一段时间，如何进行效果评估？需要收集哪些信息进行调整？”

八、调整改进

获得了周围领导和同事的反馈后，可以询问：“根据收集到的反馈和数据，绩效管理制度需要进行改进。你是否可以帮我们更好地调整现在的绩效管理制度？”

九、持续优化

当绩效管理制度足够完善时，需要进行最后的审查和发布。可以问：“如何进行最后的审查和发布？”“要想确保绩效管理制度持续改进和发展，应该如何做？”

任务分析

为了解决某纺织股份有限公司绩效管理中存在的问题，我们需要进行深入的调研、访谈、分析。根据相关经验和知识，我们可以推断该公司绩效管理所面临的最主要挑战是：没有建立起科学合理、真实反映员工贡献的绩效管理制度。基于公司现状及发展需要，我们可以从以下几个方面制定绩效管理制度。

一、确立绩效管理体系设计原则

如该公司可以确立“结果导向、客观实用、公平合理、多维考核、针对性强”的设计原则，实行目标管理，做到考核切合实际，操作性强，公开考核指标及考核标准，实行自评、互评、上级考评、下级考评等多维度考核。

二、确立战略绩效管理的观念

健全各项绩效管理制度，明确各层级的管理职能。如明确由公司决策层制定绩效管理战略目标，科学授权，推动绩效管理制度建立；人力资源部制定具体制度，推动组织执行；直线经理积极配合人力资源部门，落实本部门的绩效管理工作；普通员工则认真对待和执行绩效计划，并及时做出有效反馈等。

三、设置不同的权重和考核频率

针对不同考核要素、不同考核对象、不同考核主体设置不同的权重和考核频率。根据岗位说明书和绩效计划，分别设定职员级、主管级、经理级员工的上级、同级、下级、自我考核的权重和考核周期。如月度考核以主管级、职员级为主，特别是要加强对职员级的月度考核；考核要素可以包括态度、能力、业绩，并将过程和结果结合起来，针对岗位特点设置不同要素指标的权重。

四、重视考核结果的运用

考核结果的运用范围很广，如可以作为确定员工绩效工资的依据，也可以作为人员岗位调用、职位升降、技能培训、续用辞退等的有力依据，从而实现通过绩效管理引导员工行为、促进组织绩效提升的目的。

如何让绩效管理制度落到实处，还需与公司的其他制度结合起来，进行系统考虑、整体设计。某纺织股份有限公司虽然实行了绩效考核，但是并未建立起科学、完善的绩效管理制度，其绩效考核也是“为考而考”，没有真正体现绩效管理的价值。

学以致用

在大学生创新创业活动中，创新创业团队的制度建设是维护项目运行的基础和保障，大学生比较缺乏工作经验，加强这方面的意识是非常必要的，那么如何制定团队管理制度？包括哪些方面的内容？这些大学生要去学懂弄通。如果实在感到精力或能力跟不上，就要充分利用当前的数字化技术，参考人工智能的解决方案，因此，在创新创业过程中掌握数字化技术也是必要的。

在线练习

工作领域二

绩效管理工具的应用

学习目标

知识目标

1. 掌握目标管理法的基本概念和优缺点。
2. 掌握关键绩效指标的基本含义和特点。
3. 掌握平衡计分卡的四个基本维度及其逻辑关系。
4. 理解目标与关键结果的绩效管理理念及适用场景。

技能目标

1. 能够执行目标管理法的目标分解流程，特别是价值树的操作方法。
2. 能够根据战略目标、岗位职责和业务流程进行关键绩效指标的提取。
3. 能够根据平衡计分卡四个维度的逻辑理念设计关键绩效指标考核体系。
4. 能够针对比较抽象的目标设计具体量化的关键结果。

素养目标

1. 培养问题导向和目标导向的工作理念。
2. 培养解决问题抓关键的工作方法。
3. 确立“以人为本”的管理理念，养成运用系统思维思考问题、解决问题的行为习惯。

任务一　目标管理法的应用

案例与任务导入

DC印刷有限责任公司的目标管理

DC印刷有限责任公司（以下简称DC公司）为了提高管理能力、优化管理水平，并充分发挥各职能部门的作用，充分调动员工的积极性，在各个部门、车间和班组逐级实施了目标管理法，具体做法如图2-1所示。

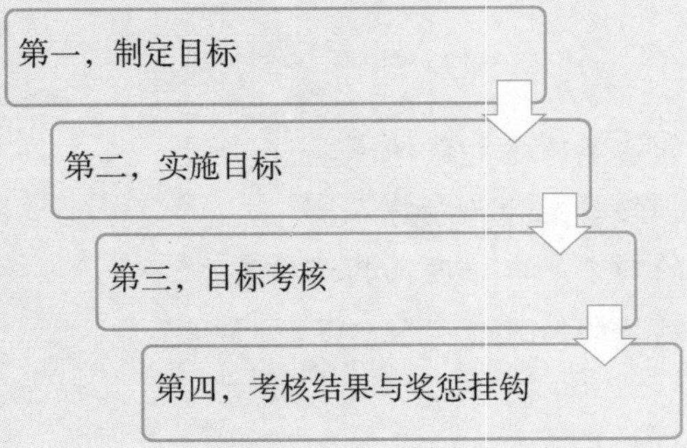

图2-1　DC公司目标管理流程

第一，制定目标。

DC公司每年的总目标是根据总公司下达的考核指标（成本费用控制、专业管理能力、资产效益、发展能力），结合公司实际和长远规划兼顾特殊产品要求制定的，由二级部门上报批准。目标细分为数量、安全、质量、纪律、精神文明等，通过签署《绩效管理目标责任状》落实，形成二级目标。二级目标有些是部门自己根据往年数据进行粗略估计制定的，因此只要不发生重大安全事故和重大质量事故，二级目标一般都可以顺利完成。将二级目标分解为班组或个人目标，形成三级目标。三级目标通过签订目标责任状由各部门自行负责实施和考核：先把部门目标分解落实到职能组，再分解下达给个人，要求各班组（个人）努力完成各自目标，保证二级目标如期完成。

第二，实施目标。

DC公司实行承包责任人归口管理责任制，责任状签订后，签字人为二级部门第一责任人，负责部门内部目标分解、指标细化量化，并落实到班组和个人，实行全员承包。二级部门的责任分解可根据具体情况按两种形式进行，一是由部门负责人直接与全员签字落实责任；二是由部门负责人与班组长签字落实责任，然后由班组长再与组员签字落实责任。《绩效管理目标责任状》签订并经批准后，上级主管部门和制定单位或个人各持一份。承包人负责本部门日常管理工作。专业部门负责人负责本专业日常管理工作，如企管处负责对处室、车间的日常管理工作。公司实行二级承包人交纳责任风险抵押金制度，依据级别的不同，部门副职以上都要向公司交纳一定数额的责任风险抵押金；各二级部门可以在内部制定实施全员交纳责任风险抵押金制度。在目标达成后，给予相关部门或人员一定倍数抵押金的返还。

第三，目标考核。

DC 公司成立了绩效管理委员会，总经理任主任，三位副总任副主任，成员包括九位部门负责人。委员会下设部门绩效管理小组。公司制定了考核细则，明确规定了惩罚的主要情形。公司对部门的考核周期是一年，平时有日常考核和月度报告；对班组和管理（技术）人员的综合考核一般是在月底，主要是考勤。公司对绩效目标实现情况每月统计一次，年终进行总考核。每季度末各部门提交绩效工作总结与下一季度的工作计划。各专业处室按照管理目标和工作要求，对二级部门每半年进行一次专业考核。考核实行“自我评价”和“上级评价”，在每季度第一个月的月初前 3 天，将本部门上季度的工作总结与本季度的工作计划一并报企管处。企管处汇总核实后，由绩效管理小组给予评分。

第四，考核结果与奖惩挂钩。

对日常考核中发现的问题，由相关负责人实施奖惩。年终，企管处汇总各二级部门的目标完成情况，上报公司绩效管理委员会，由其确定奖惩标准。各二级部门根据公司对本部门的奖惩，确定所属班组或个人的奖惩。考核结果一般不公开，对奖惩有异议的，可以逐级向上反映。

任务：请认真思考 DC 公司的目标管理，根据“理论基础与操作技能”分析其绩效管理工作中存在的问题。

理论基础与操作技能

一、目标管理的提出与基本理论主张

1954 年，彼得·德鲁克在《管理的实践》中提出“目标管理”的概念，后来他又提出了“目标管理和自我控制”的主张。他认为并不是有了工作才有目标，而是有了目标才能确定要完成的工作。任何组织必须在使命、愿景指引下制定目标，目标的制定必须有组织成员的参与，这样才能实现员工的“自我控制”。由于有明确的目标作为考核标准，对被考核者的考核和奖惩就更客观、更合理，这样才能激发被考核者的工

目标管理法

作积极性。因此管理者应该通过设置目标对组织和员工进行管理。

1968 年，洛克提出了目标设置理论，他认为：明确而具体的目标能够提高工作绩效；较难实现的目标一旦被人们接受，会比容易实现的目标带来更高的工作绩效；管理过程中有反馈比无反馈能够带来更高的工作绩效。

在此基础上，目标管理法（Management by Objectives，MBO）正式诞生，即先由组织制定一定时期内的总目标，然后由各部门和全体员工根据总目标确定各自的分目标，并积极主动使之实现的一种方法。

绩效管理的目标管理法，是指目标管理者制定组织总目标及各阶段的目标，并将其逐层分解，最终实现以“目标”来管理不同层级的部门和员工。在目标分解的过程中，让被考核者亲自参与自身目标的制定，更容易使之对工作目标及评估标准有明确的认识，对完成目标也更有信心。这样总目标确定后，经过上下充分沟通和纵向、横向或时序上的分解，就明确了各层次、各部门直至每个岗位每位员工的努力目标，从而构建起完整的目标体系。这是当前所有绩效管理工具共同的理论基础。组织目标的层次体系如图 2－2 所示：

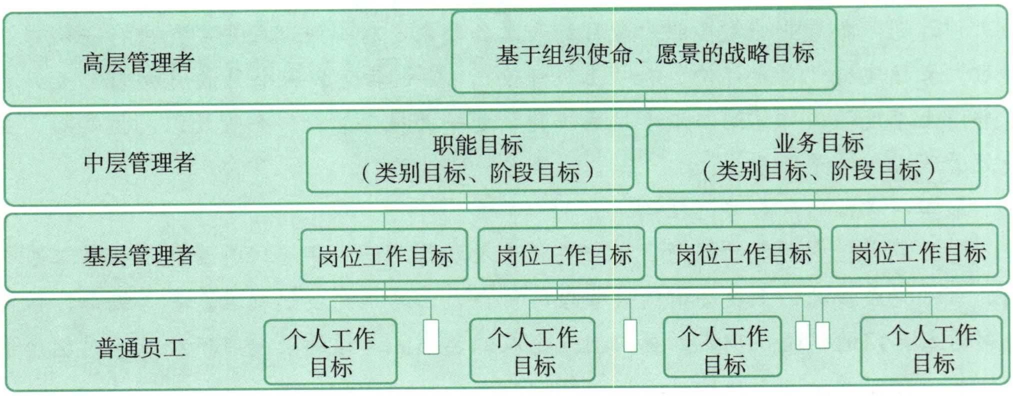

图 2－2　组织目标的层次体系

二、目标管理法的基本操作程序

目标管理法的实施总体上分为三个阶段，如图 2－3 所示：

图 2－3　目标管理法的三个阶段

（一）目标设置阶段

这是目标管理最重要的阶段。

1. 管理者需要完成四个方面的工作

（1）决策层预定目标。这既可以由上级提出，再同下级讨论；也可以由下级提出，上级批准。无论何种方式，都必须上下协商共同决定。同时，决策者必须谨记组织使命和愿景，科学预测内外部环境存在的机会和挑战，对组织应该能够完成的目标心中有数。

（2）重新审议组织结构和职责分工。目标管理要求每一个分目标都有确定的责任主体。因此预定目标之后，需要重新审查现有组织结构，根据新的目标分解要求进行调整，明确目标责任者并协调关系。

（3）确立被考核者的目标。首先管理者要深入理解组织的规划和目标，然后与被考核者商定他们的分目标。在讨论中管理者要尊重被考核者，平等待人，耐心倾听他们的意见，帮助被考核者发展一致性和支持性目标；分目标要具体量化，便于考核；不同的目标要分清轻重缓急，以免顾此失彼；目标既要有挑战性，又要有实现可能。每个员工和部门的分目标要和其他的分目标协调一致，要能支持本单位和组织目标的实现。

（4）达成协议。管理者和被考核者就实现各项目标所需的条件以及实现目标后的奖惩事宜达成协议。

分目标制定后，组织要授予被考核者相应的资源配置的权力，实现权责的统一。由被考核者签订书面协议，编制目标记录管理卡，整个组织汇总所有资料后，绘制出目标图。

2. 被考核者制定具体目标

具体步骤如图 2－4 所示：

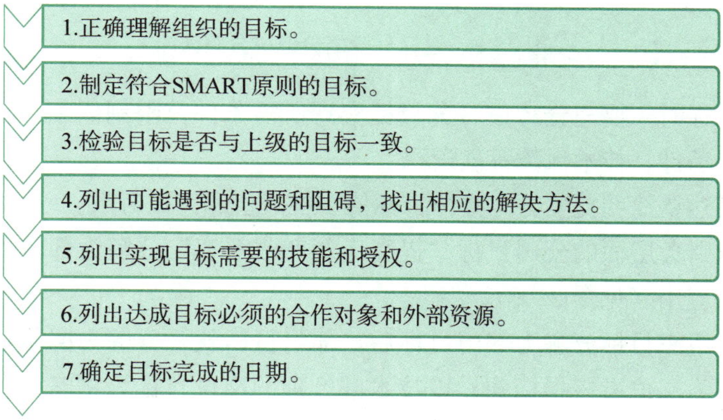

图 2－4　被考核者制定目标的步骤

3. 目标分解方法介绍：以价值树分解法为例

为了完成组织目标，需要分析实现目标的关键成功因素，并对关键成功因素进行逐级分解，分解到各个岗位，形成各个岗位的考核指标。价值树分解法是一种常见的目标分解方法（见图 2－5）。

用价值树分解目标的注意事项如下：

（1）应将总体目标分解为不同层次、不同维度的分目标，各个分目标的综合要体现为总目标，分目标要能确保总目标的实现。

（2）分目标与总体目标要保持方向上的一致，内容上要纵向贯通、横向对齐。

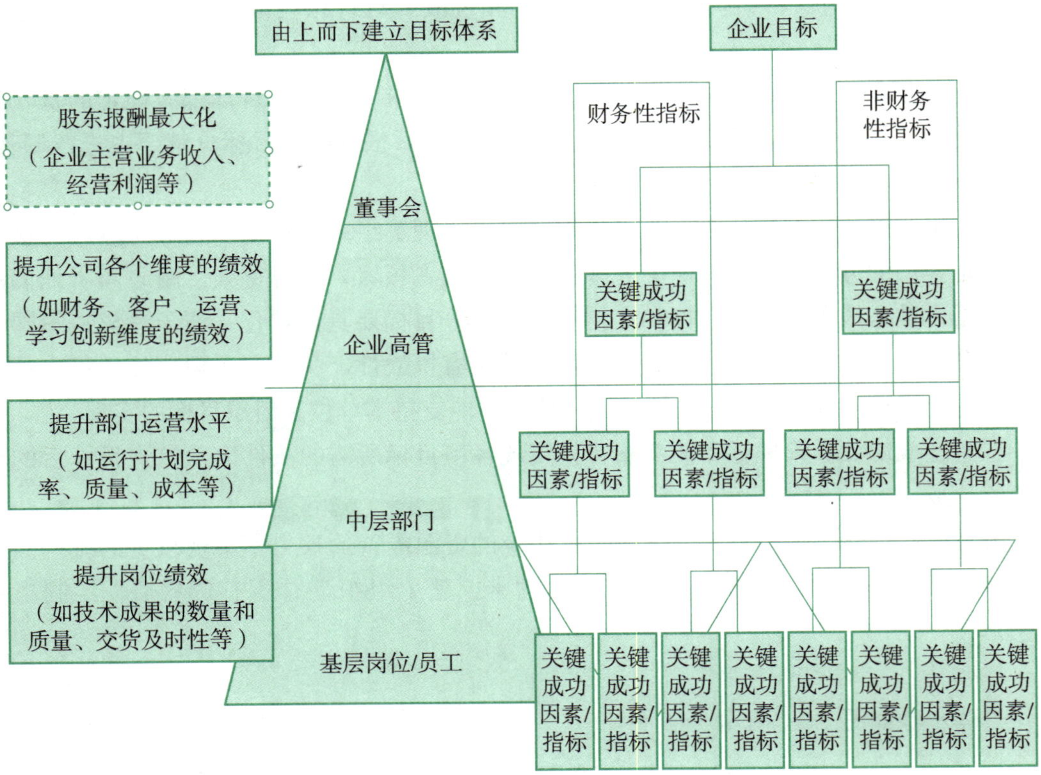

图 2-5　目标分解之价值树分解法

（3）分解目标时，要充分考虑各分目标实现所需条件及限制因素，包括人、物、财等硬资源与协作条件、技术保障等软资源。

（4）目标表达要简明扼要，有具体目标值、挑战值和完成时限。

下面我们以财务层面的公司目标“提高净资产收益率”分解为部门目标为例来讲解价值树分析法的应用（见图 2-6）。

以此类推，组织目标分解为部门目标后，部门目标就要分解为岗位目标。那么岗位目标又如何分解为岗位考核指标呢？以技术部经理的岗位目标为例略作说明。假设技术部经理需要完成“提高技术转化效率”的目标，我们可以对该目标进行分解进而得出对应的岗位考核指标，如图 2-7 所示。

需要注意的是，目标分解越往下级岗位细化，与具体的岗位职责、具体的工作任务联系越紧密，如果不熟悉岗位职责和工作任务，在定义或进行指标描述时，就容易脱离实际。

（二）目标实施阶段

虽然目标管理法强调以结果为导向，相信员工能自我控制，但管理者不可以放手不管。由于目标形成了体系，一个环节出错会影响全局，因此管理者要加强过程管理，首先要利用双方经常接触的机会和信息反馈渠道进行定期检查；其次要向被考核者通报进度，便于互相协调；再次要帮助被考核者解决执行中遇到的困难和问题，甚至在出现严重影响组织目标实现的不可预测事件时，要通过特定程序调整既定目标。

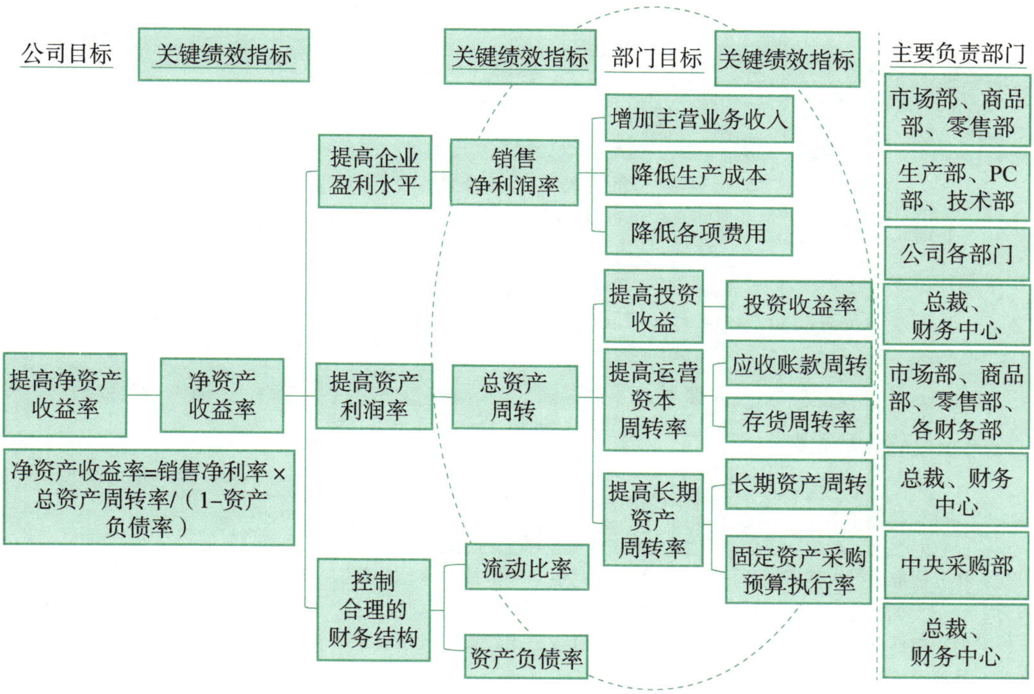

图 2-6　价值树分析法的应用举例

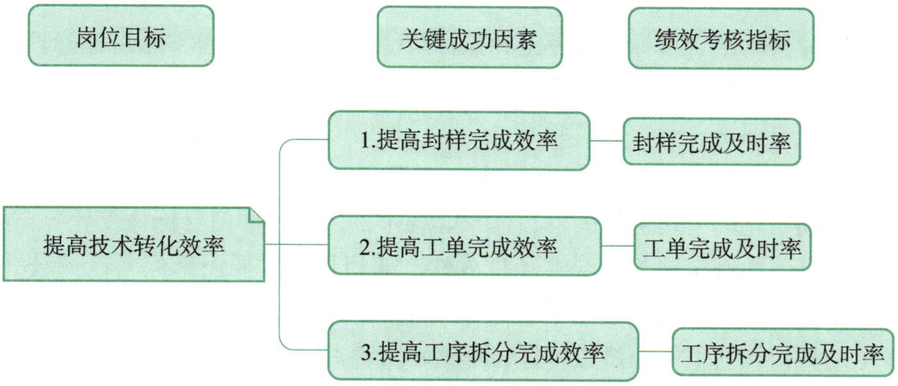

图 2-7　岗位目标的价值树分析法应用举例

（三）总结评估阶段

绩效管理周期结束时，被考核者首先进行书面自我评估；然后考核者和被考核者对照考核标准共同认定目标完成情况，明确奖惩事项；最后还要讨论下一管理周期的工作目标，开始新循环。如果目标没有完成，应分析原因并总结教训，切忌相互指责，以保持相互信任的气氛。

直通职场

下面以某公司的管理卡为例说明目标管理法的运用，见表 2-1。

表 2-1　某公司技术部经理目标管理卡

被考核者		所属部门/岗位	考核者			
序号	工作目标/指标	衡量标准	权重（%）	目标值	实际完成情况	考核得分
1	生产环节技术审核准确	准确率＝准确次数/审核总数×100%；每低于目标值1%，扣7分，扣完为止	35	100%		
2	返工处理及时准确	准确率＝及时次数/审核总数×100%；每低于目标值1%，扣3分，扣完为止	15	100%		
3	技术资料日常收发记录准确无差错	准确率＝准确次数/收发总数×100%；每低于目标值1%，扣3分，扣完为止	15	100%		
4	技术创新次数	技术创新次数每少1次，扣7分，扣完为止；每超1次，加10分	35	5次		

注：扣分标准根据权重对应指标满分设置，如“生产环节技术审核准确”，权重是35%，单项满分为35分，目标值为100%，每低1%，扣7分，即当该项指标完成率低于95%时，得0分。其他指标以此类推。另外，为鼓励创新，技术创新指标设置了加分项，但创新的认定要经过公司评审。机密技术资料属于公司商业机密，设为一票否决指标，一旦泄密该岗位考核为0分。

任务分析

根据案例背景，结合目标管理理论和操作技能，DC公司具备实施目标管理的基本条件，有比较全面的目标管理工作意识，但公司目标管理体系仍旧存在着一些问题，主要表现在以下几个方面：

第一，缺乏科学合理的公司级目标体系。DC公司以总公司下达的考核内容为目标体系，却没有一个明确量化的公司层级的目标体系，各个部门制定部门目标也仅凭各自的理解。

第二，目标值的制定缺乏客观性和挑战性。部门目标主要由部门自己向公司绩效管理委员会上报后确定，绩效管理委员会难以衡量部门目标制定的客观性。同时，目标值未能体现出动态性，数据来源难以查证，更谈不上提升。

第三，考核指标单一，负激励明显。DC公司目标责任状的考核维度过于偏向于工作任务，考核指标单一。此外，日常考核工作以公司制定的考核细则为主，而考核细则多以惩罚为主，负面激励明显。

学以致用

当前中国国际大学生创新创业大赛如火如荼，属于国家A类赛事，该赛事的评价标准就有非常明显的成果导向倾向。因此，我们可以将目标管理法运用于开展创新创业活动，首先根据历年大赛的评价标准和评分重点确立项目要实现的目标，比如助力乡村振兴促进农民增收、促进大学生或者返乡农民工就业等，然后反推进行项目源的寻找、经营管理路径和营销模式的设计。其次，我们可以运用目标管理法进行目标分解，明确每位成员的任务或工作，并规定完成期限，从而促进团队成员学会自我控制或自我管理。

最后，作为项目主持人要学会监督检查，确保每位成员的工作按计划进行。

在线练习

任务二　关键绩效指标的应用

案例与任务导入

东莞KZL餐饮有限公司是一家连锁民营湘菜馆，本着“新时代、新生活”的宗旨，公司至今已在东莞和深圳创立了100家门店，分别拥有餐厅和酒吧，现有员工1100多人。消费群体以外来务工人员为主，占到60%以上。随着公司的稳步发展，公司高层有意对原有的餐饮业务进行扩充，在丰富产品与服务的同时，增加客户美誉度，扩大影响力。公司发展的总目标是要在五年内上市，在目前的100家品牌门店盈利稳定的基础上持续扩张，同时提高标准化管理水平，成长为大湾区同类企业的佼佼者。目标是到2028年利润总额达到4000万元，比2023年增加3倍；2023—2028年期间累计利润总额目标11500万元。

公司的战略目标分解如图2-8所示。

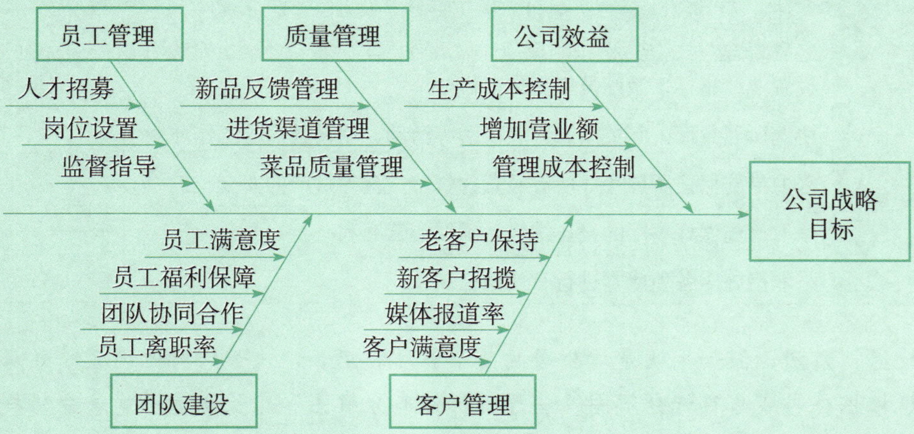

图2-8　KZL餐饮有限公司的战略目标分解图

公司各个门店实行独立经营，由店长负责餐厅日常经营管理活动、市场营销以及员工岗位设置和招聘等工作。根据公司战略目标和发展规划，以及提升餐厅营业额、培养人才、建设品牌等要求，公司对各个餐厅的目标任务和店长职责进行了明确的规定，分别如图 2－9 和表 2－2 所示。

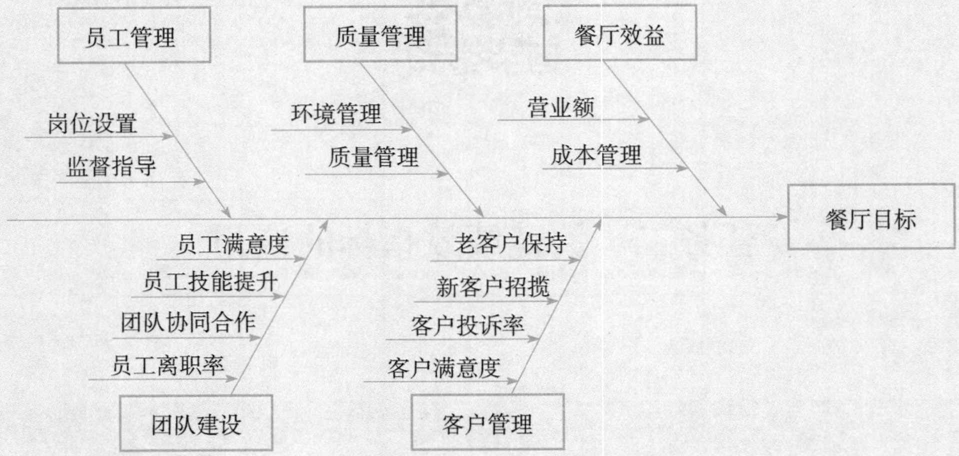

图 2－9　餐厅目标任务分解图

表 2－2　东莞 KZL 餐饮有限公司店长职责一览表

日常管理	1	每月初早会宣布公司下达的各项任务和规定，制订不同时期和特定情况下的促销计划，并严格执行
	2	月底填写和审查好各类经营报表，确保真实准确
	3	做好员工日常考勤、工装穿戴、餐具摆放、清洁卫生等服务规范管理
	4	及时妥善处理日常运营中的投诉和突发状况
	5	认真听取顾客反馈，收集顾客信息并及时反馈到公司
员工管理	1	掌握员工需求和工作情况，帮助或指导员工解决问题
	2	安排员工的在职培训
	3	设置业绩指标，激励员工努力工作
	4	协调所属餐厅人际关系，开展谈话等活动，创设融洽的工作环境
财物管理	1	采取措施保证所属餐厅所有经营物资、资金等财产的安全
	2	采取措施做好餐厅的设备维修，确保经营顺利
	3	采取措施对各项成本进行有效的控制

任务：请问，假如李明是该公司的某个餐厅的店长，该如何对他设置绩效考核指标？请根据公司战略目标分解图、餐厅目标任务分解图和店长职责一览表分析提取店长的关键绩效指标。

理论基础与操作技能

一、关键绩效指标的起源

通用电气公司感到公司不能很好地掌握和控制管理信息，于 1979 年首次提出关键成功因素（Critical Success Factors，CSF）的概念，即通过分析出影响组织战略目标实现的关键因素，然后围绕这些关键因素来确定组织规划，再据此制定绩效考核指标。于是，现在最常见的绩效管理方法——关键绩效指标（Key Performance Indicator，KPI）就形成了。

关键绩效指标

二、基本观点

关键绩效指标被称为第二代目标管理，是基于目标管理理论和意大利经济学家帕累托提出的“二八原理”提出的。所谓“二八原理”，即组织在价值创造过程中，每个部门和每一位员工 80%的工作任务是由 20%的关键行为完成的，抓住 20%的关键行为，就抓住了主体。据此绩效管理工作一定要围绕关键绩效指标展开。

关键绩效指标以战略为中心，指标体系的设计与运用都为组织战略目标的达成服务。因此，关键绩效指标一是在组织内部自上而下对战略目标进行层层分解产生；二是自下而上根据岗位人员以往的绩效与工作目标产生。指标包括财务指标和非财务指标，以财务指标为主，非财务指标为辅；既关注短期效益，也兼顾长期发展。同时，关键绩效指标同目标管理一样，同样遵循 SMART 原则，指标也必须是具体的、可衡量的、可实现的、相关的、有时限的。

三、 KPI 指标的建立

KPI 指标的建立一般要遵循以下五个步骤，如图 2－10 所示。

图 2－10　KPI 指标建立步骤

（一）建立组织级 KPI

在组织战略目标的指引下，可以利用头脑风暴法和鱼骨图分析法找出组织价值评估的重点——业务重点，再通过头脑风暴法、决策树等决策手段找出关键业务领域的关键绩效指标，这样就形成了组织级 KPI。

（二）建立部门级 KPI

将组织级的 KPI 分解为相应职能部门 KPI 和直线部门的 KPI，确定相关的要素目标，分析部门绩效驱动因素，如员工技能水平、公司激励机制、市场机会、资源分配等，确定实现部门目标的工作流程。

（三）将部门 KPI 分解为岗位 KPI

这是考核在岗员工的要素和依据，也是底层的关键绩效指标，是真正支撑组织战略目标实现的指标，一定要与部门 KPI 和组织 KPI 对齐，从而确保战略目标落地。

（四）设定评价标准

规定各个指标分别应该达到什么样的标准，规定被考核者怎样做、做多少、做成什么样、何时完成等。

（五）审核关键绩效指标

主要是审核关键绩效指标是否与组织战略目标保持一致，避免出现部门和员工绩效优秀而组织绩效低下；也要审核相关指标是否能够全面、客观地反映被考核者的绩效，而且易于操作。比如：多个考核者对同一个指标进行评价，结果是否能取得一致？岗位所有指标总和是否可以保证被考核者实现工作目标？监控这些指标的措施是否具有可操作性？

需要注意的问题：

（1）考核指标的结果要能为被考核者直接控制。如跨部门指标就不能用来考核基层员工，而应用来考核部门或高层管理者。

（2）KPI 适用于那些组织规模较大、管理制度相对完善、KPI 考核指标较容易提取和量化的组织。

（3）KPI 更侧重于个体管理，更倾向量化指标，若没有专业工具，量化指标是否对组织绩效产生关键影响很难界定，一旦出现偏差，造成的影响会较大。

四、关键绩效指标的应用

（一）KPI 常用的分析方法

关键绩效指标比较常见的分析方法有鱼骨图分析法和九宫格分析法，分别用于不同层次的 KPI 分析和基于绩效考核结果的人才分析。

1. 鱼骨图分析法

绩效考核指标的设定应该最大程度地体现组织的战略目标，利用鱼骨图分解的因果关系，我们就可以清楚地把握组织战略目标。鱼骨图中的鱼头表示为“战略目标”，大鱼刺表示“关键成功领域”（CSF），这是对组织的成功起关键作用的某个战略要素的定性描述，是制定关键绩效指标的依据，并由关键绩效指标具体化、定量化，从而使之可以衡量。

该方法可以帮助组织抓住主要问题，解决主要矛盾。问题总是受到某些因素影响而发生的，找出这些因素，并将它们与问题的特性值放在一起，按相互关联性整理成层次分明、条理清楚的特性要因图（即鱼骨图），有助于透过现象看到本质。主要步骤如图 2－11 所示。

鱼骨图分析的具体情形参见本任务案例与任务导入，在此不再赘述。

2. 九宫格分析法

该法是基于绩效考核结果分析组织人才构成及发展策略的。关键绩效指标常见的三个

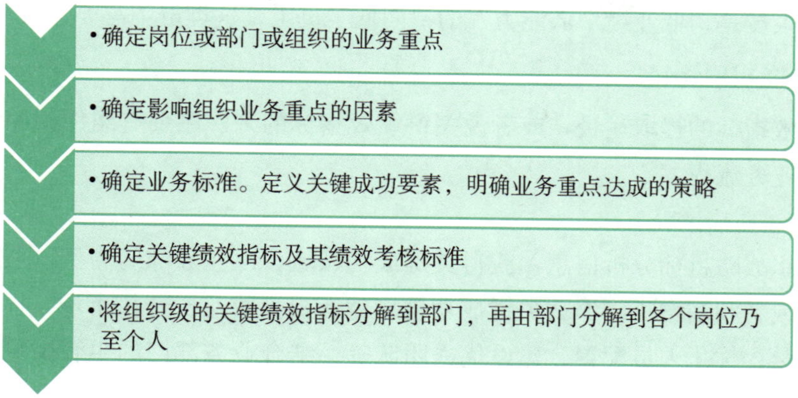

图 2-11 鱼骨图的设计步骤

维度业绩、能力、态度常被用来作为九宫格分析的维度，这些维度通常按照一个年度进行评估，评估结果通常被划分为高（优）、中、低（差）三个等级（也有的分为四个等级，如华为将评估结果分为 S、A、B、C 四个等级，这样就成十六宫格了），其中“高”为超出预期，“中”为符合预期，“低”为没有达标。这样制定出来的九宫格通常称为经典九宫格（如图 2-12 所示）。九宫格还可以用于人才盘点，管理者可以直观地认识人才在九宫格中的具体位置和分布情况，由此又被称为“人才地图”，组织可以用它制定人才发展策略。

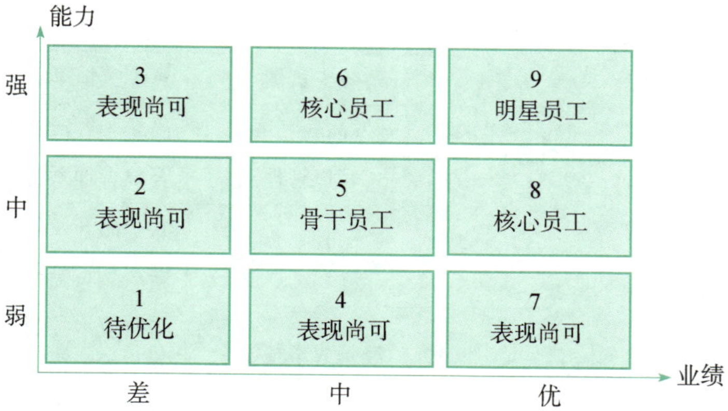

图 2-12 绩效管理经典九宫格示意图

如图 2-12 所示，通过业绩和能力结果数据的分析，我们可以将员工归为四个层次或者四个类型，这样组织就可以针对不同层次的员工进行有针对性的管理，使员工的职业发展与组织发展目标相匹配。

第一类人员是“高业绩+高能力”的“双高”人才，这是组织必须重奖重用的人才，需要组织根据需求给予正面积极的奖励和相应的职位，保证他们能持续创造高质量成果。

第二类人员是业绩和能力“一高一中”的员工，组织需要针对这些员工的短板制定培训方案，帮助他们向第一层次人才发展。

第三类人员是业绩和能力中等，或者业绩和能力“一高一低”的员工，这是需要组织大力培训的员工群体。

第四类人员是“低业绩+低能力”的“两低”员工，这类员工需要适时淘汰。

（二）KPI 提取途径

关键绩效指标的提取途径，或者说关键绩效指标的来源主要有组织战略目标、岗位职责和关键业务流程。

1. 从战略目标提取 KPI

根据组织战略目标分析信息，获得关键成功领域。以业务部门为例，假设企业战略目标是上市或者利润增长，那么关键成功领域就有提高收益、开拓市场、提高或保证产品和服务质量、优化人员配置、建设优秀团队等。结合业务部门的主管岗位说明书和部门 KPI 等，就可以得出主管的关键成功领域是提高产品和服务质量、控制成本、建设优秀团队以及增加营业额等。这些关键成功领域包含的关键成功要素各不相同，比如提高产品和服务质量包含的关键成功要素可能有原材料质量、工艺技术水平、环境管理、服务态度等，控制成本领域包含的关键成功要素可能有原材料进货渠道管理、现场管理、流程设计等。请看示例表 2-3，加深对从战略目标提取 KPI 方法的理解。

表 2-3　从战略目标提取 KPI 示例

战略目标	关键成功领域	关键成功要素	关键绩效指标
发展成为专业产品研发、生产、销售的高新技术企业	企业收益	增加利润	主营业务收入
			利润总额
		减少负债	资产负债率
	销售管理	开发高获利客户	高获利客户开发数量
		客户管理	客户管理系统的建立和维护
	研发管理	产品创新	新产品开发计划完成率
			新产品贡献度
	成本管理	经营成本控制	采购成本控制率
			生产成本控制率
		预算控制	管理费用控制率
			销售费用控制率

2. 从岗位职责提取 KPI

从一个岗位职责可以提取一个或者多个指标。其示例如表 2-4 所示：

表 2-4　从岗位职责提取人事助理 KPI 示例

岗位职责	关键绩效指标
协助经理制订招聘计划，开展招聘工作	招聘计划完成率
	人均招聘时间
	入职成功率

续表

岗位职责	关键绩效指标
组织培训需求调查，制订培训计划，开展培训	培训计划完成率
	培训效益
负责劳动合同管理、人事档案管理、社保手续办理等相关工作	劳动关系确认率
参与制定和实施薪酬福利政策，核发员工工资	薪资差错次数
	薪资差错金额
组织实施绩效管理	考核结果准确率

3. 从关键业务流程提取 KPI

从一个关键业务流程可以提取一个或者多个 KPI，或者多个关键业务流程共用一个 KPI。其示例如表 2－5 所示：

表 2－5　从关键业务流程提取门店店长 KPI 示例

序号	关键业务流程	关键绩效指标
1	巡视高峰时段客情，观察流程是否顺畅，及时解决问题	客户满意度
2	巡查水电气使用情况，抽查存货，有问题及时处理	生产利润率
3	调动员工积极性，疏导不良情绪，做好谈话记录	员工满意度

4. 指标筛选

通过上述三种途径，我们建立起了某岗位的关键绩效指标集或者指标库，但需要经过筛选才能确定为最终的关键绩效指标。筛选因素包括重要性、可衡量性、可控性、测量成本等。比如我们会发现客户投诉次数符合关键绩效指标的全部筛选标准，它与客户满意度存在交叉，选哪个更合适呢？测量客户满意度需要对顾客进行满意度调研，需要综合考虑客户投诉等多种情况，测量成本较高，不符合测量成本低的标准，但是该指标在重要性、可衡量性和可控性方面更加突出，因此我们应该选择客户满意度作为考核指标。又如库存周转率很重要，但是它的测量成本比较高，不确定性较大，难以直接控制，利用资产利用率可以间接对库存进行考核，因此我们可以不选择库存周转率而选择资产利用率。

（三）确定权重和评分标准

用于考核的最终的关键绩效指标选定后，组织就要对它们进行定义，避免出现理解偏差。描述性的定义必须简洁，不能产生歧义。能够用计算公式的尽量用计算公式表述。比如成本费用利润率可以用公式表述为：成本费用利润率＝当期利润总额/当期成本费用总额×100%。

数据来源主要是主管或者有关业务主管部门，比如销售额、回款额、应收账款等以财务部的数据为准，员工满意度来源于人力资源部，客户满意度来源于客服部。

不同的 KPI 在支持公司或部门战略目标的实现中起的作用或者重要性不同，因此需要对不同的 KPI 赋予不同的权重。

完成这些工作以后，我们就要对不同 KPI 的评分标准进行规定，评分标准涉及等级确定或者分数给定，在设计时应该有明确的容易理解的界定和区分，并通过文字或者数据体现出来。至此我们就可以开始设计绩效考核表了。

直通职场

下面是江苏某制衣有限责任公司采用 KPI 进行绩效管理制定的考核表格举例（见表 2-6、表 2-7）。该公司从业绩、能力、态度三个维度对全体公司员工进行管理，其中对普通员工和专业技术（管理）人员实施月度考核和年度考核，月度考核关注业绩和态度，年度考核关注业绩、能力和态度。对经理级员工只进行年度考核，从业绩、能力、态度三个维度进行考核。考核权重分配一般是业绩占 60%，能力占 30%，态度占 10%，但不同的群体或不同周期的考核比例略有差别。不同的被考核者，考核主体也不同，有的由自己、同事、上级、下级同时进行考核，有的由上级、同级考核，有的只由直接上级考核。

表 2-6　普通员工能力考核评分表

考核期间：　　年　　月至　　年　　月

被考核人姓名		部门		岗位		年度			
	指标/权重			要素		A	B	C	D
能力 30%	能力素质 20%	人际交往能力 4%		建立关系					
				团队合作					
				敏感性					
		影响力 4%		说服力					
				影响能力					
		沟通能力 4%		口头沟通					
				倾听					
				书面沟通					
		判断和决策能力 4%		创新能力					
				解决问题能力					
				推断评估能力					
		计划和执行能力 4%		准确性					
				效率					
				计划和组织					
	专业知识及技能 10%								
考核人						签字： 年　　月　　日			
备注：此表由被考核人的直接上级填写。									

表 2-7　员工能力考核指标评定标准（部分）

	超过目标要求	达到目标要求	需要改进	完成目标较差
人际交往能力				
关系建立	A	B	C	D
	容易与他人建立可信赖的积极发展的长期关系	能够与他人建立可信赖的长期关系	较为自我，不易与他人建立长期关系	刚愎自用，不易与他人相处，自我封闭
团队合作	A	B	C	D
	善于与他人合作共事，相互支持，充分发挥各自的优势，保持良好的团队工作氛围	能够与他人合作共事，相互支持，保证团队任务的完成	团队合作精神不强，对工作有影响	不能与他人很好合作，独断专行
解决矛盾	A	B	C	D
	巧妙地和建设性地解决不同矛盾	能够解决已发生的矛盾，不致对工作产生大的负面影响	解决矛盾手法生硬，影响工作顺利进行	遇到矛盾不知如何解决
敏感性	A	B	C	D
	对他人较关心，容易感知别人的想法，体谅他人，善于领会他人的请求，并付之于适当的言行	能关心他人，体谅他人，领会他人的请求，有时帮助想办法解决	有时能关心他人，体会他人的苦衷	不太关心他人，对他人的需求毫无感觉
影响力				
团队发展	A	B	C	D
	易与他人沟通，积极促进团队协作，在团队中是自然的核心人物，并能引导团队达到组织目标	能够根据公司要求努力促进团队的协作和沟通，使工作顺利开展	尚能与人合作，但协调不善，影响工作	无法与人协调
说服力	A	B	C	D
	能够表述自己的主张、论点及理由，比较容易地说服别人接受某一看法与意见	能说服下级、同事、上级接受某一看法与意见	说服别人比较困难	无法说服别人，或咄咄逼人，或逃避退让

任务分析

根据东莞 KZL 餐饮有限公司战略目标分析信息，公司的关键成功领域有：提高效益、加强客户管理、保证菜品和服务的质量、合理配置人员、加强团队建设。餐厅向上对齐则是提高产品和服务质量、提高营业额、进行团建、控制成本四个关键成功领域，相应的关键成功因素则包括：餐厅环境、员工服务；客户管理、营业额达成率；员工满意度；食材管理、餐厅费用管理。进而我们可以相应地分析出如下关键绩效指标：餐厅环境达标率；员工工作合格率、客户满意度；新客户增加量、老客户销售额；营业目标完成率；员工满意度；库存周转率；人员安排合理性。如表 2－8 所示：

表 2－8　基于公司战略目标的餐厅店长 KPI 提取表

总目标	关键成功领域	关键成功因素	关键绩效指标
提高收益	提高产品和服务质量	餐厅环境	餐厅环境达标度
		员工服务	员工工作合格率
			客户满意度
	提高营业额	客户管理	老客户销售额
			新客户增加量
		营业额达成率	营业目标完成率
	进行团建	员工满意度	员工满意度
	控制成本	食材管理	库存周转率
		餐厅费用管理	人员安排合理性

结合店长职责和餐厅的 KPI 分解内容，可以得出店长岗位的关键职责及对应的关键绩效指标，如表 2－9 所示：

表 2－9　基于岗位职责的餐厅店长 KPI 提取表

序号	关键职责	关键绩效指标
1	制定和完成各项经营指标	营收目标完成率
2	妥善处理客户投诉，不断改善服务质量，提升客户管理水平	客户投诉次数
		客户满意度
3	负责本餐厅业务技能、管理制度、员工素质、服务意识的培训和宣传引导	员工参加培训人次
		员工培训合格率
4	负责本部门的 6S 管理，责任落实到人，对员工的考勤和服务规范进行监督	员工工作抽检合格率
5	加强本部门财产管理，合理利用资产，严格控制成本	资产利用率

学以致用

引导学生围绕国家和区域经济社会发展战略来明确创新创业的方向，这是战略认知。解决了战略性认知问题，接下来我们就要选择关键成功领域，比如我们瞄准的是否是新产品、新业态、新服务、新模式？或者是制造业、农业、卫生、能源、环保、战略性新兴产业？确定了关键成功领域后，我们就要在相关领域选取项目，并进行研究探析，进入对关键成功要素的分析阶段，并进而对照国家创新创业大赛的评价标准去确定自己的创新创业绩效成果。这样才能高效培养我们的创新创业思维。

在线练习

任务三　平衡计分卡的应用

案例与任务导入

深圳××公司的绩效管理

作为知名的IT企业，深圳××公司近年利润总额基本保持上升趋势。但近年来同行业之间竞争日趋激烈，公司主营业务收入增长率一直在6%左右徘徊，与5年前相比，营业收入和利润率都在明显下降。为了增加股东价值，公司期望增加销售收入，同比增长达到8%以上，同时严格控制生产成本、管理成本、销售成本等，控制在销售额的15%左右，以提高公司利润。

公司以用户体验为核心，通过物美价廉的功能选择满足客户需求。但2024年第一季度调查的客户满意度各项数据显示用户对产品并不十分满意，这与公司的期望存在较大差距。由于市场、管理、技术等因素的约束，老客户保持率略显不足，新客户增长率更不理想。为此公司决定从品牌建设入手，加大投入，提高客户满意度，进而使市场占有率达到50%左右。

安全生产和规范管理一直是公司的工作重点，但目前出现了产品设计创新不足的问题，产品附加值下降，影响了产品的市场竞争力。公司决定加强研发团队的市场需求分析和产品设计创新，既满足客户需求，也让竞争对手难以模仿和超越。公司还决定进行流程再造，包括生产成本控制流程、供应和服务运营流程、客户管理流程、新产品新服务创新流程、社会环境流程等，重新进行优化，以提高效率。

公司作为一家大型民营IT企业，工作方式和组织结构都非常复杂。2023年底的内部调研显示，员工满意度不高（仅为73%），培训计划完成率低（仅为68%），员工队伍不稳定（离职率达到34%），公司运营受到严重影响。这与公司预期存在很大差距（如公司高层期待的员工满意度为90%以上）。同时员工参加公司团建、旅游等各种文化活动的积极性不高，归属感偏低。为此，公司决定加强员工的知识技能培训和领导力培训；加快数字化转型，完善公司数据库、信息系统和局域网建设；提高各级管理者的执行力，加强团队建设，增强员工的团队协作能力，进而加强组织的凝聚力。

任务：请同学们结合“理论基础与操作技能”，谈谈案例中的公司引入平衡计分卡进行绩效管理有什么意义，从平衡计分卡的角度分析该公司的战略在财务维度、客户维度、内部流程维度和员工学习与成长维度分别可以确定什么样的具体目标。（需要用到的相关数据可以合理假设）

理论基础与操作技能

一、平衡计分卡的基本理论

平衡计分卡

过去，为了实现一个目标往往可能会忽视另一个目标。如为了实现财务绩效目标，可能会忽视客户对产品和服务的不满。但因为没有考核客户满意度，管理者不能通过绩效管理结果发现问题的存在，一旦竞争对手提供更加优质的产品和服务，组织就会面临危机，最终导致陷入财务困境，进而影响组织战略目标的实现。因此需要一套能够统筹兼顾的绩效管理工具。哈佛大学的罗伯特·卡普兰（Robert Kaplan）教授与复兴全球战略集团诺顿研究所的首席执行官戴维·诺顿（David Norton）召集不同行业不同企业的职业经理人开展“未来企业的绩效衡量方法”的课题研究，于1992年提出了“财务、客户、内部流程、员工学习与成长”四个维度的指标体系。平衡计分卡（Balanced Score Card，BSC）由此诞生。

经过多年的发展，平衡计分卡已经发展成为一种全面战略绩效管理模式。它认为一个成功的组织需要明确自身的使命、价值观和愿景，然后在使命和愿景的驱动下，以价值观为基础，拟定战略和具体实施计划。为此需要从股东的合理回报、满意的客户、有效的内部流程和高效率高技能的员工四个方面获得战略性的结果。平衡计分卡从这四个理想化的战略结果出发，从不同的角度反过来协助组织实现愿景和战略目标。组织期待获得的战略结果如图 2-13 所示：

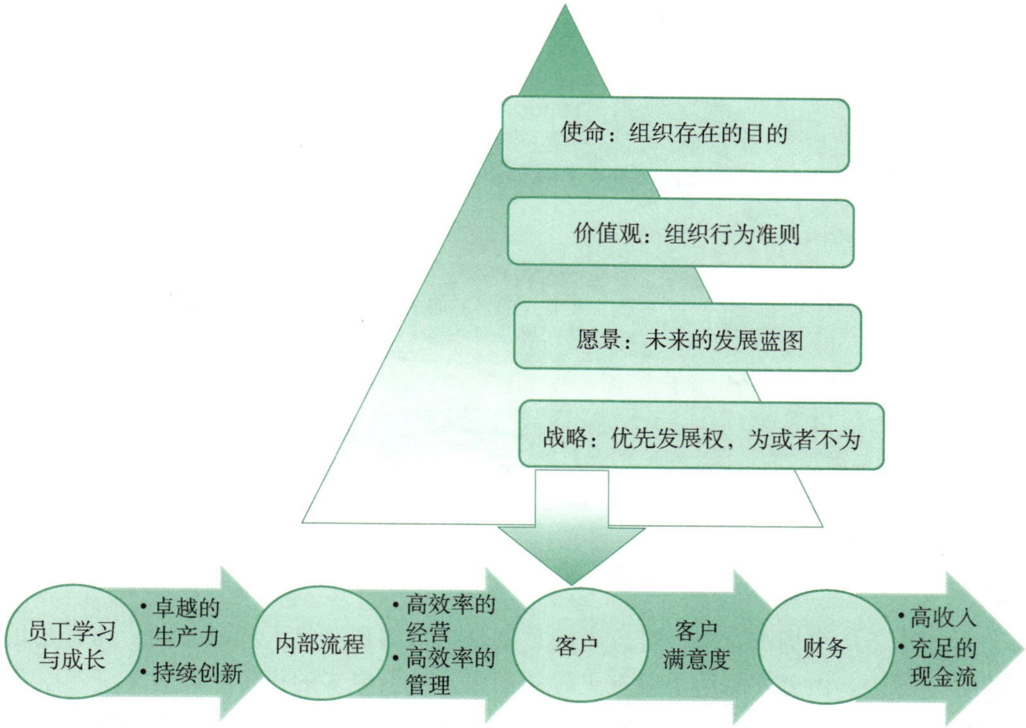

图 2-13　组织期待获得的战略结果

从上图可以看出，从平衡计分卡的四个维度出发，组织需要解决好如下问题：

（1）员工是否具备高效率和创新精神？能否帮助组织获得长期的发展优势？

（2）组织的经营效率如何？能否让组织有序运行，并有效管控好各项风险？

（3）客户是否对组织的产品和服务感到满意？客户是否有不满意的地方或有更高的要求？

（4）组织的财务状况如何？投资者能否从组织获得合理的回报？

组织能够解决好这些问题，就说明已经具备了实现战略目标的基础。从这四个维度出发，组织可以将自身的战略目标转化为具体可测量的目标，并根据所处的政治环境、经济环境、社会环境及技术环境进行相应的调整。

平衡计分卡的四个维度是一个高度相关的系统，它的四个维度存在内在的因果关系，如图 2-14 所示。这种关系可以帮助组织通过前瞻性指标分析预测未来运营状况，可以避免出现阻碍组织实现战略的不利局面。

组织想要完成战略目标，首先需要建设优秀的员工队伍，打造高效的团队，从而产生卓越的生产力；优秀的员工队伍是组织进行高效生产以及持续创新的根本所在，并因此才能打造更为合理的管理流程和高质量的管理体系，开发出更丰富的创新产品；创新的产品、卓越的管理、高效的经营是赢得客户高满意度的根本原因，据此才能不断提高

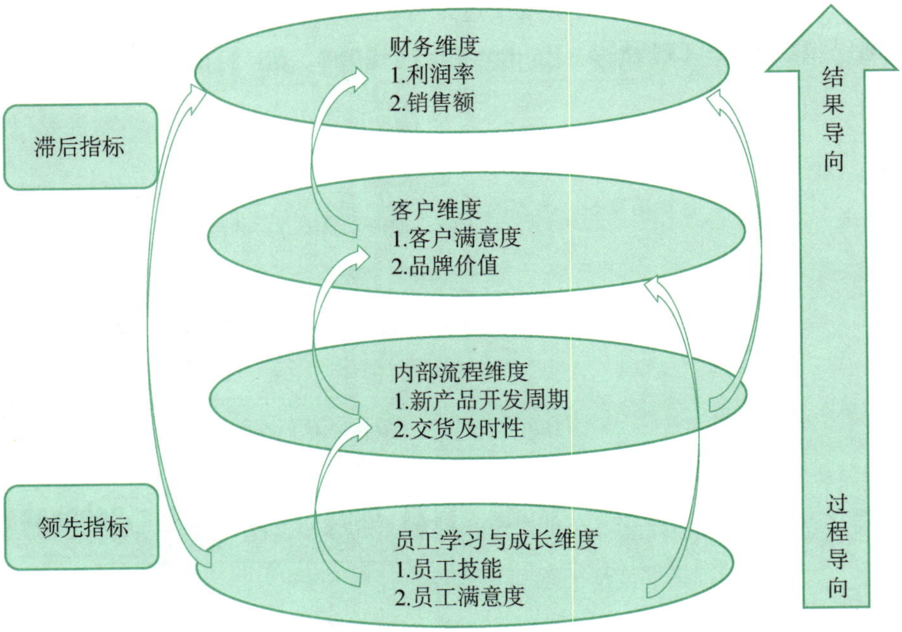

图 2－14　平衡计分卡四个维度内在的因果关系

组织产品与服务的市场占有率；客户高满意度是组织实现高收入和高盈利、拥有充足现金流的根本原因，由此才能给予股东更好的回报，吸引更多的投资。同时，员工学习与成长还构成客户满意度高低和财务指标能否实现的原因，内部流程也可以直接影响财务指标的实现。由此可见，平衡计分卡的四个维度之间形成了一个完整的因果逻辑关系，而在所有的因果链条中员工学习与成长是最根本的因素，是所有结果的原因，这就体现了使用平衡计分卡进行绩效管理的必要性和合理性。

1996 年卡普兰和诺顿建立了“战略联系联盟”，2004 年将其定义为“战略地图”。以此来展示和阐述战略目标之间的联系，帮助企业识别需要考核的行为和结果，确定关键绩效指标，对如何进行指标过滤和分类的问题提供了指导。同时，由于强调指标之间的因果关联性，不同部门的指标有所不同，因此平衡计分卡成为一个有机整体。战略地图成为帮助组织明晰战略、沟通战略的有效工具。

二、平衡计分卡的运用

建立平衡计分卡的一般活动包括组织战略的建立与实施、绩效指标体系的设计和建立、组织内部沟通和培训、确定量化衡量指标、指标体系的完善、评价过程和结果的及时沟通与反馈。最重要的两个关键环节如下。

（一）战略梳理，制定明确的战略和战略地图

首先要理解和吃透组织使命、愿景、价值观和总体战略目标，尤其是要了解业务重点、市场和产品布局、利润目标、价值链打造、在行业的排名等，最终形成战略目标体系。×××集团战略目标、体系示意如图 2－15 所示。

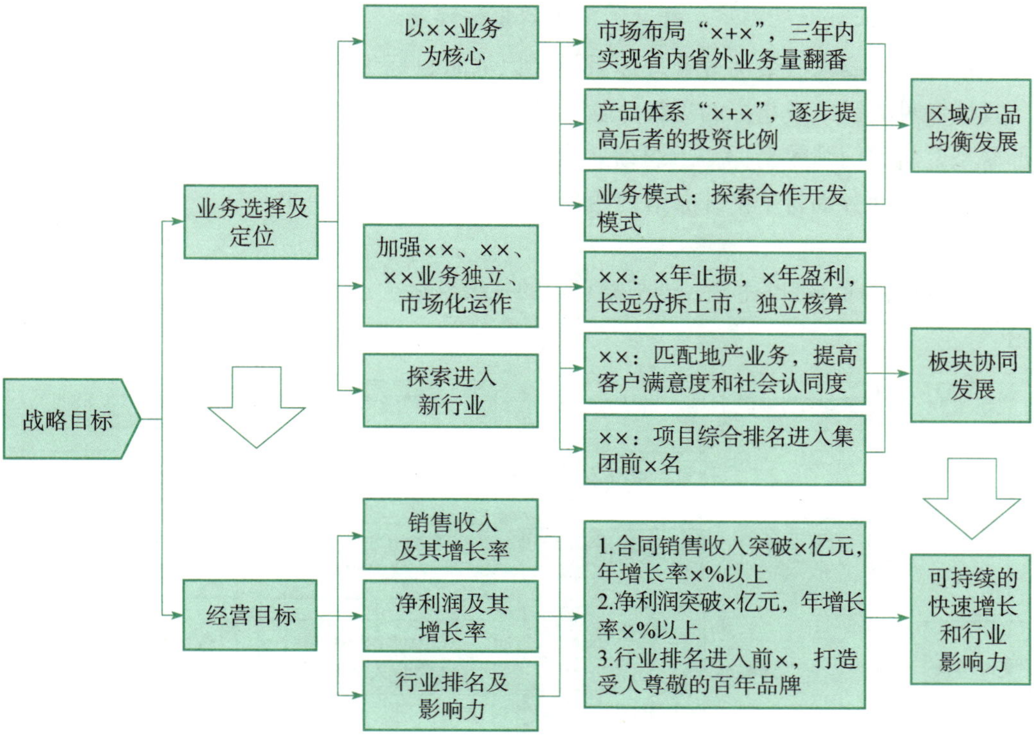

图 2-15 ×××集团战略目标体系示意图

在此基础上，构建组织战略地图。比如国内某知名房地产公司采用平衡计分卡进行绩效管理，确立了"实现可持续快速增长，进入并保持行业前五名"的战略目标，该公司的平衡计分卡战略地图如图 2-16 所示。

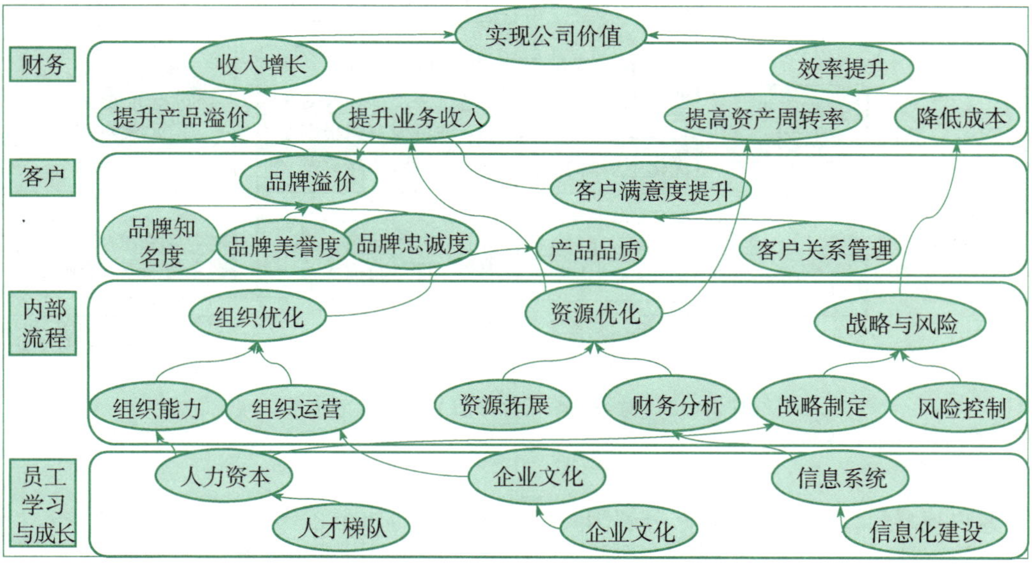

图 2-16 ×××公司平衡计分卡战略地图示例

（二）分析关键成功因素，建立关键绩效指标体系

平衡计分卡要求有效绩效管理体系设计以战略目标为导向，自上而下地分解绩效指标（具体参见关键绩效指标的逐级分解），从而建立以目标结果为关注点的横向与纵向的内部联系，将部门绩效指标与组织绩效指标关联，强化组织内部团队合作，促进组织内部一致性。下面分别将平衡计分卡的四个维度的指标分解示例如下。

1. 财务战略目标

财务战略目标（战略主题，即战略目标的一级目标）分解为关键绩效指标，如图 2－17 所示。

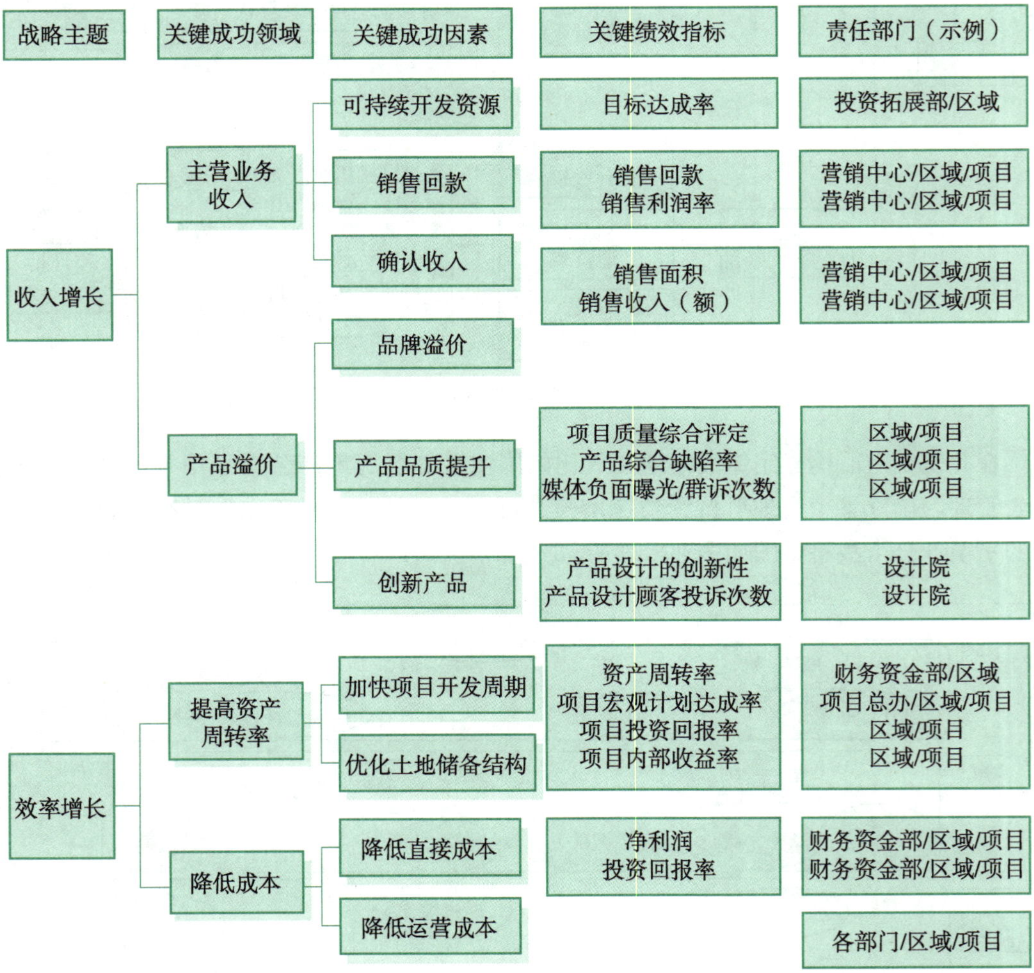

图 2－17　财务战略目标分解为关键绩效指标

2. 客户战略目标

客户战略目标（战略主题）分解为关键绩效指标，如图 2－18 所示。

3. 内部流程战略目标

内部流程战略目标（战略主题）分解为关键绩效指标，如图 2－19 所示。

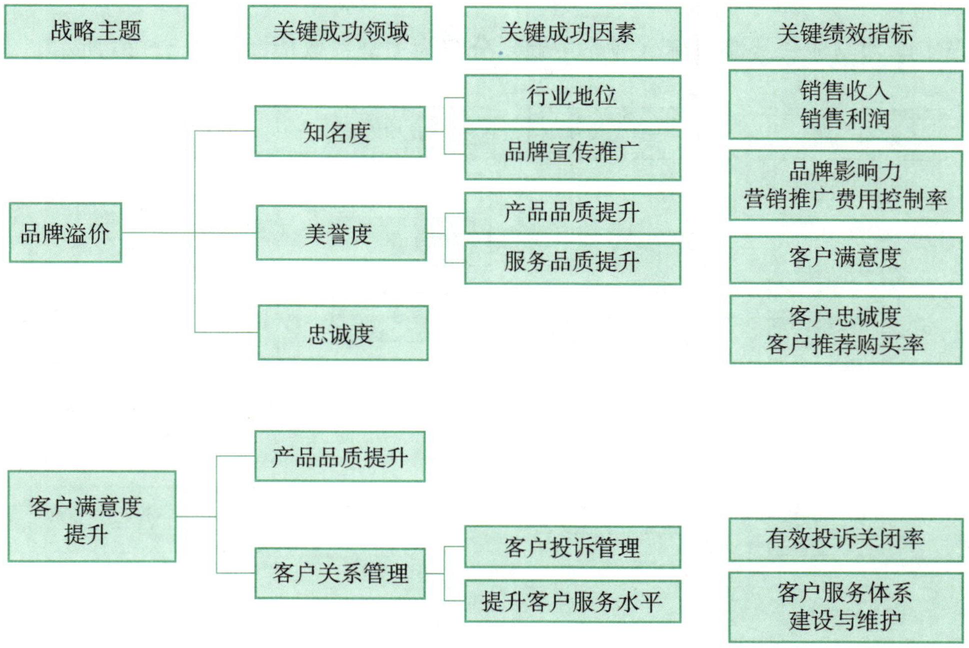

图 2-18　客户战略目标分解为关键绩效指标

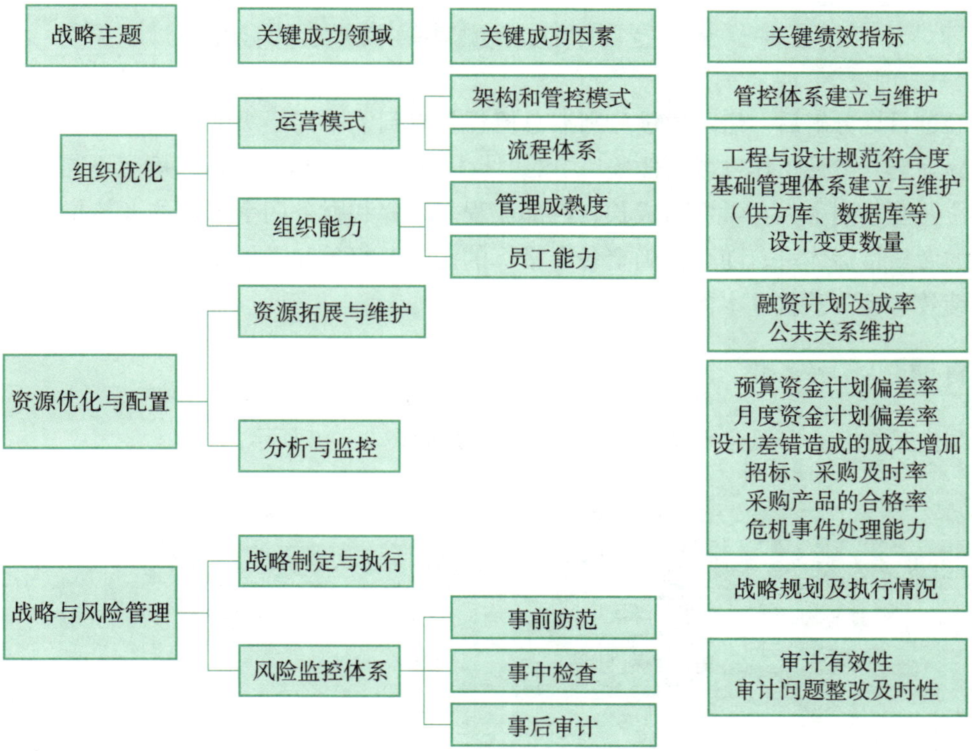

图 2-19　内部流程战略目标分解为关键绩效指标

4. 员工学习与成长战略目标

员工学习与成长战略目标（战略主题）分解为关键绩效指标如图 2－20 所示。

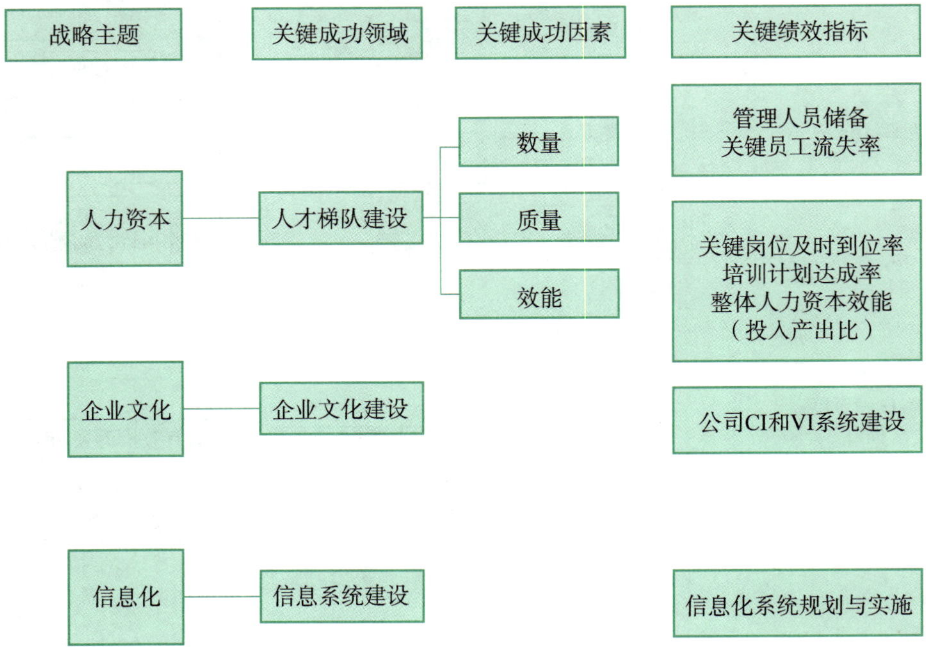

图 2－20　员工学习与成长战略目标分解为关键绩效指标

经过目标分解后，组织通过分别汇总梳理就得到了不同层级的绩效考核指标库。通过指标筛选（参见工作领域二任务二中的“指标筛选”），组织就可以确定不同部门、不同岗位乃至不同个人在学习与成长、内部流程、客户和财务四个方面的考核指标，形成各自的考核指标体系。随后就确定各个指标的定义、权重和考核主体。至此，平衡计分卡的绩效管理体系就基本构建完毕。

直通职场

国内某知名企业基于平衡计分卡的考核体系如表 2－10 所示。

表 2－10　国内某知名企业基于平衡计分卡的考核体系

指标维度	考核内容	KPI	目标值及评估办法	权重（%）
财务（50%）	结算收入与利润	1. 结算净利润	目标值达标或超标，100 分	15
		2. 销售净利润率	≥21%，100 分	10
	现金流	3. 销售回款	目标值达标或超标，100 分	10
	项目融资	4. 项目融资	目标值达标或超标，100 分	5
	资金计划准确性	5. 预算资金计划偏差率	偏差率≤15%，100 分	5
		6. 月度资金计划偏差率	偏差率≤10%，100 分	5

续表

指标维度	考核内容	KPI	目标值及评估办法	权重（%）
客户（20%）	全面客户体验评估	7. 客户忠诚度	总得分=（准业主数×准业主得分+磨合期业主数×磨合期得分+稳定期业主数×稳定期得分+老业主数×老业主得分）/四个阶段业主数总和	20
内部流程（20%）	市场占有率	8. 相对于本地最大竞争对手规模的增速	当年签约备案金额/本地最大竞争对手签约备案金额-上年签约备案金额/上年竞争对手签约备案金额	20
员工学习与成长（10%）	员工敬业度	9. 员工敬业度	员工敬业度调查问卷中 28 个关键问题的平均认同度	10

任务分析

深圳××公司引入平衡计分卡进行绩效管理的意义要从平衡计分卡解决了公司顾此失彼、统筹兼顾难的问题的角度去分析；财务维度、客户维度、内部流程维度和员工学习与成长维度的具体目标，可以结合“理论基础与操作技能”部分提供的指标和案例介绍中提及的方面进行合理假设，其合理性一方面要基于案例中的某些数据，另一方面可以通过查阅当前行业和企业的市场基本情况与基本要求去合理假设。

学以致用

平衡计分卡的四个维度将绩效管理的本质归纳为“人”，不管是内部流程改善、客户满意度的提高还是财务指标的实现，归根结底都离不开员工学习与成长，这种管理思想体现了“以人为本”的管理理念。同样，我们在学习管理理论和管理技能的过程中就要树立“以用户为中心”的管理思维，特别要重视高技能高创造力人才的培养和创新团队的打造。同时，通过平衡计分卡的学习和运用，我们还需要树立统筹兼顾、普遍联系的辩证唯物主义系统思维。

在线练习

任务四　目标与关键结果的应用

案例与任务导入

某公司技术副总监第二季度 OKR

目标（Objective）：销售支持。衡量并提高工程师对销售的支持力度。

KR1：记录工程师对可带来 100 万元以上年收入的潜在客户提供的全部销售支持。

（评分标准：1 分＝全部记录；0.7 分＝有一个销售支持没有被记录；0.5＝有两个销售支持没有被记录；0.3＝只记录了一个销售支持）

KR2：在二季度末之前，获取技术合格率指标的基线。

（评分标准：1＝获得基线指标；0＝没有获得基线指标）

KR3：第二季度末，大区 60%的客户经理完成针对产品 A 销售技术的培训和认证。

（评分标准：1＝60%以上的客户经理完成培训；0.7＝50%～59%的客户经理完成培训；0.3＝3 个及 3 个以上的客户经理完成培训）

任务：请你谈谈对 OKR（Objective and Key Results）设计的理解，包括目标与关键结果的关系、评分的设计等。

理论基础与操作技能

一、OKR 的诞生及主要主张

1976 年前后，英特尔公司希望找到一个方法，同步工作重心、统一工作目标，实现“上下同欲”。作为首席运营官的安迪・格鲁夫提出了高产出管理，并在目标管理法的基础上首次提出了 OKR 的概念。那么，什么是 OKR 呢?

保罗 R. 尼文、本・杜木尔特提出的定义是：“OKR 是一套严密的思考框架和持续的纪律要求，旨在确保员工紧密协作，把精力聚焦在能促进组织成长的、可衡量的贡献上。”①

（一）如何理解 OKR 的定义

1. 严密的思考框架

OKR 不只是简单地考核结果，而是在考核结果时，应该超越数字本身深入思考它们

① 保罗 R. 尼文，本・杜木尔特 . OKR 源于英特尔和谷歌的目标管理利器［M］. 况阳，译 . 北京：机械工业出版社，2017：7。

背后反映出来的问题，帮助组织找到发展的突破口。

2. 持续的纪律要求

OKR 以结果为导向，非常强调时限性要求，它一般按季度进行考核，在季度末要求仔细确认结果达成情况，如有必要，就要及时调整原来设计的目标和商业模式。

3. 确保员工紧密协作

OKR 非常强调协作的最大化和组织的一致性，如何实现呢？它通过 OKR 系统的透明性来实现，每一个人都充分共享 OKR，组织内从上至下都可以看到整个组织的 OKR 及其进度情况。

4. 精力聚焦

OKR 的主要目的是识别最关键的业务目标，并通过量化的关键结果去衡量目标达成情况。OKR 要求必须决定最终关注点。

5. 做出可衡量的贡献

KR 几乎完全要求定量化，任何时候都要能精确地看出它的完成进度及对组织业务产生了多大的促进或阻碍作用。

6. 促进组织成长

判断 OKR 成功与否的最终标准是最终取得的实际成果。

（二）OKR 的两大构成

1. 目标

目标是对驱动组织朝期望方向前进的简洁的定性描述。解决“我们想做什么”的问题，如“设计一个引人入胜的网站，吸引公众对公司业务的关注”，这个目标是简洁的、定性的、让人憧憬的。

2. 关键结果

关键结果是用来衡量目标实现程度的定量描述。解决“我们如何知道自己是否实现了目标”的问题。好的 KR 是定量的、富于挑战的、具体的、责任人自主制定的、基于进度的、上下左右对齐的、能驱动员工和组织正确行为的。因此 KR 应当用数字说话，必须将目标中定性的部分定量化。如“设计一个引人入胜的网站，吸引公众对公司业务的关注”，我们需要说清楚什么叫“引人入胜”，“吸引”具体是指什么。这就必须结合业务环境去解释这些词语的具体含义。绝大多数目标（Objective）都只有 2～5 条 KR，针对上述目标我们可以这样设计 KR：

（1）30%以上的网友在一个星期内会二次访问我们的网站；

（2）15%以上的访客会咨询或购买我们的产品或服务。

二、目标和关键结果的设计

OKR 的制定，应该从组织使命、愿景和价值观出发，这是组织的初心；然后是战略和年度经营目标。为了支撑年度经营目标，组织可以按季度来设定季度经营目标和要达成的关键结果，即 OKR。

在制定 OKR 时，组织应当平衡好 KR 的达成难度和激发潜力二者的关系。一方面要让 KR 具有足够的挑战性，以促使各部门和员工作出尽可能大的贡献，同时又不至于让 KR 高不可攀，导致团队士气下降。OKR 包括组织（公司）层面、业务单元或团队层面、项目层面、个人层面。OKR 到底在哪个层面开始实施或者只在哪个层面实施呢？我们可以只在组织层面实施，也可以在组织层面和业务单元或团队层面开展，还可以仅仅在业务单元或团队层面试点，或者只在项目中实施。特殊情况下，一组 OKR 可以由两个团队或多个团队共用。

（一）OKR 创建流程

OKR 的目标一般是 2～5 个，每个目标的关键结果一般是 2～4 个。其创建流程可以用创建、精炼、对齐、定稿、发布来表述，如图 2-21 所示。

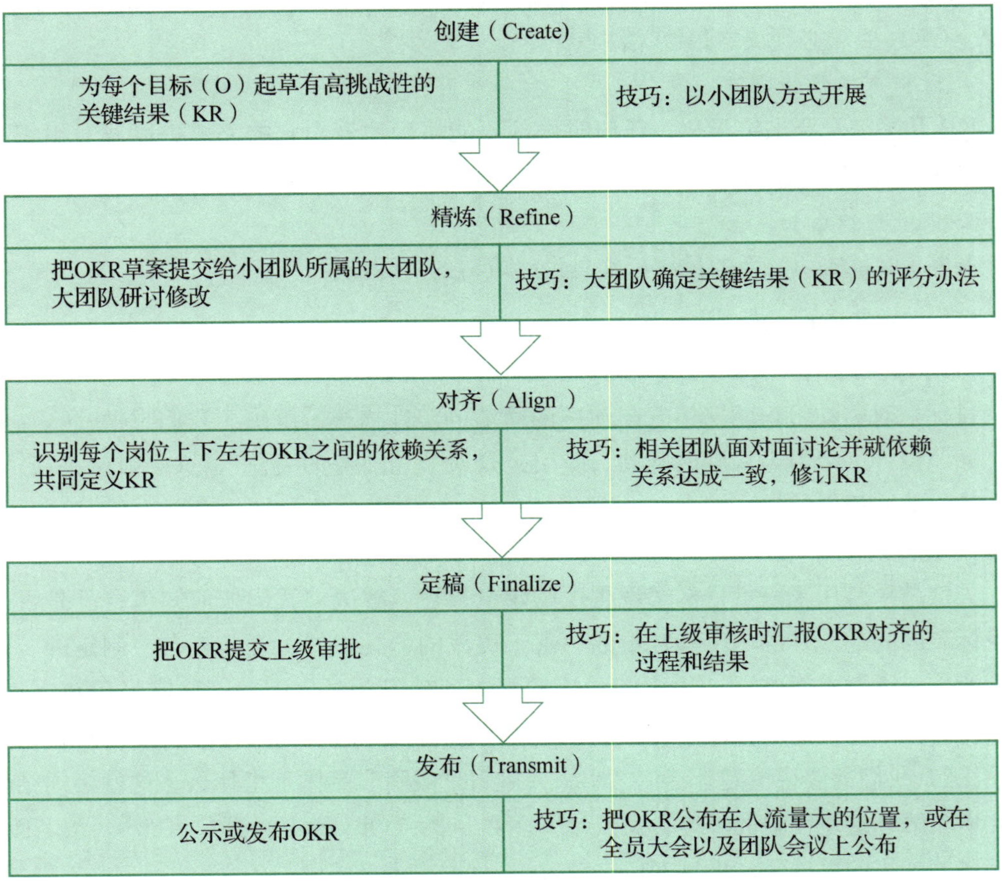

图 2-21　OKR 创建流程图

资料来源：保罗 R. 尼文，本 • 杜木尔特 . OKR 源于英特尔和谷歌的目标管理利器［M］. 况阳，译 . 北京：机械工业出版社，2017：100. 有改动。

（二）OKR 示例

下面以一家目标客户群为用人单位和求职者的人力资源服务公司为例来理解公司层面、团队层面和个人层面的 OKR 设计。

1. 公司层面的 OKR 示例

作为一家人力资源服务公司，公司层面的 OKR 需要从整体战略目标出发，通过关键结果确保并能衡量目标的达成情况。下面的示例（见表 2-11）共包含 3 个目标，每个目标下包含 2～3 个 KR。

表 2-11 第一季度公司层面的 OKR 示例

序号	目标（O）	关键结果（KR）
1	达成第一季度财务指标	实现 5 亿元营业收入
		达成 0.5 亿元净利润
2	在全国范围内用人单位中影响力显著提升	季度结束时签约用人单位达到 1 万家
		珠三角地区以外新增用人单位 1000 家
		用人单位净推荐值季度第三个月提升至 40
3	高效运营业务	一季度将每位员工贡献给公司的收入提高至 23 万元（去年为 20 万元）
		老客户推荐新客户占总签约用户的 30%

2. 团队层面的 OKR 示例

为了实现公司层面的 OKR，各部门需要根据公司目标调整与优化自己的目标和关键结果，确保部门的工作协同能推进公司总体目标的实现。下面以相关部门为例（见表 2-12）。

表 2-12 第一季度团队的 OKR 示例

序号	团队名称	目标（O）	关键结果（KR）
1	客户开发部	增加用人单位签约数并开发中西部地区用户	新增 1200 家签约用户
			签约用人单位保留率从 80%提升至 90%
			季度结束时大西北新签约用人单位活跃数达到 500 家以上
2	招聘服务部	提升招聘服务质量和效率	招聘项目按时交付率达到 95%以上
			候选人录用后三个月内离职率低于 10%

3. 个人层面的 OKR 示例

个人或岗位的 OKR 设计要与部门或团队的 OKR 紧密对应，表 2-13 是人力资源服务交付部的招聘服务专员、人力资源外包服务专员和薪酬福利专员的 OKR 示例。

表 2-13 岗位（个人）OKR 示例

序号	岗位名称	目标（O）	关键结果（KR）
1	招聘服务专员	第一季度，为指定客户项目提供高质量的招聘服务，确保招聘流程高效且候选人质量达标	候选人简历筛选效率提升 20%，筛选时间缩短至平均 3 个工作日以内
			候选人试用期内离职率不超过 5%
			每月至少收集 10 条客户对招聘服务的反馈意见，提出至少 2 项优化建议

续表

序号	岗位名称	目标（O）	关键结果（KR）
2	人力资源外包服务专员	优化人力资源外包服务流程，提升服务效率和客户满意度	员工入职和离职手续办理的平均时间缩短至 2 个工作日以内
			客户对外包服务的满意度评分达到 4.5 分以上（满分 5 分）
			识别不少于 2 个外包服务中的问题，提出至少 1 项流程优化方案
3	薪酬福利专员	优化薪酬福利体系，提升员工满意度和市场竞争力	薪酬计算和发放的准确率达到 100%，发放时间提前至每月 10 日前
			设计至少 1 项新的福利计划，征集员工意见，满意度达到 4.2 分以上（满分 5 分）

一个精心策划的 OKR 能给组织带来哪些预期收益？

（1）更好的决策。OKR 的数据驱动的决策模式，使组织能作出基于精准数据的明智选择，能持续优化流程，提升运营效率。

（2）敏捷。OKR 的灵活性使组织能够快速响应市场变化，及时调整战略方向，保持竞争力。

（3）聚集。OKR 通过明确的战略聚焦，确保团队目标与组织愿景高度一致，避免资源分散和方向迷失。

（4）公开透明。OKR 的透明性与沟通机制，让目标与进展清晰可见，增强员工对组织的认同感，同时促进跨部门协作，打破信息孤岛，提升协同效率。

（5）自下而上。OKR 绝大多数目标都是自下而上设定，让团队和个人对目标更有责任感。

（6）前瞻性思考。OKR 能充分激发我们去做面向未来的思考。

（三）OKR 打分

以人数不到 10 000 人的某高职院校的学生会为例，假设设定的目标是“提升校园文化活动参与度”，同时我们假设关键结果为：

（1）KR1：本学期举办 5 场学生参与率达到 90%的活动（权重 40%），往年最高纪录举办 4 场，学生参与率最高 82%；

（2）KR2：公众号活动宣传推文阅读量突破 40 000 次（权重 30%），往年最高 38 000 次；

（3）KR3：建立 2 000 人以上的活动反馈意见群（权重 30%），往年最多 1 500 人加入群进行意见反馈。

可以看出这些目标和关键结果都很有挑战性。到期末，KR1：实际举办 4 场（目标 5 场），平均参与率 85%（目标 90%）。KR2：推文累计阅读量 39 000 次。KR3：建群 1 560 人，未完成 2 000 人的目标。可以看出，采用 OKR 设计目标和关键结果，各项指标极具挑战性。创建一个有效的 KR 能帮助员工更好地了解自己的业务。员工需要仔细考虑自己的预期，创建一系列指标值来具体地指明杰出绩效、良好绩效和一般绩效的标准。OKR 打分就是要做到这一点。为了传递期望、促进持续学习并清晰地呈现 KR 的实际进展，OKR 一般采用的度量刻度见表 2-14。

表 2-14 关键结果（KR）0～1 分评分等级表

等级（分值）	评价标准或要求
1.0	结果远超预期，几乎不可达成
0.7	这是组织希望能达成的程度，虽然很难但是可以达成
0.3	知道肯定能达成的程度。只需要很少帮助或不需要帮助就能达成的程度
0	没有任何进展

资料来源：保罗 R. 尼文，本・杜木尔特 .OKR 源于英特尔和谷歌的目标管理利器［M］. 况阳，译 . 北京：机械工业出版社，2017：90. 有改动。

1.0：这是一个非常有挑战性的关键结果，几乎不可能实现。OKR 认为所有的 KR 都应该将 1.0 的标准作为最高标准，以促进创新性思考。在前述高职院校学生会的例子中，把学生参与率 90%、推文阅读量 40 000 设置成 1.0。这些都是该校以前从未有过的水平，因而极具挑战性。

0.7：这个分数等级表示虽然很难，但是有可能达成的。以前述例子来说，82%的学生参与率、38 000 的推文阅读量就代表 0.7 的水平，因为这是过去获得的最高水平，虽然这个标准也很高，但却是可能达到的。

0.3：这是通过正常努力就可以达成的绩效水平。仍然以前述例子来说，学校认为学生参与率 60%，推文阅读量 30 000 人次是往年的平均水平，就可以把它定为 0.3 的级别。

正确的绩效考核标准指标的设置，挑战在于如何精确地找到它的位置。首先，应尽可能地利用一切可以客观量化的背景材料，如行业平均值、基线数据、客户需求等。其次，不能完全抛弃主观判断和直觉，因为员工最了解业务，诸如客户数据仅仅是决策的重要依据之一，而不是全部。OKR 评分的关键分数是 1.0、0.7 和 0.3，这是 OKR 的推荐标准。在实际操作时，可以更改这些评分的范围，根据组织业务或组织文化的需要灵活设定。例如，案例与任务导入中有些 KR 就只有两个评分标准。如果觉得 1.0 这个数字太小了，不习惯，想用一个更大的数字，如 100、70 和 30 或者 1000、700 和 300，都可以。但应注意，数字可以放大，要求不能降低。

三、 OKR 的实施

（一）OKR 的管理周期

OKR 通常以季度为管理周期，这种周期性管理方式有助于团队及时调整策略，确保目标的顺利达成。当然，也有少数企业会根据自身情况选择将年度或月度作为管理周期。

无论是哪种周期，关键在于保持一致性和灵活性。

（二）OKR 的实施流程

OKR 的实施主要包括两个关键环节：执行和复盘。

1. 执行

执行阶段是整个 OKR 实施的核心。其重点在于“定期检查，必要时调整”。定期检查的频率可以根据实际情况设定，一般建议每周或每月进行一次。检查内容包括以下几个方面：

（1）目标回顾。当前的目标是什么？

（2）进度更新。当前的完成进度如何？

（3）问题识别。在执行过程中遇到哪些问题？

（4）原因分析。出现这些问题的原因是什么？

（5）支持需求。需要组织提供哪些资源或支持？

（6）下一步计划。接下来如何改进？

通过定期检查，组织可以及时发现并解决问题，确保流程的顺利推进。同时，这种透明的沟通机制也有助于增强组织成员之间的协作和信任。

2. 复盘

复盘是 OKR 实施的另一个重要环节。当每个管理周期结束时，组织需要召开 OKR 会议，对整个周期的工作进行总结和反思。复盘会议通常包括以下内容：

（1）回顾设定的目标，明确设定目标的初衷。

（2）总结在执行过程中采取的措施。

（3）分析遇到的问题及解决方法。

（4）最终结果：评估目标的完成情况。

（5）经验教训：总结成功经验和失败教训。

（6）根据完成情况给自己打分。

（7）提出下一周期的改进建议。

复盘会议是对过去工作的总结，同时也为下一周期的工作奠定基础。通过复盘，组织可以更好地理解目标的实现路径，优化业务流程，提升工作效率。因此，OKR 会议一般包括两个部分，一是复盘上季度 OKR，二是确定当季 OKR。会议时间可以是一天，也可以是两天。

（三）OKR 实施的关键要点

1. 全员公开

全员公开是 OKR 成功实施的重要保障。公开目标可以让每个人对公司目标有清晰一致的理解，从而同心协力，上下同欲。同时，公开的进度和问题也有助于团队成员之间更好地协调资源，提升协作效率。

2. 打分机制

OKR 的打分机制是评估目标完成情况的重要手段，目的是让员工诚实地评估自己的表现，而不作为薪酬或其他奖励的依据。因此，许多企业选择将 OKR 打分与薪酬脱钩，以确保打分的客观性和真实性。

四、 OKR 的适用范围

（一）互联网与高科技公司

OKR 特别适合互联网和高科技公司。这些行业的工程师通常面临高度不确定的工作环境，但他们的内在动力对工作成果有着巨大影响。OKR 通过鼓励冒险和创新，允许员工以自己的方式解决问题，从而激发知识型工作者的潜力，帮助公司开发出真正符合市场需求的产品和服务。

（二）中等规模及以上公司

当公司人数超过 100 人时，公司层级开始变多，OKR 的引入就开始变得必要。对于这样的公司，OKR 能够有效解决部门之间的内耗和方向背离问题。通过明确的目标和关键结果，OKR 确保每个层级的团队都能朝着共同的方向努力，提升组织效率。

（三）业务转型公司

在业务转型期间，公司往往面临巨大的创新压力。传统模式下，创新的压力往往集中在 CEO 一人身上，而其他员工只是被动执行。这种模式下，决策失误可能给公司带来致命风险。OKR 提供了一个较好的解决方案，它鼓励公司内部各级员工提出创意，尤其是那些基层员工。通过 OKR 的沟通机制，这些创新想法就有机会被讨论和采纳，从而降低决策风险，推动公司转型。

五、数字技术在 OKR 中的运用

（一）软件选择的时机

大多数公司在刚开始实施 OKR 时，会选择使用熟悉的 Office 等通用软件来完成第一个周期。这样做的好处是可以让团队专注于学习和理解 OKR 本身，而不是被学习新软件所困扰。完成一个周期后，公司可以根据自身需求，考虑是否引入专用的 OKR 管理软件。

（二）选择适合的 OKR 软件

（1）不同组织规模的选择。不同的 OKR 软件供应商会根据组织规模来定位其产品。一般来说，超过 2 000 人的公司被视为大型组织，100～2 000 人的公司为中小型组织。大型组织的 OKR 软件通常功能更强大，支持多平台运行，但价格也相对较高。对于不足 100 人的小型组织，建议选择性价比更高的软件，如 MS Office 等。

（2）不同用户群体的选择。OKR 软件的用户群体可以分为高管、团队和个人。面向高管的软件更注重战略层面的汇报和风险预警；面向团队的软件强调战略与执行的平衡；而面向个人的软件则更注重员工的个人目标进展和敬业度提升。选择软件时，应根据公司主要使用群体的需求来决定。

（3）不同数据类型的选择。OKR 软件需要员工定期输入数据以跟踪进度。数据类型可以分为最新进展信息、预测性数据或两者的结合。最新进展信息可以让员工实时更新目标完成情况，增强成就感；预测性数据可以帮助管理层提前发现问题并采取行动；两者的结合则提供了更全面的视角，但也可能增加员工的输入负担。最新进展信息，如员工创建的 KR 是要开发 100 名客户，当他开发了 60 名客户时，就可以在系统中输入“已完成 60%”或“已开发 60 名客户”，员工在不断更新数据时能产生成就感。相反，就会产生挫败感，管理者就要设法解决工作不利的问题。预测性数据，是对未来绩效水平的预测。每次输入数据时，员工就会看到实现目标的预期。早期预警还可以让管理者在进展不理想时及早行动。

（4）游戏化元素的选择。游戏化机制可以提升员工的参与度和积极性。OKR 软件中的游戏化元素包括设定明确目标、奖励勋章、激发竞争、鼓励团队协作、显示进度等级和积分等。根据公司文化和员工需求，可以选择不同程度的游戏化设计，包括但不限于奖励员工勋章、通过不断升级的方式告诉他们当前的状态、让员工能不断赚取晋级分数进行积分等。

（三）OKR 的审视周期

OKR 的审视周期应根据公司需求和文化来决定。一些公司选择每周更新一次 OKR 状态，通过可视化图表展示目标完成进展，这种方式有助于及时发现问题并调整策略。而另一些公司则更倾向于按需更新，不强制要求每周更新。无论选择哪种方式，重要的是确保团队能够及时了解目标进展，并根据实际情况进行调整。

直通职场

OKR 强调使命、愿景和战略目标的反复沟通，这在国内××公司的 OKR 考核表中就有明显的体现，同时通过××公司 OKR 与关键结果管理报表（PM）我们可以了解 OKR 考核表的设计，如表 2-15 所示。

表 2-15　××公司 OKR 与关键结果管理报表

愿景、使命、战略目标	
部门	
愿景	
使命	
战略目标（年度）	

续表

考核计划表					考评表		
序号	目标（O）	关键成果（KRs）	KR 权重	O 分值	KR 完成情况	KR 得分	O 得分
1							
2							
3							
4							
部　门：					考核周期：		
提交人：					提交日期：		
审核人：					审核日期：		

任务分析

关于案例中 OKR 设计的理解，其中目标与关键结果的关系在“理论基础与操作技能”里可以找到明确的答案；关于评分的设计，希望同学们通过对比理解一般情况下的打分设置和特殊情况下的打分设置。该案例运用或者印证了 OKR 的一些基本设计理念，比如：

1. 目标设置“销售支持”是定性的，其定义也是定性的：“衡量并提高工程师对销售的支持力度”。

2. 关键结果设置了 3 个，符合关键结果一般 2～4 个为宜的主张。

3. 关键结果是量化的，如“大区 60%的客户经理完成针对产品 A 销售技术的培训和认证”，有清晰明确的量化指标。

4. 评分标准采用了 OKR 一般采用的度量刻度（KR）0～1 分评分等级。

5. 评分标准的制定坚持了统一性和灵活性相结合的原则，在采用统一的 0～1 分评分等级的前提下，根据关键结果的实际情况设置了（1，0.7，0.5，0.3），（1，0），（1，0.7，0.3）多个评分标准。

学以致用

《孙子兵法·谋攻篇》说：“上下同欲者胜，以虞待不虞者胜，将能而君不御者胜。”大学生未来的工作基本上都是以团队的形式完成，现在的学习任务也有很多是分组完成，这种团队合作的学习和工作方式是社会发展的必然，因此就务必求得“上下同欲”。

OKR 就是这样一个工具。它能让我们在工作中抓住主要矛盾，找出对组织发展真正重要的事，让大家能聚焦优势资源在最重要的事上，可以很大程度地减少资源浪费。同时，OKR 能让团队成长的迭代周期更短；能让每个人都有清晰的目标感，都能盯在重要的事情上；能让每个人对目标的理解都是一致的，从而同心协力，避免因为方向分散带来很多内耗；能让我们变得更加主动，避免被竞争者牵着鼻子走。可以说 OKR 是中国传统管理哲学的具体运用，对我们的学习和工作有重要的参考价值。

在线练习

工作领域三

绩效计划

学习目标

知识目标

1. 理解不同绩效管理主体的不同职责。

2. 理解绩效考核指标权重的含义和重要性。

3. 理解绩效考核指标评分标准的三个要素、两个原则和八个特征。

4. 理解绩效合同在绩效管理中的重要作用。

技能目标

1. 能够规避绩效考核主体主观性误区。

2. 能够运用专家法、排序法、权值因子判断法等进行绩效考核指标权重设置。

3. 能够运用加减分法、区间递进法、生命指标计分法、等级说明法等评分标准设计方法。

4. 能够结合组织实际需求设计绩效合同格式范本，供有关部门或岗位使用。

素养目标

1. 培养主体责任意识。

2. 培养注重细节、精益求精的工匠精神。

3. 培养劳动契约精神和法治意识。

任务一　确定绩效管理主体

案例与任务导入

以下是从江苏某制衣公司绩效管理方案中节选的一部分，请认真思考并完成任务。

第二章　考核方法

…………

第十条　考核职责划分

（一）绩效管理委员会的职责

公司成立绩效管理委员会，全面负责绩效考核的组织管理工作。公司总经理任绩效管理委员会主任，委员会成员由公司相关领导及相关职能部门负责人组成，下设绩效管理委员会办公室，隶属人力资源部管理。委员会承担以下职责：

1. 审批最终的考核结果；
2. 综合评定各层管理人员的考核等级；
3. 处理员工的考核申诉；
4. 提出考核的反馈意见。

（二）人力资源部的职责

作为绩效管理工作具体组织执行机构，人力资源部主要负责：

1. 制定及定期修订绩效管理方案并报总经理批准；
2. 组织绩效管理工作；
3. 培训参与考核的各级管理人员；
4. 监督及控制绩效管理工作的全过程；
5. 汇总统计考核评分结果；
6. 协调、处理各类考核申诉；
7. 对各部门月度、年度考核工作情况进行通报；
8. 对绩效管理过程中不规范行为进行适当处罚、指导与纠正；
9. 为每位员工建立绩效管理档案，考核结果与薪酬挂钩，计算并报批实施。

（三）各部门主管的职责

1. 有计划地落实新的绩效管理体系；
2. 处理本部门的考核申诉；
3. 严肃处理违背绩效管理宗旨、以权谋私的个人；
4. 帮助本部门员工制订工作计划和考核标准；

5. 对所属员工进行考核；

6. 综合评定本部门员工的考核等级；

7. 组织所属员工的绩效面谈，并帮助员工制订改进计划。

第十一条 考核关系

考核关系分为直接上级考核、直接下级考核、同级人员考核。不同考核对象对应不同的考核关系，见表3-1。

表3-1 考核关系表

考核的对象	考核的关系
经理级员工	直接上级、下级考核
专业（技术）管理员工	直接上级、同级、下级考核
普通员工	直接上级、同级考核

实行直接上级、直接下级、同级考核的同时，也在业绩考核中实施自我评价，由人力资源部和各部门负责人对员工的复核进行评价。

…………

任务：根据案例公司的实际做法，结合有关“理论基础与操作技能”，你认为绩效管理的主体可以包括哪几个层级？各自的职责分工有什么不同？不同的考核客体（即被考核者）的考核主体（即考核者）是不是都一样？为什么？

理论基础与操作技能

在设计绩效管理方案时，在被考核者确定的情况下，具体考核者由哪些人员组成，取决于三种因素：绩效管理的目的、被考核者的类型、考核指标和标准。例如，如果绩效管理的目的是培训和开发人才，需要弥补员工的技能缺陷，就应该将上级、自我和同级的考核相结合，全方位了解被考核者的优势和不足，为培训和开发提供有力的依据；对操作工人的考核应以其直接主管为主要考核者，因为他们最熟悉员工的工作情况；对专业技术人员的绩效管理，需要由主管、被考核者、下级、同事以及其他相关人员共同参与考核。此外，如果员工素养高，彼此高度信任，同事工作接触频繁，则可以采用自我考核与同事考核为主、上级考核为辅的方法。据此，我们可以将考核主体分为五类：上级、同级、下级、自我和外人（客户）。

一、不同绩效管理主体的职责

（一）组织高层领导的职责

为了顺利推进绩效管理，组织有必要组建绩效管理委员会，绩效管理委员会一般由组织领导班子成员、各中层部门负责人以及外部专家等组成，也可以吸收员工代表参加，绩效管理委员会主席一般由公司总经理担任。其职责主要包括：

（1）制定组织战略，明确组织发展方向，讨论和审定组织年度绩效管理目标和考核指标。

（2）制定战略规划和行动计划，倡导绩效文化，讨论、修改、审批组织的绩效管理制度，并监督绩效管理制度的实施。

（3）确定各中层部门绩效指标，审批和下达各中层部门绩效管理目标和考核指标。

（4）对中层部门的绩效进行考核，讨论、审批或调整绩效考核的最终结果，并处理相关绩效申诉。

（5）对中层部门的绩效考核结果进行反馈面谈，并决定绩效考核结果的运用，重在奖励表现优异者。

（二）组织中层部门的职责

（1）根据组织的战略目标，参与制定组织的分目标和本部门目标，并上报绩效管理委员会审批。

（2）协助绩效管理委员会和人力资源管理部门，制定组织或本部门及下属的绩效考核指标和考核标准。

（3）坚决执行组织的绩效管理制度，采集绩效信息，严格按照管理流程进行绩效管理。对下属进行绩效考核，得出考核结果，并指出优点和需改进之处。

（4）与下属进行绩效考核结果的反馈面谈。通过与下属面谈沟通，共同确定下个管理周期的工作改进、能力提高的具体措施。

（三）普通员工的职责

（1）参与绩效管理目标的制定。

（2）完成自我考核。

（3）配合绩效反馈，找到阻碍绩效提升的因素。

（四）人力资源管理部门的职责

（1）评估组织文化和价值观、所处行业和发展阶段、基础管理能力以及原有绩效管理制度和绩效管理体系。

（2）设计、试验、改进和完善绩效管理制度，并宣传绩效管理对组织、对员工的重要意义、目的、方法与要求。

（3）在本部门认真执行企业的绩效管理制度，起到示范作用。

（4）督促、检查、帮助组织各部门贯彻绩效管理制度，组织培训资源，制订培训计划，培训实施绩效管理的人员。

（5）收集绩效管理的有关资料并反馈信息，汇总、统计考核评分结果，建立绩效管理档案。

（6）处理绩效申诉，针对存在的问题、难点、批评与建议，记录和积累有关资料，提出改进方案。

（7）根据绩效管理的结果，制订相应的人力资源开发计划，并提出相应的人力资源管理决策。

二、考核主体主观性风险的规避

绩效管理过程中的考核风险既包括客观性风险，也有主观性风险，客观性风险常见的有工作的复杂性和数据获取的困难性，但更应该关注考核主体主观性风险。常见的主观性风险见表 3-2，需要注意防范。

表 3-2 常见的考核主体主观性风险分析

考核主体主观性风险	表现	原因分析	对策
考核标准不明确	由于被考核者对考核的标准理解不同而造成的误差，比如同样是“优秀、良好、合格、不合格”等，不同的人对这些标准会有不同的定义	组织目标不明确；考核指标不全面；考核标准过于主观或笼统；标准制定过程缺乏足够沟通	通过充分沟通制定标准，定义表达清楚无歧义，能够量化的尽可能量化，等级定义界限清晰，加强考核结果的可比性
晕轮效应	当员工某方面特别优秀时，考核者会误以为他在其他方面也特别优秀，从而给该员工较高的评价	在绩效管理过程中考核者对某个因素或某个方面过于看重	遵守考核标准，以事实为依据，避免人为因素影响
类我效应（自我比较误差）	当遇到与自己有相似之处的员工时，考核者故意给予其较高的评价	人们对跟自己相似的人和事会有天然的好感	考核者要特别提醒自己要坚持考核标准，消除个人好恶影响
近期行为误差	有的考核者往往会用被考核者近期表现来评价其整个考核期间的表现	人们通常对最近的事情记忆深刻，占据了记忆的主体地位，掩盖了以往形成的评价	在绩效考核期间始终坚持记录关键事件，作为最终考核的参考
居中趋势	常见的是大多数考核分数都集中在中间等级，没有显著的好坏之分	未深入了解被考核者的工作；平常没有收集绩效信息；不愿得罪人等	采取强制分配法，也可以用排序法；平日多接触、多辅导被考核者工作
偏宽或偏严倾向	即使员工的实际绩效差也无理由地给予偏高的评价；或者员工的实际工作绩效并不差，却给予较低的评价	偏宽是考核者知道考核的结果会与被考核者的薪酬或晋升有直接的关系，或者害怕被考核者对自己不满等；偏严则是有些考核者可能因为不了解外在环境对绩效表现的限制或自卑感作祟，或自己的考核结果偏低等	加强考核结果的保密性，打消考核者的后顾之忧；考核者建立自信心；进行专项培训，以激励考核者进行正确评定，也可以采用强制分配法
个人偏见	考核者根据自己对被考核者的个人好恶来考核被考核者，并据此得出不公正的考核结果	考核者个人对被考核者有不公正的看法。这可能是在缺乏充分信息的情况下形成的，也可能是受个人的态度、情绪或信仰的影响而形成的	采取小组考核，或管理者在考核前与考核者进行沟通，提醒其注意

续表

考核主体主观性风险	表现	原因分析	对策
溢出效应	过去的评估结果仍然影响了目前的评估结果	缺乏对被考核者的整体绩效的了解，或者考核者性格比较偏执，不愿改变已有的成见	明确考核内容和考核标准，并要求考核者严格按照考核要求进行考核
第一印象	考核者以第一印象对员工做考核，从而造成评价偏颇	初次获得的印象往往是今后交往的依据。考核者个人会先对他人形成某种看法，此种看法常决定他对以后信息的知觉和组织方式	明确考核内容和考核标准，并要求考核者严格按照考核要求进行考核
评估者的结论性角色	考核者故意操纵并滥用考核，对被考核者做出不公正评价的情况	考核者对自身能力水平过分自信	明确考核内容和考核标准，要求考核者严格按照考核要求进行考核

三、绩效管理主体培训

在绩效管理的计划阶段，明确了管理主体之后，为了尽量降低考核的主观性，提高考核的客观公正性，就要对考核者进行培训，特别是考核培训。按不同的培训对象和要求，针对绩效考核者的技能培训，可分为专业工作人员的培训、一般考核者的培训、中层干部的培训等。

（一）培训内容

培训内容一般包括以下几个方面：

（1）绩效管理制度的内容和要求，包括绩效管理的目的、意义，考核者的职责和任务等。

（2）绩效管理的基本理论和基本方法，成功绩效管理案例的剖析。

（3）绩效考评指标和评分标准的设计原理，以及实际应用中应注意的问题。

（4）绩效管理的程序及其实施要点。

（5）绩效管理实施过程中各种误差、误区的预防和纠正。

（6）如何建立有效的绩效管理运行体系，如何解决绩效管理中出现的矛盾和冲突，如何组织有效的绩效面谈等。

（二）培训形式

一般以短期的业余培训班为主，由绩效管理专家或组织专职的绩效管理人员，按照预先设计的教学计划、教学大纲和编写的专门教案及实用教材，运用多样的授课方式，组织教学与培训活动。

直通职场

深圳某高科技企业就不同层级、不同部门的绩效管理主体进行了职责划分及工作流程制定，现摘录如下（有改动），请将考核流程（见图 3－1）和职责划分表（见表 3－3）结合起来进行分析，从而加深对绩效管理主体履职的理解。

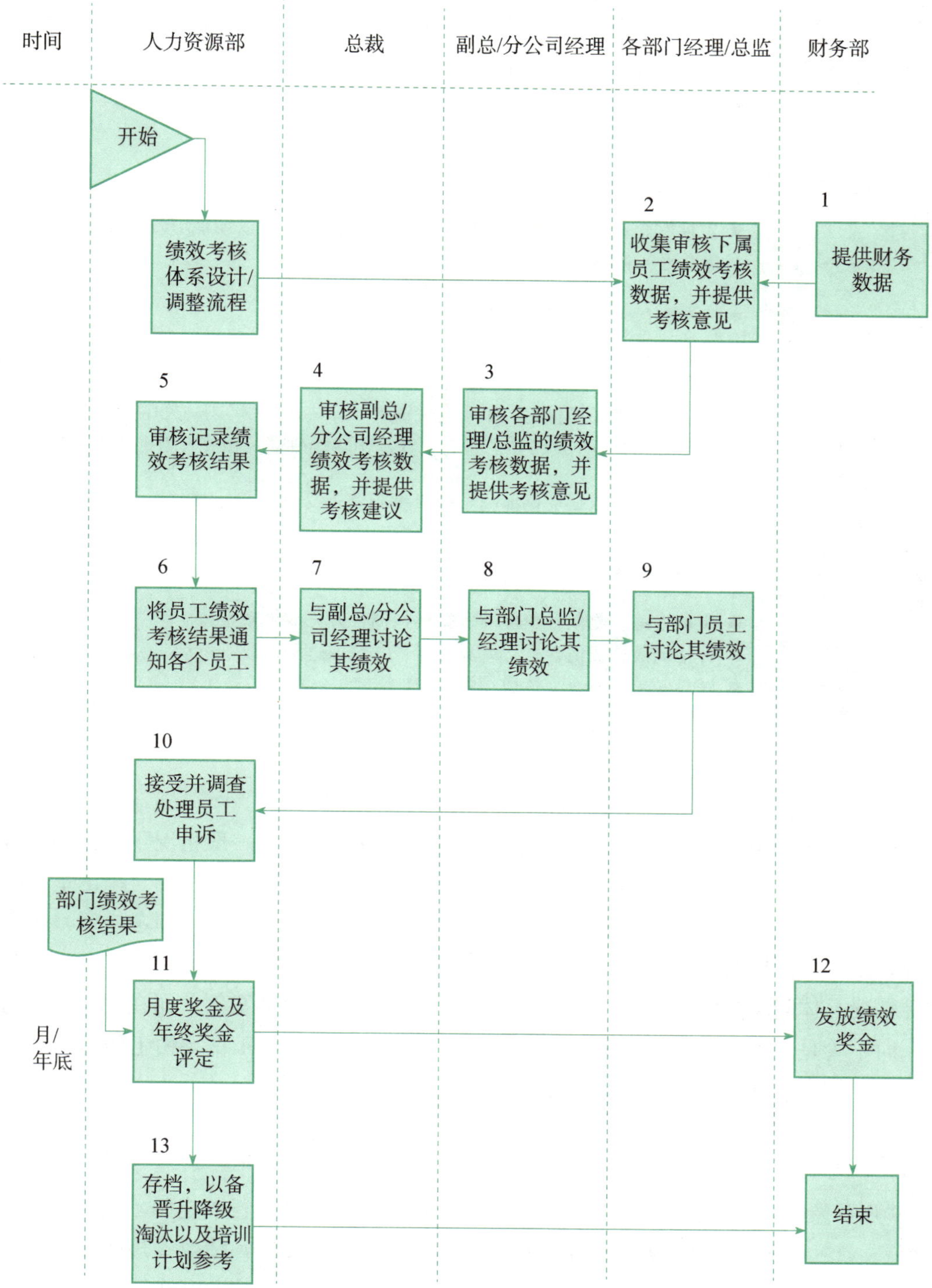

图 3－1 深圳某高科技企业绩效考核流程图

表 3-3　深圳某高科技企业不同绩效管理主体职责划分表

董事会	■ 裁决长期及整体目标与高层行动方案 ■ 裁决绩效奖金预算 ■ 裁决企业领导层及关键管理岗位的薪酬条件
总裁	■ 着重策略性议题与内部营运绩效的连接 ■ 对持续绩效不佳的部门或负责人采取适当的行动，以期改善绩效 ■ 审核对绩效管理体系和指标体系的调整
战略规划部/绩效考核委员会	■ 组织将企业的策略行动方案及绩效目标达成共识 ■ 定期对企业内部的绩效考核体系进行必要调整，以期能够反映企业整体发展目标并平衡各部门绩效目标值的公平性与难易程度
人力资源部	■ 参与绩效考核和指标体系的设计调整工作 ■ 负责收集整理企业员工的个人关键绩效评估结果并通知员工本人，并结合部门绩效考核结果评定员工相应的绩效工资水平 ■ 将企业发展部提供的员工个人关键绩效评估达成率与职位职能评估结果汇总、统计，集成员工年度考核总报告，并提出薪酬改变及相关人力资源发展建议
财务部	■ 作为主要的数据提供部门，积极参与绩效考核工作，根据要求提供所需的量化绩效数据 ■ 根据人力资源部门评定的绩效工资数额分配绩效奖金
各部门经理/总监	■ 定期追踪，收集各单位绩效指标数据，并完成绩效报告 ■ 评估绩效达成值，进行差异分析，并采取适当的改善行动 ■ 辅导各单位或个人达成绩效

任务分析

根据案例公司的实际做法，结合“理论基础与操作技能”，一般情况下，公司绩效管理的主体可以包括公司级、部门级和员工个人级。各自的职责分工参见“理论基础与操作技能”部分的介绍。不同的考核客体（即被考核者）的考核主体（即考核者）不完全一样，因为不同层级不同岗位的工作关系不同、工作性质不同，在确定考核者时要根据实际情况具体问题具体分析，区别对待，不能“一刀切”。比如案例公司在设计绩效考核关系时不管是经理级员工、专业（技术）管理员工还是普通员工都要由上级考核，但经理级员工和专业（技术）管理员工有下级考核，普通员工就没有。

学以致用

“凡事豫则立，不豫则废。言前定则不跲，事前定则不困，行前定则不疚，道前定则不穷。”（《礼记·中庸》）从古至今，我们都强调计划的重要性，绩效管理也如此。绩效计划的工作主要解决谁来管、管什么、怎么管的问题，在被考核者实施计划之前就要做好周详的安排，这样方能使我们的事业取得成功。大学生参加创新创业比赛，项目团队就要进行组织结构设计和职责划分，建立起包括绩效管理在内的激励机制，进行人员分工和时间安排，明确工作措施和工作标准。这些工作的设计和实施都可以参考绩效计划的有关知识和技能。

在线练习

任务二 设置绩效考核指标权重

案例与任务导入

某物流公司绩效考核指标（部分）见表3-4：

表3-4 某物流公司绩效考核指标

部门	指标名称	权重	指标描述	指标得分计算方法
市场销售部	收入达成率	100%	实际收入占目标收入比率	当收入达成率≤80%，得分=80分；当收入达成率>80%，得分=完成率×权重
人力资源管理部	新雇员培养合格率	50%	取得上岗证人数占参训总人数的比率	得分=取得上岗证人数/参训（招聘）总人数×100%
	雇员投诉	50%	经甲方核实的涉及工作价值观、工作物资支持不到位的投诉	发生一起扣50分，发生2起以上（含）得0分
对外合作部	月度配合度	100%	合作伙伴直接管理部门对合作伙伴日常工作的配合情况	优秀100分，良好80分，合格60分，较差0分
……	……	……	……	……

任务：请根据设置绩效考核指标权重的“理论基础与操作技能”，分析该物流公司指标权重设置存在的问题。

理论基础与操作技能

一、理论基础

（一）权重的含义

权重是指某一指标在相应整体评价指标中的相对重要程度。它表示考核时对被考核者的不同评价指标的作用进行的定量分配和区别对待。对不同考核指标的重要程度作出估计和测算，就是确定权重。

设置绩效考核指标权重的方法

（二）确定权重的原则

1. 整体优化

整体优化原则就是把全局最优化作为出发点和追求的目标。为此，就要对岗位或部门乃至整个组织的指标体系的各项指标进行对比分析，衡量各个指标对整体绩效提高的相对重要性。确定权重，既不能平均分配，也不能片面强调某个指标的重要性。

2. 主客观结合

指标权重反映了组织对工作的引导意图和价值观。当组织觉得某项指标很重要时，就必然会给该指标设置较大的权重。但还要考虑以下情形：一是历史指标的权重设置和现实指标的权重变更；二是社会普遍采用的指标权重及其设置方法和组织特殊情况需要作出的变革；三是同行业、同工种间指标权重的平衡。

3. 民主集中

不同的人对同一指标重要性的认识往往各不相同，都会有合理的成分，但往往也会受个人偏见或局限的影响。这就需要让下属参与管理，协调不同意见，使权重设置更有说服力。

二、操作技能

（一）专家法

1. 专家法的含义

专家法即管理者根据自己的知识和经验（对考核指标重要程度的认识）或者从引导意图出发，直接给绩效指标设定权重的方法。当然，有时管理者也会召集相关人员讨论，听取大家意见，然后再自己确定。该办法在实操中主要适用于小型组织或者组织中比较简单的岗位评价、直接上级对下级的工作业务十分熟悉的情况。

2. 专家法的优缺点

优点：花费的时间和精力比较少，容易操作。

缺点：基本上是个人经验决策，往往带有片面性。应用时要召集利益冲突各方进行充分讨论，平衡各种不同的意见，避免武断。

3. 案例操作展示

某公司专职司机岗位职责

（1）坚守职业道德，热忱服务，按时接送领导和客户。

（2）自觉遵守公司各项规章制度，服从公司领导的调配。

（3）坚决做到不违章行车、不开赌气车、公车不私用、开车不喝酒、喝酒不开车。

（4）不出车的上班时间，准时到办公室，服从部门主管的工作安排。

（5）车辆维修、保养必须预先申请，经批准后才能到指定维修厂维修、保养。

（6）负责车险的购买、缴费、年审以及车辆变更业务的办理。

（7）严守秘密，不得随意传播领导的谈话内容，不得随意透露领导的工作安排。

（8）定期汇报车辆的运行情况，保证车辆安全，记录车辆行驶路线及行程。

（9）完成公司安排的其他工作。

采用专家法设置的专职司机绩效考核指标权重表见表 3－5：

表 3－5　某公司专职司机绩效考核指标权重表

指标名称	指标定义/公式	评分标准	权重
行车守法情况	交通违章发生次数	每出现一次交通违章，扣 5 分	30%
行车记录情况	行车记录是否及时、真实、完整	及时提交行车记录表，每一次记录错误或缺失项数或不及时，扣 5 分	15%
出车任务执行	接到任务及时出车，安全完成任务	$[N_2/N_1]\times 100\%$，N_2＝及时出车数，N_1＝总任务次数	20%
来宾接待失误	来宾接待失误/投诉次数	来宾接待失误/投诉一次扣 5 分	15%
车辆保养情况	车辆损坏和清洁保养情况	车辆损坏和清洁保养不到位出现一次扣 3 分	10%
车辆年检情况	及时进行车辆年检、驾驶证年检	年检不及时出现一次扣 5 分	10%

注：专家法也称主观经验法，可以根据自己的理解设计相关的指标定义和评分标准，上表仅做参考。

（二）专家小组法

1. 专家小组法的含义

专家小组法即召集若干对目标岗位有充分了解的专家，收集他们对该岗位绩效考核指标重要性的看法来设置权重的方法。这里的专家可以是组织内部有多年相关岗位工作经验的资深员工、直线经理、离退休人员，也可以是对指标权重有充分了解的外部专家等。

2. 专家小组法的操作步骤

（1）组建专家小组。组织在选择专家小组成员时，应根据组织实际需要，尽量内外结合，保持专家小组成员的多样化，这样可以对指标权重提供多视角的理解。

（2）征集专家意见。专家小组组建完毕后，工作方法是将拟定的某岗位的考核指标、定义和评价标准以函件的方式分别向专家组的专家征集意见，专家通过函件提交意见。组织实施者将收集到的专家意见进行整理，并反馈给各位专家。这样经过若干次反复征询，专家们的意见逐步趋于统一，最后获得准确的集体判断结果。

专家小组法是一种主观定性的方法，相较于专家法，它们的区别是：专家小组法是由多人综合评估后来设置绩效考核指标权重，而专家法则只是管理者或者某位专家根据个人主观经验来确定指标权重。

3. 案例操作展示

××公司资深业务员岗位职责

（1）与终端客户保持和发展良好的业务关系。

（2）与供应商进行良好的沟通和协调。

（3）开展销售活动，接待好团队客人，建立业务会谈档案，实现销售目标。

（4）和公司其他部门沟通和协调，检查合同执行情况以及重点客户的接待工作，确保承诺兑现。

（5）书面记录外出推销或电话联系情况，月底将销售情况汇总报销售总监。

（6）每月月底，向销售总监书面汇报当月工作情况和下月工作打算。

（7）每年年底，提交当年销售工作报告，并制订下一年度销售计划，确定销售目标和重点任务。

（8）协助公司财务部做好客户的费用结算工作。

工作步骤：

第一步，选择专家。

选择专家的依据是要确保选择的小组成员对岗位内容深刻了解，能够理解提供的资料，并结合自身经验确定权重。本次任务是要为资深业务员确定指标权重，所选专家数量要适当，要有代表性。例如可以是人力资源部部长、绩效主管、绩效专员、资深业务员和销售主管等，选定后报公司批准。

第二步，确定权重。

工作人员根据公司要求设计“××公司资深业务员岗位关键绩效指标权重调查表”，列出与资深业务员岗位职责相关的关键绩效指标，并对每个指标进行详细描述，见表3-6。然后分别请专家对各项指标的权重进行赋值。问卷收集回来后，首先对每个专家的赋值进行汇总，确保没有超过100%；同时计算出每个指标得分的平均值；进而计算每个指标的权重，并进行合理调整，最终确定每个关键指标的权重，见表3-7。

表3-6　××公司资深业务员岗位关键绩效指标权重调查表

指标名称	指标定义/公式	权重（%）
销售额	当期销售收入	
销售计划完成率	实际销售额/计划销售额×100%	
回款率	当期回款额/同期销售额×100%	
销售预测准确率	实际销售量/预测销售量×100%	
报价准确率	对竞争对手价格信息掌握的及时性和准确性，报价准确率=（报价−实际价格）/实际价格×100%	
市场调研完成率	实际完成的市场调研次数/计划完成的市场调研次数×100%	

表3-7 ××公司资深业务员岗位关键绩效指标权重调查统计表

序号	指标名称	专家提议的指标权重（%）				总分	平均权重（%）	调整后权重（%）
		人力资源部长	绩效主管	资深业务员	销售主管			
1	销售额	25	20	25	25	95	23.75	25
2	销售计划完成率	15	10	10	10	45	11.25	10
3	回款率	30	20	25	25	100	25	25
4	销售预测准确率	15	25	20	20	80	20	20
5	报价准确率	10	5	15	10	40	10	10
6	市场调研完成率	5	20	5	10	40	10	10
合计		100	100	100	100	400	100	100

（三）排序法

1. 排序法的含义

排序法是专家组依据指标对岗位的重要程度，将相关指标进行排序来确定指标权重的方法。它也是建立在专家判断的基础上，要求专家对各个指标进行排序，区分出各个指标的相对重要程度，然后在此基础上计算权重。

2. 排序法的操作步骤

（1）组建专家组。专家组一般由绩效管理部门的专业人员、相关岗位的专家以及其他相关人员等构成。根据不同的考核对象和考核目的，专家组构成可以不同。

（2）制定考核指标排序表。

（3）进行排序。由专家根据自己的经验对考核对象中一级指标或二级指标（依据与其相对应的上级指标影响程度的大小），由小到大进行排序，填入表中并回收。

（4）统计排序结果，计算权重。分别计算每个指标的总评分，然后除以所有指标总评分之和，就可以得出每个指标的权重值。另外，还可以对不同的专家赋予不同的权重，然后计算出每个考核指标的权重。计算指标的权重公式如下：

某指标排序结果＝∑专家的指标排序结果×专家的权重（考虑专家的权重）

某指标权重＝∑专家的指标排序结果×专家的权重/∑所有指标排序结果×100%（考虑专家的权重）

某指标权重＝∑某指标排序结果/∑所有指标排序结果×100%（不考虑专家的权重）

另外，为了使考核结果计算方便，还需要对得出的权重值进行调整，使之均为5%的整数倍。

3. 案例操作展示

某物业服务公司工程部区域主管的岗位职责

（1）负责管理区域的盈利工作。比如物业维修的物料采购，要以年度预算为基准。

（2）负责开展工程类特约服务。如开通网络电视、疏通管道等，按照物业服务合同协议进行收费。

（3）针对因工程原因造成的业主欠费现象，积极沟通，催缴费用。

（4）通过高端技术降低能源使用，减少能源支出。

（5）负责督导下属的工作，处理各种突发事件。

（6）负责所辖区域业主档案资料的完整、完好、准确。

工作步骤：

第一步，指标排序。

排序分值一般规定为：n 为指标的项数，$C_1=n$，$C_2=n-1$，…，$C_j=n-j+1$，…，$C_n=1$。例如，有 6 项指标，排序在第一重要的设为 6，第二重要的设为 5，第三重要的设为 4，以此类推。

假设经过公司审批，确定人力资源部经理、绩效专员、小区物业服务部经理、综合维修工、工程主管为专家组成员，在了解岗位的基本情况后，由专家组成员分别填写“工程部区域主管岗位考核指标重要性排序调查表”（见表 3－8），对该岗位考核指标进行排序。

表 3－8 工程部区域主管岗位考核指标重要性排序调查表

编号	指标	指标定义/计算方式	排序
1	计划完成率	完成率 100%，每低 1 个百分点扣 1 分。因不可抗力导致工作未完成的，须书面上报部门经理确认	
2	流程标准贯彻	严格要求下属执行公司和部门制度，每发生一起违规行为扣 2 分	
3	有偿维修收入	同比提高 15%，每低 1 个点扣 1 分，每高 1 个点加 1 分	
4	当期费用收缴率	物业费、能耗费等应收费用收缴率不低于 95%，计算公式：当期已收费用总额/应收费用总额（不含清欠）×100%。每低 1 个点扣 1 分，每高 1 个点加 1 分	
5	能源费下降率	同比降低 5%，每低 1 个点扣 1 分，每高 1 个点加 1 分	
6	员工满意度	员工满意度不低于 85%，每低 1 个点扣 1 分，每高 1 个点加 1 分	
7	业主满意度	业主满意度不低于 95%，每低 1 个点扣 1 分，每高 1 个点加 1 分	
8	突发事件处理能力	指跑水、漏水、火灾等突发事件的控制指挥能力，未发生或全部处理得当得满分，发生一次差错扣 2 分	

第二步，计算权重。

专家组成员分别对岗位考核指标排序后，收集有效表格进行统计（见表3-9），然后就可以确定该岗位各个指标的权重了。

表3-9　工程部区域主管岗位考核指标权重统计表

序号	指标名称	专家确定指标权重结果（%）					小计	计算权重（%）	调整后权重（%）
		人力资源部经理	绩效专员	小区物业服务部经理	综合维修工	工程主管			
1	计划完成率	3	4	5	4	1	17	9.4	10
2	流程标准贯彻	1	1	1	2	2	7	3.9	5
3	有偿维修收入	8	8	7	6	4	33	18.3	15
4	当期费用收缴率	6	7	8	7	3	31	17.2	20
5	能源费下降率	5	6	4	8	5	28	15.6	15
6	员工满意度	2	2	3	1	8	16	8.9	10
7	业主满意度	4	3	2	3	6	18	10	10
8	突发事件处理能力	7	5	6	5	7	30	16.7	15
合计		36	36	36	36	36	180	99.9	100

注：本表不考虑专家的权重。

（四）权值因子判断法

1. 含义和操作步骤

权值因子判断法是指由专家组制定和填写权值因子判断表，然后对各位专家所填数据来确定权重值的方法。根据不同的考核对象和考核目的，专家组构成可以不同，一般包括人力资源部人员、绩效专家以及对应岗位相关人员。具体操作步骤如下：

（1）组成专家组。

（2）经专家讨论选取恰当的权值因子，制定权值因子判断表和权值因子统计计算表。

（3）由专家填写权值因子判断表。填写方法是将行因子和列因子进行比较，如采用“五点打分法”分别打分。

（4）对各位专家所填结果进行统计，填写权值因子统计计算表。

（5）将统计结果折算为每个指标权重。

2. 案例操作展示

某高新技术企业项目经理的工作职责

（1）负责项目的计划、实施及售后。

（2）完成项目尾款的回收工作。

（3）完成项目的预算和决算。

（4）负责项目的质量、进度及成本控制。

（5）负责公司的新产品、新技术培训。

（6）激励员工不断成长。

工作步骤：

第一步，成立专家组。

第二步，专家组确定权值因子为尾款回收率、项目进度控制率、项目成本控制率、项目质量控制率、客户满意度、员工成长率，并制定权值因子判断表和权值因子统计计算表。

第三步，由专家填写权值因子判断表。将行因子和列因子进行两两比较，采用“五点打分法”分别打分：非常重要的指标为 4 分，比较重要的指标为 3 分，一般重要的指标为 2 分，不太重要的为 1 分，很不重要的为 0 分。相同的两个指标不用进行比较打分，直接打“×”；不同的两个指标对比时，如果一个指标打分为 4，另一指标则为 0；如果一个指标为 1，则另一个为 3，其他的以此类推。确定分值后将分值填写在空格处，见表 3－10。

表 3－10　权值因子判断表

指标名称	尾款回收率	项目进度控制率	项目成本控制率	项目质量控制率	客户满意度	员工成长率	合计
尾款回收率	×	3	2	2	0	1	8
项目进度控制率	1	×	1	1	1	1	5
项目成本控制率	2	3	×	2	2	2	11
项目质量控制率	2	3	2	×	3	3	13
客户满意度	4	3	2	1	×	4	14
员工成长率	3	3	2	1	0	×	9

第四步，填写权值因子统计计算表（见表 3－11）。

表 3－11　权值因子统计计算表

评价指标	评价专家				小计	初始权重	调整后权重
	绩效主管	工程部经理	研发部经理	人力资源业务合作伙伴			
尾款回收率	8	10	9	11	38	15.8%	15%
项目进度控制率	5	4	8	6	23	9.6%	10%
项目成本控制率	11	10	13	12	46	19.2%	20%
项目质量控制率	13	11	13	13	50	20.8%	20%
客户满意度	14	15	11	14	54	22.5%	25%
员工成长率	9	10	6	4	29	12.1%	10%
合计	60	60	60	60	240	100%	100%

第五步，将统计结果折算为指标权重，得出最终权重分配表（见表 3-12）。

表 3-12 项目经理岗位权重分配表

指标名称	指标定义/公式	衡量标准	权重
尾款回收率	尾款回收率=实际回收尾款总额/应收回尾款总额	回款完成率 100%为一等，每降低 10%降低一等	15%
项目进度控制率	项目进度控制率=实际完成工期/计划完成工期	按期完成项目得满分，进度每降低 1%，扣 2 分	10%
项目成本控制率	项目成本控制率=实际成本/预算	实际成本与预算一致得满分，每低 1%，加 2 分；每高 1%，减 2 分	20%
项目质量控制率	在满足基本质量前提下，由客户进行打分	取决于客户对项目质量的评价，高于 90 分得满分，每低 1%，扣 2 分	20%
客户满意度	客户满意度=满意的客户数量/总客户数量	高于 95%得满分，每低 1%，扣 2 分	25%
员工成长率	员工成长率=掌握新产品新技术的实际人数/掌握新产品新技术的应有人数	员工成长率 100%得满分，每低 1%扣 1 分，低于 90%，得 0 分	10%

三、注意事项

（1）指标权重一般都设置为 5%的倍数，最小为 5%。

（2）贯彻“二八”法则。通常最重要的指标往往只有两三个，这些指标的权重一般每个要在 20%或以上。

（3）权重设置以定量为主，定性为辅，先定量后定性。定性指标尽量量化，定量指标总权重要大于定性指标权重。

（4）组织发展阶段不同，指标权重分配应该也不同，考核指标权重设定需要随着组织业务的发展进行调整。

（5）指标权重一般设定在 5%～30%，不能太高，也不能太低。如果某指标权重太高，会使员工只关注高权重指标而忽略其他权重低的指标，导致权重过低的指标设置失去意义。

（6）职位高低不同，指标权重侧重不同。岗位级别越高，财务指标或者业绩指标权重就越大；岗位级别越低，流程类指标权重就越小，工作结果类指标权重越大。

（7）指标权重应引导组织资源和员工精力聚焦于关键目标。不同考核指标的权重设置会导致不同岗位工作重心不同，会影响组织整体是否朝着既定战略目标发展。而且组织资源是有限的，员工精力也是有限的，因此科学合理的权重设置应该将有限的资源和精力更好地服务于关键绩效指标的实现，聚焦于关键结果。

直通职场

下面是某股份有限公司绩效管理手册关于权重分配的规定，请认真阅读并理解该公司如此分配的原因。

某股份有限公司绩效管理手册

第一部分 手册总则

……

第二部分 绩效管理指南

……

12. 绩效合同/绩效考核表权重分配（见表 3-13 和表 3-14）

……

4）绩效合同/绩效考核表中 KPI 相应权重分配的指导性意见

表 3-13 不同部门指标权重分配表

部门	关键绩效指标	权重分配
业务部门	财务类指标	40%～60%
	客户类指标	20%～30%
	内部流程类指标	20%
	员工学习与成长类指标	10%
职能部门	财务类指标	20%～40%
	客户类指标	10%
	内部流程类指标	30%～60%
	员工学习与成长类指标	10%～20%

表 3-14 不同岗位不同指标权重分配表

职务名称		财务类指标	客户类指标	内部流程类指标	员工学习与成长类指标
总经理		40%	20%	30%	10%
经理	业务部门	20%	20%	50%	10%
	职能部门	10%	0%	70%	20%
职员		10%	0%	80%	10%

任务分析

案例中某物流公司的绩效考核指标权重设置存在的问题，首先是指标值不能平均分配，应该根据重要程度的不同予以区分。其次是某些岗位比如市场销售部提取的指标只有一个，数量太少，不能反映岗位工作的整体情况。建议每个岗位提取 4～8 个指标，然后根据每个指标相对不同的重要程度设置不同的权重值。

学以致用

权重设置在我们的学习、生活和工作中随处可见。但往往我们只是被动接受，不知其所以然。通过学习本任务，我们要注意观察我们参加的各类考试的分值为什么是这样分布的，进而观察党和政府对各项专项工作的考核，如经济建设项目的考核、乡村振兴建设的考核、科研项目的考核等，这些都有非常严谨的指标和权重设计。我们也可以仿照这些做法，设计自己的职业生涯目标，将目标分解到各个学年和学期，然后确定不同的关键绩效指标和权重，期末或年末可以根据自己设计的考核表对自己的学习或工作绩效进行自我评估。这能很好地促进自我管理，是提高学习成绩、提升专业技能的一种有效手段。

在线练习

任务三　设计绩效考核指标评分标准

案例与任务导入

广西某机电设备制造有限责任公司采购部部长的职责如下：

1. 负责制定采购流程及各项管理制度，持续完善采购合同管理制度。

2. 负责全部采购合同的签订、管理和落实工作。

3. 负责市场调查，做好供应商的评估、优化选择、关系处理等工作，科学合理安排物资供应，保持合理库存。

4. 负责生产物资的采购。包括生产所需的零配件、塑料件、包装物及办公用品的采购，规范采购物资入库与结算制度，根据生产计划做好物资供应计划，确保生产正常进行。

5. 参与处理物流过程中发生的有关突发事项，处理供应商的不合格产品，及时退货，参加公司供应商质量管理体系的审核工作。

6. 负责供应商档案管理工作。

7. 完成领导交办的其他工作任务。

根据公司战略目标、采购部的工作任务和该职位的工作职责，公司拟定了采购部部长的考核指标及指标定义，见表 3-15。

表 3-15 采购部部长考核指标列表

序号	指标名称	指标定义
1	采购计划完成率	采购计划完成量/采购计划总量×100%
2	采购质量合格率	合格采购批次/采购总批次×100%
3	物资供应及时率	准时供应次数/供应总次数×100%
4	物资发放差错次数	发放生产物资或办公物资不及时的次数和发放物资不是使用单位需求物资的次数
5	采购成本降低目标达成率	成本实际降低率/成本目标降低率×100%
6	仓库保管物资完好度	物资保管损坏量折合金额的多少
7	安全生产事故控制	全物流流程中发生安全事故的次数

任务：请根据案例中的指标定义，结合“理论基础与操作技能”的有关理念和方法，给每个指标设计评分标准。

理论基础与操作技能

一、理论基础

（一）绩效考核指标评分标准的含义

绩效考核指标评分标准

绩效考核指标评分标准是考核者通过测量或通过与被考核者约定所得到的衡量有关考核指标得分的基准。它由标准强度或频率、标号、标度三个要素组成（如图 3-2 所示）。标准强度或频率是指评价标准内容的程度或相对次数，属于评分标准的主要组成部分。标号是指不同强度的频率的标记符号，通常用字母（如 A、B、C、D 等）、汉字（如甲、乙、丙、丁等）或数字来表示。标度是测量的单位标准。如考核要求关键任务必须无差错完成才能拿到 90 分以上，这是标准强度；22 个工作日必须出满勤 22 天，迟到不能超过 2 次，这是频率；考核等级分为优、良、中、差四个等级，这是标号；评分 90～100 的为优秀，这是标度。

（二）绩效考核指标评分标准设计的特征

绩效考核指标评分标准设计的原则：使工作成果最大化；有利于提高组织效率。

一套有效的绩效考核指标评分标准具有八个特征（见图 3-3）。

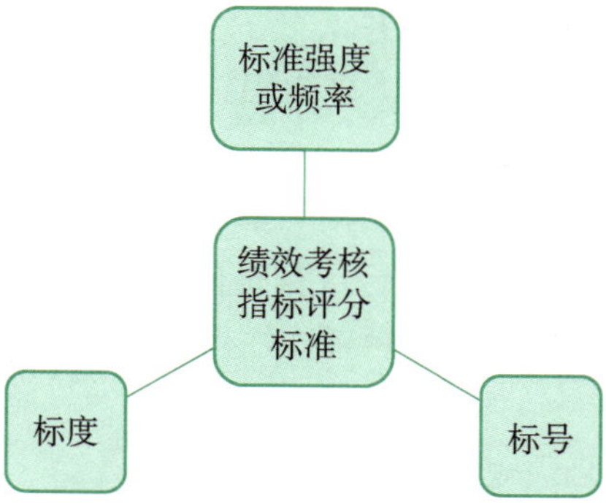

图 3-2 绩效考核指标评分标准三要素

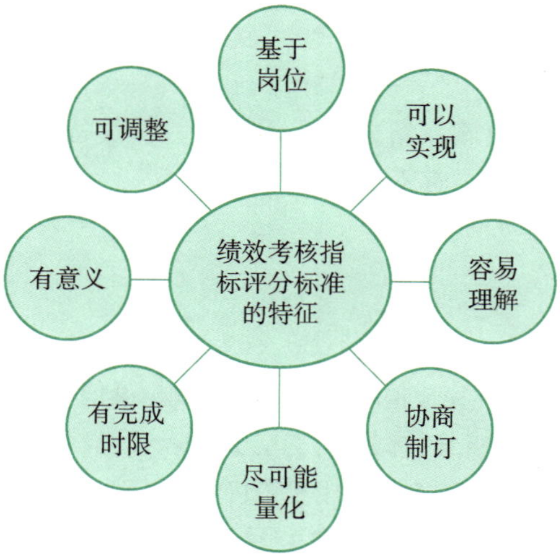

图 3-3 有效绩效考核指标评分标准的特征

1. 是基于岗位而非基于在岗员工的

绩效考核指标评分标准应该根据岗位工作本身制定，不管谁负责这个岗位工作，绩效考核指标评分标准只有一个。

2. 是能够实现的

绩效考核指标评分标准应该是被考核者可以直接控制的，因而也是被考核者通过努力可以实现的。如有些公司对质量管理部门的绩效考核指标评分标准要求“保证产品合格率在 90%以上”就是错误的，因为产品合格率不是质量管理部门可直接控制的，质量管理部门只能做到检验产品合格率的准确度达到 90%以上，从而为生产提供参考。

3. 是容易理解的

绩效考核指标评分标准对考核者和被考核者都应该是能够理解并可接受的，如果被考核者对绩效考核指标评分标准理解有误或者不能理解，那么他的工作目标就会偏离组织目标，甚至无法确定自己的工作目标；如果考核者不能理解或者不能正确理解绩效考核指标评分标准，就无法对被考核者的绩效进行考核或者考核结果严重偏离标准。

4. 是双方协商制订的

绩效考核指标评分标准应该是管理者和下属双方沟通都认可的，必须获得被考核者的认可。因为被考核者自己参与了制定并认可了考核标准，自然就会更加主动地执行标准，达不到标准而受到惩戒时也不会有太多抱怨。

5. 要尽可能量化

考核指标量化要综合考虑历史数据、同行数据、组织期望。历史数据一般指当月工作标准不能低于上月或者上年同期，同行数据是同行业同类岗位的考核标准，组织期望是为了组织战略目标的实现来确立的。后者往往也是基于前二者的综合考虑提出的。

6. 要有完成时限

绩效考核指标评分标准必须规定完成时间。

7. 必须有意义

绩效考核指标是从组织战略目标和岗位职责等分解而来的，考核采用的评价标准也必须与之密切相关。

8. 是可以调整的

绩效考核指标评分标准应该在新方法、新技术、新设备的引进或因其他工作要素变化的条件下可以调整，而不是一直不变的。

二、操作技能

（一）完成比率法

完成比率法是用指标的实际完成值除以计划值（或标准值），计算出百分比，然后乘以指标的权重，即得到该指标的考核分数。其计算公式为：$X/Y\times100\%\times$权重（X 为实际完成值，Y 为计划值或者目标值）。这种方法常用于销售收入、利润等一些硬性经营指标的考核。

例：销售目标完成率得分＝实际销售额/目标销售额×100%×权重。若该指标的权重是 20%，销售目标完成率为 96%，该项得分为：96%×20＝19.2 分。

采用该方法，要考虑目标值的宽严情况，即采用完成比率法要根据目标值的宽严程度考虑指标完成下限。

（二）加减分法

加减分法是考核评分时在标准分（或者基础分）的基础上进行扣分或加分的方法。考核者对被考核者有关考核指标打分时，发现有没有达到绩效要求或者违反有关规定发生扣分情况时，就按照扣分标准扣分；发现有加分情况，如超额完成任务达到一定程度表现优秀时，就加分。

例如：销售部的销售目标完成率＝实际销售额/目标销售额×100%，销售目标完成率的权重是 25%，也就是该项目满分是 25 分，如期望完成率是 95%，则在 95%以下开始扣分，销售完成率低 1 个点就扣 1 分，低于 70%为 0 分；在 95%以上，每超过目标值 1 个点，可加 1 分，上不封顶。如果销售完成率为 105%，该项得分＝25＋10＝35 分；如果销售完成率为 85%，该项得分＝25－10＝15 分。

需要注意的是，加减分法通常适用于目标任务比较明确，任务完成比较稳定，同时鼓励员工在一定范围内做出更多贡献的情况。使用加减分法计算得分时，一般情况下，最大值不能超过规定数值，最小值不应出现负数。

（三）区间递进法

区间递进法是指确定目标值，然后设置几个连续区间分别赋予对应分值，根据实际完成值所在区间判定考核指标得分。例如：销售部的销售目标完成率＝实际销售额/目标销售额×100%。期望的销售目标完成率是60%以上，假设该项指标的权重为25%，计分方式分为以下四种：

完成比（0，60%），得分为0。

完成比［60%，80%），得分为：25×完成比×90%。

完成比［80%，100%），得分为：25×完成比×100%。

完成比［100%，+∞），得分为：25+(完成比−1)×120%×25。

区间递进法通常比较适合用于考核定性指标，对定性指标能够尽量降低打分误差；不足之处是区间长度的设置和对应的分数设置比较难确定。

（四）生命指标计分法

生命指标计分法又叫否决指标法，是指结果只有两个，不存在中间状态，完成目标得分，没完成不得分。该法适用于特别重要的指标，最常见的如安全指标。

针对生产部管理人员考核安全生产，考核当期生产过程中发生人员工伤等重大安全责任事故的情况。评分标准为当期生产无人员工伤发生等重大安全责任事故，该项指标得满分；发生一起及以上，即得0分。

（五）排序法

排序法是对某一考核指标的考核结果进行排序，按照排名设计得分算法的方法。可以从绝对值和相对值两方面进行设计，即排名第一多少分，排名上升几名加多少分。如驾校考核教练的教练车油耗指标，其评分标准可以作如下设计：

教练车油耗指标在所有考核指标中权重占20%，即满分为20分。按月对各教练车的单位耗油量从少到多进行排序，排名前10%（含）的得20分，排名在前10%～20%（含）的得18分，排名在前20%～30%（含）的得16分，排名前30%～40%（含）的得14分，排名前40%～50%（含）的得12分，以此类推，排名位列最后10%（含）的得0分。排名较上个月每提高2个名次加1分，余数为1个名次不加分；后退2个名次减1分，余数为1个名次减1分。

（六）等级说明法

等级说明法，一种主要针对定性指标的评价体系，以其条理清晰的等级划分，为定性考核提供了标准化的解决方案。它通过对绩效可能出现的多种情况进行详尽描述，并赋予不同等级以相应分值，让考核者有据可依。

以导购工作态度这一绩效指标为例，其考核目标是确保客户满意度和领导布置工作的有效落实。等级说明法为这一指标设定了四个等级：A级代表卓越表现，可获得120分；B级表示工作表现良好，得100分；C级为基本合格，得80分；D级则意味着存在明显不足，仅得60分；E级则为不合格。具体如表3-16所示：

表 3-16　等级说明法示例

绩效指标	目标	考评标准				
		A 级	B 级	C 级	D 级	E 级
		120 分	100 分	80 分	60 分	不合格
工作态度	确保客户满意度和领导布置工作的有效落实	创造性地完成上级布置的工作，客户满意度达到 100%	若在工作中有所改进或超预期完成任务，客户满意度达到 90%以上	按部就班地完成工作，客户满意度达到 85%以上	基本完成工作任务，客户满意度达到 80%以上	经常出现工作差错或客户满意度在 80%以下

直通职场

表 3-17 是深圳某机电设备制造有限责任公司车间生产现场量化考核表（有改动），请认真理解其指标的评分方法的特点。

表 3-17　车间生产现场量化考核表

车间		负责人		考核日期	
考核项目（5S）	考核内容	评分标准		得分	备注
		非常好 5　好 4　普通 3　较差 2　很差 1			
整理	1. 红牌作战实施情况	□非常好 □好 □普通 □较差 □很差			
	2. 现场无杂物，通道通畅	□非常好 □好 □普通 □较差 □很差			
	3. 现场无剩料和不必要的物品	□非常好 □好 □普通 □较差 □很差			
	4. 作业场所区分明确，视野开阔	□非常好 □好 □普通 □较差 □很差			
整顿	1. 工具、设备易于取用	□非常好 □好 □普通 □较差 □很差			
	2. 原材料、半成品、成品定点定位排放整齐并标识清楚，且标识要与实物相符	□非常好 □好 □普通 □较差 □很差			
	3. 按规定摆放设备和工具	□非常好 □好 □普通 □较差 □很差			
清扫	1. 经常保持生产场地整洁，地面不得有纸屑等废弃物	□非常好 □好 □普通 □较差 □很差			
	2. 工作台面整洁	□非常好 □好 □普通 □较差 □很差			
	3. 生产设备干净清洁，无灰尘	□非常好 □好 □普通 □较差 □很差			
	4. 配置区划分线明确	□非常好 □好 □普通 □较差 □很差			
清洁	1. 工作环境是否清洁卫生	□非常好 □好 □普通 □较差 □很差			
	2. 工作服干净整洁	□非常好 □好 □普通 □较差 □很差			
	3. 车间内无浑浊的空气、粉尘、噪声和污染源	□非常好 □好 □普通 □较差 □很差			

续表

<table>
<tr><td>车间</td><td colspan="2"></td><td>负责人</td><td></td><td>考核日期</td><td colspan="2"></td></tr>
<tr><td rowspan="2">考核项目（5S）</td><td colspan="3" rowspan="2">考核内容</td><td colspan="2">评分标准</td><td rowspan="2">得分</td><td rowspan="2">备注</td></tr>
<tr><td colspan="2">非常好 5　好 4　普通 3　较差 2　很差 1</td></tr>
<tr><td rowspan="2">素养</td><td colspan="3">1. 员工行为规范，自觉遵守车间规章制度</td><td colspan="2">□非常好　□好　□普通　□较差　□很差</td><td></td><td></td></tr>
<tr><td colspan="3">2. 员工爱岗敬业</td><td colspan="2">□非常好　□好　□普通　□较差　□很差</td><td></td><td></td></tr>
<tr><td colspan="6">合计</td><td colspan="2"></td></tr>
</table>

任务分析

根据案例中的指标定义，结合“理论基础与操作技能”介绍的绩效考核指标评分标准的有关理念和方法，采购部部长的考核指标中，采购计划完成率、采购质量合格率、物资供应及时率、采购成本降低目标达成率等均为定量指标，可采用完成比率法来设计评分标准；从物资发放差错次数的定义可以看出，其可以按照次数进行考核，所以可以采用加减分法；从仓库保管物资完好度的定义可以看出，该指标是按照损坏量的金额多少进行考核的，所以可以采用区间递进法；而安全生产事故一旦发生，必会对企业造成重大的负面影响，所以应该采用生命指标计分法进行考核。

需要注意的是，这些方法是可以相互转化的，转化的依据是指标定义，如物资发放差错次数可以转化为物资发放差错率，其定义就为：物资发放差错次数/物资发放总次数×100%，采用的方法就可以是完成比率法。

学以致用

大学生在学习、生活和工作中，总是面对各种考核和被考核，除了考核指标（如考试内容）外，考核的评分标准也应该引起我们的高度重视，这关系到我们能否理解或接受在完成指定任务后得到的或高或低的评价。在学习和工作中，我们经常听到这类抱怨：“明明我都写了，为什么分数这么低？”“领导安排的工作我都完成了，为什么绩效工资这么少？”问题出在哪里？就在于我们没有认真理解老师的考试评分标准或者领导的工作考核标准。因此不管是学习还是工作，我们都要确立标准意识，既要学会去理解标准，也要懂得去设计标准。

在线练习

任务四　设计与签订绩效合同

案例与任务导入

以下是一个管理咨询项目经理与两位下属进行以项目任务完成为考核周期的绩效计划沟通的案例，请阅读后完成相关任务。

项目团队成员：何经理、核心顾问小张、顾问小陈。

何经理：我们承担的这个项目完成期限是2个月，主要任务是：

1. 对公司进行管理诊断，首先对中、高层管理人员和骨干员工进行访谈，然后面向全员发放调查问卷，回收问卷后进行分析。

2. 根据诊断发现的问题，进行股权激励、绩效、薪酬的设计。一共要出四份报告，分别是《诊断报告》《股权激励报告》《绩效体系设计报告》《薪酬体系设计报告》。

3. 指导公司实施方案。

小陈：经理，时间有点紧，我们分工完成吧？

何经理：是的。我根据你俩的项目经验，做了一下初步分工。首先我们一起对客户进行访谈，问卷我来设计，你俩负责问卷的发放、回收、统计。在此期间，小陈主要负责整理访谈资料，我和小张负责编写《诊断报告》；小张以前接触过股权激励，小陈没有，《股权激励报告》就由我和小张各负责一半，由我统稿、审核、反馈和修改；小陈接触过绩效工作，这期间你就看看我给你准备的相关资料，消化消化，起草编写《绩效体系设计报告》，初稿给我审核把关；小张对股权激励模块比较熟悉，在我和客户沟通《股权激励报告》修改的过程中，你着手编写《薪酬体系设计报告》，初稿给我审核把关。最后由我对绩效、薪酬部分统一审核、修改、汇报。这时你们的任务就基本完成了，后续的辅导实施由我负责。

小张：经理，具体的时间节点呢？

何经理：我会做一份工作计划发给你们。

小陈：何经理，你怎么评价我们的工作呢？

何经理：首先，你们的初稿一定要按时提交；质量方面，结构要完整，逻辑要合理，选用的分析工具要合适。此外，不允许出现错别字、病句，格式要规范。审核时，我会重点评判报告结构的完整性、论据客观性、逻辑合理性、问题分析与客户实际情况的贴合度、针对客户的实际问题给出的解决办法，等等。

小张：经理，除了提交的时间节点，报告质量评价是以你的意见为主吧？

何经理：对的。如果我觉得不错，会给你们反馈，同时会给客户对接小组进行初审，然后根据他们的反馈意见，我们一起讨论和修改。

小陈：经理，我第一次独自编写《绩效体系设计报告》，关于逻辑合理性、问题分析与客户实际情况的贴合度，尤其是要根据客户实际情况给出解决办法，我不是很有信心。

何经理：小陈，我理解你，毕竟是第一次独立承担一份报告的编写工作，但是想要成长，这样的机会必须把握住。而且从项目分工协作来看，每个人必须承担起一部分工作任务，这样才能保证团队效率。你的经验虽然不是很丰富，但我还是想让你试一试。你写出的报告可能会达不到要求，我会多花些精力指导你，这点你放心。另外，根据我们的分工和大家的经验水平，报酬分配比例我建议这样确定，我、小张和小陈的比例分别是 2∶1.5∶1，你们觉得怎么样？

小张：我这次虽然承担的工作任务多一些，但是和项目经理是 2∶1.5 的比例，我没意见。

小陈：就像经理说的，成长的机会才是重要的，能给我这次锻炼机会，我已经很开心了，我也没问题。

资料来源：根据上海踏瑞软件有限公司绩效管理综合技能实训系统资料整理而成，有改动。

任务： 请根据案例内容，分析何经理的绩效计划沟通主要包括了哪些方面的内容。

理论基础与操作技能

在绩效计划阶段，组织上下为了使绩效目标能以书面的形式固定下来，以作为考核周期结束后绩效考核的基本依据，各类组织常常使用“绩效合同”这一工具。所谓绩效合同，其实就是在绩效指标确定以后，由管理者与下属共同商定下属在考核周期内的绩效指标和行动计划，然后以文字的形式确认，作为实行绩效指导、考核对照标准和绩效面谈的纲要，以及以后就考核结果进行个人素质提高的依据。

一、绩效合同周期的确定

绩效合同即绩效计划，绩效计划周期就是绩效合同周期，该周期的设定一般考虑下面两个因素。

（一）考核周期取决于绩效管理的目的、服从于组织人力资源与其他相关的管理制度

（1）以定期提薪和奖金分配为目的的绩效考核是定期进行的，而且要与组织的薪酬管理制度的要求保持一致。

（2）基于培训目的的考核，应该是在员工提出申请或组织发现员工绩效降低或是有

新技术和新管理要求时进行，以便及时正确地分析员工培训与开发的需求，制定有针对性的培训实施方案，这些是不定期考核。

（3）基于被考核者晋升晋级目的的考核，其考核时间一般是在出现职位空缺或准备提升某类人员时进行，也是不定期考核。

（二）考核周期与被考核者岗位性质密切联系

（1）对于高层管理人员来说，一般实施周期较长的年度考核。

（2）中层管理人员的考核可以是月度、季度或者年度考核。对其一般性的任务绩效和管理绩效指标可以进行月度考核或者季度考核，但某些工作完成周期较长的任务绩效指标，宜采用较长周期的季度或者年度考核。周边绩效、工作态度和工作能力的考核一般适合采用季度考核或年度考核。

（3）作为普通员工，因为主要从事事务性工作或操作性工作，考核周期相对较短，一般采用月度考核，如对任务绩效、周边绩效和工作态度指标都可以进行月度考核，工作能力的变化因为需要较长时间才能体现出来，宜实行年度考核。

二、绩效考核指标的提取

绩效计划涉及的考核指标、指标的定义、考核标准和要求等，即绩效合同的条款，这些考核指标的提取需要跟组织战略、岗位职责和业务流程等结合起来考虑，详见“工作领域二　绩效管理工具的应用”，在此不再赘述。

三、绩效合同的沟通

管理者基本确定了绩效考核周期、考核指标、考核标准等合同要素后，就要就绩效合同内容的落实与被考核者进行沟通。沟通阶段是整个绩效计划阶段的核心。在这个阶段，管理者与下属经过充分交流，对下属在本次绩效期间内的工作目标和计划达成共识。

（一）沟通原则

在沟通时，管理者应遵循以下原则：

（1）双方在沟通中是一种相对平等的关系，大家是为了业务单元的成功而编制计划。

（2）管理者在制定工作的衡量标准时应该更多地听取下属的意见，更多地发挥下属的主动性。

（3）管理者应该与下属一起作决定，而不是代替下属作决定，下属自己做决定的成分越多，绩效管理就越容易成功。

（二）沟通环境

沟通环境一般应该具备三个条件：

（1）专门的时间。管理者和下属应该确定一个专门时间，放下手头工作，专心致志地进行绩效计划的沟通。这个时间最好是在刚刚上班或者下班前，切忌安排在下班后。

（2）安静的环境。沟通的时候最好不要被其他人打扰，否则影响沟通的效果。

（3）轻松的气氛。沟通的气氛要尽可能轻松，不要给人太大的压力。

（三）沟通过程

绩效合同的签订是一个双向沟通的过程，但沟通的过程并不是千篇一律，常见的过程包括如下四个步骤，如图 3－4 所示。

图 3－4　绩效计划沟通过程

1. 回顾有关信息

在进行绩效计划沟通时，首先需要回顾已经准备好的各种信息，包括组织的经营计划信息、下属的工作描述和上个绩效期间的评估结果等。

2. 确定关键绩效指标

在组织的经营目标基础上，每个被考核者需要设定自己的工作目标，要针对自己的工作目标确定关键绩效指标。在设定关键绩效指标时，一定要注意这些关键绩效指标必须是具体的、可衡量的，而且应该有时间限制。

3. 讨论管理者如何提供帮助

在绩效计划过程中，管理者还需要了解下属完成计划过程中可能遇到的困难和障碍，并为其提供可能的支持和帮助。

4. 结束沟通

在将要结束绩效计划沟通会谈时，双方还要约定下一次沟通的时间。

（四）达成共识，签字确认

沟通结束之后，管理者需要确认双方是否达成了以下共识：

（1）下属的工作目标与组织的战略目标是否紧密相连，下属是否清楚自己的工作目标的达成对组织战略目标实现的意义。

（2）下属的工作职责描述是否按照当前的组织环境进行了完善，是否反映了本绩效期内的工作需要。

（3）管理者就下属的主要工作任务及其重要程度、完成标准、享有的权限是否与下属取得一致意见。

（4）管理者是否清楚下属可能遇到的困难和障碍，是否明确可以提供的支持和帮助。

（5）当情况发生变化时，双方是否同意调整或修改整个或部分计划内容。

（6）形成书面合同，双方签字确认。

四、绩效合同的设计

绩效合同是进行考核的依据，绩效合同没有固定的范本和格式，它一般包括以下内容：

（1）受约人信息。即被考核者的基本信息，包括姓名、职位、所在部门等。

（2）发约人信息。发约人常常是被考核者的上一级正职（或正职授权的副职）。

（3）合同期限。绩效合同从生效到截止的时间，即一个绩效管理周期。

（4）计划内容。主要是绩效指标、指标权重、考核标准、评分方法等，用于衡量被考核者的重要工作成果，是绩效合同的主要组成部分。

（5）考评意见。等到绩效考核结束后，由发约人根据受约人的实际表现填写，分析绩效完成情况和评价结论。

（6）签字确认。绩效合同由发约人和受约人双方签字确认后方可生效，因此绩效合同的末尾要留出相应的位置供双方签字。

除了以上基本内容，一些绩效合同中还规定了合同双方的权利和义务、绩效目标完成与否的奖惩措施、员工能力发展计划、绩效目标修改流程等。

绩效合同设计的繁简程度，取决于组织的绩效管理水平和重视程度，不能一概而论，只要适合组织的实际情况即可。以下是绩效合同的样本，供参考，见表 3-18、表 3-19。

表 3-18　××公司××岗位绩效合同

<table>
<tr><td colspan="3">发约人：</td><td colspan="2">受约人：</td></tr>
<tr><td colspan="3">发约人职位：</td><td colspan="2">受约人职位：</td></tr>
<tr><td colspan="3">发约人部门：</td><td colspan="2">受约人部门：</td></tr>
<tr><td colspan="3">审核人：</td><td colspan="2">审核人：</td></tr>
<tr><td colspan="3">生效日期：</td><td colspan="2">截止日期：</td></tr>
<tr><td colspan="5">岗位工作概况：</td></tr>
<tr><th>项目</th><th>考核指标名称</th><th>指标说明与要求</th><th>绩效完成情况</th><th>备注</th></tr>
<tr><td rowspan="4">关键业绩指标</td><td></td><td></td><td></td><td></td></tr>
<tr><td></td><td></td><td></td><td></td></tr>
<tr><td></td><td></td><td></td><td></td></tr>
<tr><td></td><td></td><td></td><td></td></tr>
<tr><td rowspan="4">岗位职责指标</td><td></td><td></td><td></td><td></td></tr>
<tr><td></td><td></td><td></td><td></td></tr>
<tr><td></td><td></td><td></td><td></td></tr>
<tr><td></td><td></td><td></td><td></td></tr>
<tr><td rowspan="4">素质能力指标</td><td></td><td></td><td></td><td></td></tr>
<tr><td></td><td></td><td></td><td></td></tr>
<tr><td></td><td></td><td></td><td></td></tr>
<tr><td></td><td></td><td></td><td></td></tr>
</table>

续表

项目	考核指标名称	指标说明与要求	绩效完成情况	备注
否决指标				
总结：				
改善意见：				
被考核人意见：				
考核人： 年　月　日		被考核人： 年　月　日		审批人： 年　月　日

资料来源：中国就业培训技术指导中心．企业人力资源管理师（三级）．北京：中国劳动社会保障出版社．2020：278-279.

表 3-19　员工绩效合同书

为明确工作责任，提高工作效率和工作质量，共同实现绩效目标，经发约人与受约人沟通并达成一致，签订本绩效合同书。受约人岗位的工作标准为本合同书的当然附件，本合同书中的工作目标和关键业绩指标已经双方确认，被作为受约人月度和年度考核的依据。

受约人确认：对上一年度的绩效结果无异议，并确认上一年度公司在工资发放及其他劳动关系方面不存在未清事项。

受约人同意：如受约人没有达成工作目标，同意按公司《绩效与薪酬考核管理标准》及相关规定接受公司作出的考核处理（包括降薪、降职或调岗处理等）。

受约人姓名		发约人姓名		
受约人职位		发约人职位		
受约人部门		发约人公司/部门		
绩效合同期限	年　月　日至　年　月　日			
第一部分　重点工作目标（权重____%）				
工作目标	标准分	衡量标准	完成情况	完成结果评分
得分小计				

续表

<table>
<tr><td colspan="5">第二部分　岗位 KPI（权重,%）</td></tr>
<tr><td>KPI/重点工作</td><td>标准分</td><td>衡量标准</td><td>完成情况</td><td>完成结果评分</td></tr>
<tr><td></td><td></td><td></td><td></td><td></td></tr>
<tr><td></td><td></td><td></td><td></td><td></td></tr>
<tr><td></td><td></td><td></td><td></td><td></td></tr>
<tr><td>得分小计</td><td></td><td></td><td></td><td></td></tr>
<tr><td>绩效考核得分</td><td></td><td>备注</td><td colspan="2"></td></tr>
<tr><td>综合评价意见</td><td colspan="4"></td></tr>
<tr><td>受约人签字</td><td colspan="2"></td><td>发约人签字</td><td></td></tr>
<tr><td>签字日期</td><td colspan="2"></td><td>签字日期</td><td></td></tr>
</table>

资料来源：中国就业培训技术指导中心组织. 企业人力资源管理师（三级）. 北京：中国劳动社会保障出版社. 2020：279－280.

直通职场

表 3－20 是某公司总裁办公室分管财务的副主任与主任签订的绩效合同，请认真阅读，理解编制绩效合同格式条款的必要性和灵活性。

表 3－20　绩效合同

编号：

<table>
<tr><td colspan="2">受约人信息</td><td colspan="2">发约人信息</td></tr>
<tr><td>姓　名</td><td></td><td>姓　名</td><td></td></tr>
<tr><td>员工编号</td><td></td><td>员工编号</td><td></td></tr>
<tr><td>部　门</td><td>总裁办公室</td><td>部　门</td><td>总裁办公室</td></tr>
<tr><td>岗　位</td><td>副主任（财务）</td><td>岗　位</td><td>主任</td></tr>
<tr><td>合同有效期</td><td colspan="3">年　月　日至　年　月　日</td></tr>
<tr><td colspan="4">岗位关键工作职责：(按照重要顺序排列)</td></tr>
<tr><td>1</td><td colspan="3">监督公司遵守国家财税方面的相关法律法规及董事会决议，遇有重大财务问题及时向公司总裁汇报，为公司的重大财务决策提供财务支持</td></tr>
<tr><td>2</td><td colspan="3">在董事会和总裁领导下，制定公司资本投资计划、利润计划、税收政策、财务规划、开支预算或成本标准，为公司的财务规划指明方向、提供依据</td></tr>
<tr><td>3</td><td colspan="3">编制公司年度财务预算、决算，经批准后负责具体实施和执行</td></tr>
<tr><td>4</td><td colspan="3">建立、健全公司内部核算的组织、指导和数据管理体系，制定公司财务管理制度，为公司财务工作的执行提供政策性指导</td></tr>
<tr><td>5</td><td colspan="3">负责公司成本核算、财务报表工作，并组织公司有关部门开展财务分析，努力降低成本、增收节支、提高效益</td></tr>
</table>

续表

6	定期组织财务盘点工作，保障公司资金、资产的安全				
7	组织财务人员认真学习政治理论和专业技术，注重后备人才的培养，提高员工的业务素质和职业道德				
	绩效指标	目标值	完成值	权重	得分
1	部门预算差异率				
2	公司指令响应的及时性				
3	部门满意度				
4	公司预算执行差异率				
5	财务收支计划的及时性				
6	项目核算的准确性				
日常考核权重					
项目考核权重					
总权重				100%	
总分					

	受约人签字		发约人签字
合同确认		合同确认	
考核结果确认		考核结果确认	

绩效得分计算公式：

1. 当数值以正增长代表业绩提高时，如销售额等指标，业绩分值＝[100＋(完成值－目标值)÷目标值×100]×权重。

2. 当数值以负增长代表业绩提高时，如差错率、投诉率等指标，业绩分值＝[100－(完成值－目标值)÷目标值×100]×权重。

资料来源：根据三茅人力资源网有关资料整理，有修改。

任务分析

根据案例内容，何经理在平等协商、充分沟通的基础上，就绩效计划主要内容与小张、小陈进行了交流，达成如下共识：

1. 工作任务分工及各个任务完成的时间节点。

2. 工作评价标准，包括时间要求和质量要求。

3. 绩效考核主体及考核方法：以经理意见为主进行考核。

4. 下属可能存在的困难和上级能提供的帮助：小陈的报告可能会达不到要求，经理多花些精力指导。

5. 报酬分配办法及依据。

学以致用

在职场上，绩效合同和劳动合同一样，都属于一种劳动契约，新时代的大学生要注意培养自身的契约精神。契约精神在本质上就是一种坦诚相待、平等协商的精神，就是一种讲究诚信、一诺千金的品质。大学生在学习和工作过程中，要努力提升自己的知识和技能水平，培养独立自信的人格，这样有利于未来和工作单位协商劳动合同或绩效合同时，既能正确理解组织的要求，也能合情合理地维护好自己的权益，为个人权益和组织利益找到合适的契合点，从而促进绩效的达成，实现个人和组织的双赢与和平共处。

在线练习

工作领域四

绩效监控与辅导

学习目标

知识目标

1. 理解绩效监控的方法、范畴。

2. 掌握绩效辅导的内容、侧重点、持续性、类型等。

3. 理解绩效信息收集的目的和内容。

技能目标

1. 能够根据绩效监控的工作步骤开展工作。

2. 能够识别绩效辅导契机，运用合适的辅导方法，依据规范的工作步骤开展绩效辅导。

3. 能够运用合适的方法，通过合适的渠道，开展绩效信息收集。

素养目标

1. 培养自我管理的能力及管事理人的能力。

2. 培养信息素养。

任务一　绩效监控

案例与任务导入

某科技公司拥有一个软件开发团队，负责为公司客户开发定制化的软件解决方案。在引入绩效管理系统之后，项目经理由于忙日常业务，对团队成员的绩效考核就只是把考核表发下去，而没有进行成员绩效目标的跟进，这导致整个团队存在如下问题：

1. 经常出现拖延和敷衍的情况。在项目开始时，团队成员只是简单地被告知要完成某个功能或修复某个 bug，这导致他们在工作中缺乏紧迫感和责任感。

2. 工作进度难以追踪。团队领导很难准确掌握每个成员的工作进度。有时，团队成员会忘记更新自己的工作状态，或者故意隐瞒自己的工作进度，导致团队领导对项目整体进展一无所知。

3. 工作质量参差不齐。有的成员编写的代码清晰、规范，易于维护；而有的成员编写的代码混乱、错误频发，给后续的开发和维护带来了很大的困难。

4. 沟通不畅，协作困难。团队成员可能会因为对任务理解不一致、优先级冲突等问题而产生矛盾和分歧，影响团队的凝聚力和工作效率。

5. 客户满意度下降。由于项目进度缓慢、代码质量不稳定，导致客户对团队的信任度降低，满意度下降。客户投诉和退单的情况时有发生，给公司带来了很大的损失。

任务： 请问该科技公司的绩效管理为何会出现这些问题？如何解决？

理论基础与操作技能

一、绩效监控的方法和范畴

绩效监控

良好的绩效管理系统为各级管理者提供了一个系统全面地监控下属的程序和方法，能够帮助管理者获得员工绩效的信息，包括让管理者知道“员工应当在什么时间和地点，怎样去完成工作任务”。管理者可以通过多种监测手段，了解和掌握下属的行为、工作态度以及工作进度和工作质量，并激励下属达到考评标准乃至超越标准。对达不到考评标准的员工，通过监测和确认，帮助他们改进工作，迎头赶上先进者。

（一）绩效监控的方法

绩效监控一般有以下方法：

(1) 书面报告。下属以文字或图表的形式向管理者报告工作进展情况，有定期报告(如日志、周报、月报、季报、年报)和不定期的重大工作专项报告两种类型。

(2) 绩效会议。管理者和下属就最重要的绩效问题，通过召开会议的形式进行督办。

(3) 走动式管理。管理者通过实地调研与下属面对面沟通。

(二) 绩效监控的范畴

(1) 组织系统协同监控。管理者需要对组织系统的协同性进行监控。确保所有人的工作行为和工作产出都能为实现组织目标服务。

(2) 关键流程的监控。关键流程的监控在于识别战略性流程、衡量战略性流程、引进战略性流程三个阶段。

(3) 个人绩效的监控。这是绩效监控的落脚点。管理者需要通过对下属绩效目标的完成情况进行及时监控，保证下属及时达成绩效目标，进而推动不同岗位、不同部门合作，确保组织目标的顺利实现。

二、绩效监控的步骤

(一) 明确监控目的

(1) 督促和鼓励下属学习更多的工作技能，提升下属的工作胜任能力和职业竞争力。

(2) 扩大下属的知识面，发掘他们的才智。帮助他们掌握新技能，适应新工作，更好地发展自我。

(3) 鼓励正确的行为，或纠正错误的行为。

(4) 改善工作成果，促进组织目标的实现。

(二) 进行行为观察

绩效管理监控过程中，管理者要善于观察，积极反馈。

那么如何观察呢？管理者对下属的行为观察要有正确的认知。行为就是管理者能够看得到的下属的各种举动。在绩效管理过程中，管理者根据下属行为得出的判断准确性强，据此进行的反馈有效性往往也较强。行为观察包括两种类型：一种是从行为的性质、形态、功能等方面作出的价值判断，如张三工作很积极，或者张三对这项工作不感兴趣；另一种则是从行为的过程和动作表现进行的客观行为观察，如李四每次开会都提前五分钟到场，开会时还积极发言，或者李四上班经常和同事聊家常。

绩效管理活动中，在进行行为观察时需要注意以下问题：

(1) 从是否有利于绩效目标实现的角度进行观察。

(2) 占据有利的观察位置。

(3) 降低下属对管理者(观察者)的注意力。

(4) 观察下属的客观行为，不能停留于价值判断。

(5) 适当时对下属进行现场辅导，现场帮助其解决问题。

(6) 做简单笔记。对于关键事件要进行及时记录，包括时间、地点、事情的大致过程，还有哪些人在场等。

（三）发现问题，寻找原因

通过行为观察，管理者能掌握下属实施绩效计划的事实和数据，对照绩效目标发现差距，查找问题，并根据影响绩效的四个基本因素分析存在原因。

（四）对下属进行指导，分析原因，提出改善要求

绩效目标完成情况监控表如表 4－1 所示。

表 4－1　××公司绩效目标完成情况监控表

年　　月　　日至　　　　年　　月　　日

监控人					
本期工作					
工作内容	计划完成情况	完成时间	未完成原因	意见和建议	评价
工作内容 1					
工作内容 2					
工作内容 3					
……					
下一步工作					
工作内容			预计完成时间		
工作内容 1					
工作内容 2					
……					

资料来源：林新奇．绩效管理技术与应用［M］．北京：中国人民大学出版社，2021．有改动。

就个人绩效监控来说，管理者要做好以下工作：

（1）定期与下属通过面谈的形式沟通他们在实现绩效目标过程中遇到的问题。

（2）要求下属定期提供工作进展报告，或者进行口头报告。

（3）根据绩效合同定期检查工作进展，考察是否达到绩效目标。

（4）到工作现场观察工作进展情况，与下属不定期进行非正式的讨论。

（5）认真处理来自与下属共事的其他人的关于该员工工作情况的反馈。

（6）对于与客户有接触的员工，要关注来自客户方面的反馈。

（7）检查工作的产出，检查其质量。

直通职场

华为技术有限公司的绩效监控与持续优化实践

华为技术有限公司是全球领先的 ICT（信息、通信和技术）解决方案供应商。为了保持其行业领先地位，华为高度重视绩效监控与持续优化。

一、构建绩效监控体系

1. 明确战略目标：公司将战略目标分解为具体的业务指标和绩效指标，明确每个被考核者的工作目标。

2. 制定绩效标准：根据被考核者的业务指标和岗位特点，制定具体的绩效考核标准，包括工作质量、工作效率、团队合作等。

3. 设立绩效监控机制：包括定期评估、项目评审、被考核者自评等方式，对被考核者的绩效进行实时监控和反馈。

二、实施绩效监控

1. 定期考核：公司采用季度和年度评估的方式，对被考核者的工作绩效进行全面、客观的考核。考核结果作为被考核者晋升、薪酬调整的重要依据。

2. 项目评审：针对重大项目，公司设立专门的项目评审团队，对项目进度、质量、成本等方面进行监控和考核，确保项目按时、按质完成。

3. 被考核者自评：公司鼓励被考核者进行自我评估，让他们对自己的工作表现有清晰的认识，以便及时调整工作状态，提升绩效。

三、持续优化实践

1. 绩效反馈与改进：通过定期与被考核者面谈、提供培训等方式，帮助被考核者了解自己的工作表现，明确改进方向。

2. 创新激励机制：包括提供奖金、股票、晋升机会等，激发被考核者的工作积极性和创造力。公司还关注员工的个人发展，提供丰富的培训和发展机会，帮助员工实现个人价值。

3. 持续优化绩效监控体系：根据组织战略目标和市场环境的变化，公司适时调整绩效指标和评估方式，确保绩效监控具有针对性，并且有效。

四、管理成果显著

1. 绩效显著提升：被考核者对自己的工作表现有了更清晰的认识，工作积极性和创造力得到了充分激发，组织整体绩效得到显著提升。

2. 战略目标顺利实现：绩效监控的实施确保了被考核者工作方向与组织战略目标的紧密结合，促进了组织战略目标的顺利实现。

3. 组织文化积极向上：公司注重员工个人发展，提供丰富的培训和发展机会，激发了员工的归属感和使命感，形成了积极向上的组织文化氛围。

任务分析

根据案例描述，某科技公司出现绩效不佳的情况，主要是由绩效监控不到位造成的。可以从以下几个途径去解决：

1. 建立明确的工作目标。在项目开始时，就有明确的时间节点和质量要求，而不只是简单地告知要完成某个功能或修复某个 bug。

2. 引入系统的监控工具，建立科学的监控机制，方便项目经理及时掌握项目整体进度和各位成员的工作进展。

3. 建立统一的代码规范、评审机制和考核标准，避免团队成员的代码质量不稳定。

4. 基于明确的绩效标准和监控机制，建立团队内部沟通协调机制。

做好以上这些工作，才可以提高客户满意度，挽回公司损失。

学以致用

坚持严管和厚爱相结合，加强全方位管理和经常性监督，这是任何组织治理都要遵循的基本原则。在我们的生活和工作中，爱我们的家长和老师、关心我们的同事和领导，他们会关注我们的关键行为，在我们的行为出现偏差时会严格管理或者严肃劝导，但有些人却不能理解，甚至反感、叛逆，这就不利于自己的成长和进步。我们平时在学习和生活中要认真体会家长和老师在贯彻严管和厚爱结合原则时的良苦用心，并运用于自己未来的生活和工作之中。

在线练习

任务二　绩效辅导

案例与任务导入

小王是某市移动公司的一个项目经理，他干得一直很不错，业绩比较突出，公司给的待遇也比较好。但是就在几天前，他突然将一封辞职信放到了张总经理的办公桌上。

辞职信

张总：

您好！

我不得不非常遗憾地对您说，我决定辞职了。您知道，去年一年我们的网络建设和改造速度有目共睹，也是同行业中公认的快速度。但您是否知道，为了能完成公司下达的目标，我多少个周末没有休息，多少个夜晚没有睡觉呀？

虽然您交给我的任务我并不总是完成得那么完美，但您是否问过我有没有遇到什么困难？是否关心过我和其他工程人员的生活？虽然我们可以自己来克服困难，但很多问题我们是多么想早一点知道解决的办法，而不是最后才知道；当我们被工作压得喘不过气而快要崩溃的时候，多想得到公司或领导的一点安慰啊。说老实话，我很怀念自己在之前公司工作的日子，虽然那时挣的工资没有现在多，但领导时不时地会走到我们的身边与我们聊天，包括上班的时候和在公司就餐的时候。当我们出差在外的时候，领导还经常打电话询问工作进展，对我们嘘寒问暖。凡此种种，给人的感觉特别好。而如今，您除了坐在自己的办公室里，就是各种开会，总共跟我讲过几句话我现在都记得很清楚，还可以背出来。

我真的很希望能与您就工作的问题进行沟通交流。去年 11 月份我发了一封电子邮件给您，向您汇报了一些工作上的事情，可是过去几个月了都没有等到您的答复。现在我决定不再等下去了。

很抱歉在公司这么忙的时候离开。

此致

敬礼

王××

2025 年 1 月 21 日

任务：根据案例内容分析，小王为何要辞职？从中可以看出被考核者对绩效辅导有哪些需求？管理者可以采用哪些绩效辅导方式？

理论基础与操作技能

一、绩效辅导的内容

下属与管理者达成绩效计划后，为了满足组织的考核要求，在实施的过程中，会对绩效计划中的要求产生疑问，或者会遇到某些困难和问题，此时，管理者一定要对下属进行必要的辅导。针对下属的疑问，管理者可以跟下属解释有关公司决策和绩效计划的意义与目的，解释计划制订的步骤、方法及原因。针对下属遇到的困难，管理者可以召集有关人员共同研讨对策，集思广益，合作攻关；也可以对不切合实际的目标和措施进行合理的调整；同时还要从精神和物质方面给予必要的支持和帮助，以帮助下属实现绩效目标。管理者通过主动为下属排忧解难，可以达到增强下属信心、鼓舞下属士气的目的。

绩效辅导

二、绩效辅导的侧重点

（1）管理者应把主要精力放在对完成绩效合同关键绩效指标所需的能力或技能的指导上，不应去跟踪并指导每位下属遇到的每项具体问题或每个要改进的方面。

（2）管理者不仅要注重最后的绩效结果，还应兼顾绩效计划的实施过程和结果，即管理者要关注被考核者是如何做的，以避免某些被考核者只顾完成自身目标而不顾他人目标的完成，或者引发其他行为加剧部门与部门之间、岗位与岗位之间的冲突等。

（3）管理者需要对下属的工作方法加以指导，帮助下属能够独立应对其他类似场景或解决其他类似的问题。

三、绩效辅导的持续性

作为管理者，辅导下属是日常工作中最重要的职责之一，而且辅导应该是经常性的，而非一定要等到发生问题的时候才进行。通过经常性的辅导可以确保下属从一开始就把工作做正确，这样可以避免在问题产生后再去花费大量时间解决问题；同时还能确保下属的工作结果符合组织的利益和客户的期望。

四、绩效辅导的类型

常见的绩效辅导可以分为三类，如表 4－2 所示：

表 4－2　常见的绩效辅导类型

类型	内容
一对一具体指导	适用于下属在完成工作时可能会缺乏相应知识或者技巧的情况。辅导时将下属所要完成的工作进行拆分，并将各项工作的完成步骤逐一讲解，使其清楚地了解完成该项任务的方法，同时还要指导其在今后工作中遇到类似的任务时应如何处理。
大体方向的指导	适用于下属在完成某些特定工作任务时可能会出现没有处理经验或者缺乏相关处理技巧的情况。主要是使下属了解应该采取何种态度和行动来解决问题，同时注意使其提升工作技能并了解相关知识，以便获取良好的长期效果。
鼓励和建议	适用于下属具备完善知识和专业化技能但积极性、主动性不够的情况。管理者在这些下属完成工作时适当地给予一定的鼓励或支持，在其困惑时给予合理的建议就可以使其绩效明显提高。

五、绩效辅导的契机

常见的绩效辅导契机有四种：

（1）当下属希望管理者对某种情况发表意见时，如在下属向管理者请教问题或征询对改进流程的新想法的看法时。

（2）当下属希望管理者解决某个问题时，尤其是出现在管理者管辖范围内的问题时。

（3）当管理者发现需要采取改进措施时，如当管理者注意到某项工作有更好的办法做得更好、更快时，可以指导下属采取措施，改进做法，适应组织、部门及流程的变化。

（4）当下属通过培训掌握了新的技能，公司希望他们运用于实际工作中时。

六、绩效辅导的方法

绩效辅导的方法包括正式的绩效辅导和非正式的绩效辅导。

（一）正式的绩效辅导

正式的绩效辅导主要包括书面辅导、定期面谈辅导、会议培训辅导三种，见表 4-3。

表 4-3　正式的绩效辅导方法

辅导方法	说明	优点	不足
书面辅导	管理者使用文字或图表的形式向下属指导工作	1. 管理者可以理性、系统性解决下属在工作中遇到的问题。2. 能解决管理者和下属由于某些客观原因不能见面的问题。	1. 单向沟通，而不是双向沟通。2. 团队不能共享信息。3. 容易流于形式。
定期面谈辅导	管理者和员工定期进行一对一的面谈	1. 员工对管理者容易产生亲近感，气氛融洽，方便深入。2. 可以就某些不便公开的事情进行沟通。3. 管理者可以因人制宜地给予下属帮助。	1. 面谈时容易带有个人感情色彩。2. 容易给下属带来心理压力。3. 比较耗费时间。4. 管理者需要掌握较高的沟通技巧。
会议培训辅导	管理者组织或参与小组或团队会议	1. 便于团队沟通。2. 能缩短辅导的时间和环节。3. 能鼓舞士气，传播组织文化和组织战略。	1. 比较耗费时间和精力。2. 有些问题不方便公开讨论。3. 开会可能影响组织正常工作。4. 下属的信息需求不同，存在有选择的过滤问题。

（二）非正式的绩效辅导

非正式的绩效辅导主要包括走动式管理、开放式办公、工作间歇时的辅导、非正式会议等。

（1）走动式管理。即管理者在工作时间时不时地到下属工作现场或附近走动，与下属进行交流，帮助下属解决问题。

（2）开放式办公。管理者的办公室随时向员工开放，或者管理者与下属同处一个开放式办公室，管理者可以随时就下属提出的问题或者反馈的情况进行答复或者指导。

（3）工作间歇时的辅导。管理者可以在与下属共进午餐、工间休息时聊天，在轻松愉快的氛围中帮助下属解决工作问题。

（4）非正式会议。通过如联欢会、生日派对、户外拓展等非正式的团队活动，管理者在轻松的氛围中了解员工的工作情况和遇到的困难，还可以发现团队问题。

非正式的绩效辅导的优缺点见表 4-4。

表 4-4 非正式的绩效辅导的优缺点

优点	缺点
形式丰富多样，而且非常灵活	缺乏严肃性
解决问题及时	
下属容易接受，辅导效果好	
更容易拉近管理者和下属的距离	

小技巧："提问"与"告知"之间关系的平衡

研究证明，提问比仅仅告诉下属怎么做要有效得多。如果管理者不重视下属的想法，下属就会对管理者的"告知"反感。当管理者向下属"提问"时，下属就会自己去思考解决问题的方法，对落实改进方案更为有效。当然，当下属需要管理者提供自身缺乏的经验、方法和信息时，管理者还是要用"告知"的方式，以便他们在获取这些资讯后，找到解决问题的方法。

七、绩效辅导的步骤

（一）明确辅导的目的

参考"任务一　绩效监控"相关内容，此处不再赘述。

（二）进行行为观察

参考"任务一　绩效监控"相关内容，此处不再赘述。

辅导观察记录表如表 4-5 所示。

表 4-5 辅导观察记录表

给指导者/观察者的说明： 利用辅导观察记录表详细记录员工的出色表现，以及所有改进的建议。				
序号	关键活动	具体的行为和简要描述	优点	建议
1	叙述讨论的目的和重要性，简要解释过程			
2	询问员工对实现目标的看法，以及他们是如何提高绩效的			
3	对员工的观点给予反馈，并描述对他们有帮助的行为			
4	询问员工的目标，对他们的想法给予反馈，并提出你的建议			

续表

序号	关键活动	具体的行为和简要描述	优点	建议
5	总结要采取的行动，并安排下次绩效改进讨论的时间			
6	对员工表达你的信任和支持			

资料来源：林新奇. 绩效管理技术与应用［M］. 北京：中国人民大学出版社，2021：170；乔恩・沃纳. 双面绩效管理系统：升级版. 北京. 电子工业出版社. 2015.

（三）发现问题，寻找原因

通过行为观察，管理者会掌握下属实施绩效计划的事实和数据，对照绩效目标和考核标准寻找差距，提出问题，分析原因。

（四）对下属进行辅导，共同分析原因，提出改善计划

1. 强调辅导的目的和重要性

管理者用积极的方式开始辅导，即强调下属的想法对此次讨论的意义，接着描述将要讨论的具体内容。

2. 询问具体情况

管理者通过询问更多地收集真实信息。可以用开放式问题来收集具体的信息，征求下属的想法。管理者最后总结自己的理解，让下属明白自己对事实有清楚的了解。

3. 协商期望达成的结果

确认事实后，管理者可以开始商议期望达成的结果，包括希望下属更多地投入、改进沟通技能、减少迟到早退等，要注意确保辅导结果与绩效指标或工作目标紧密相关，并确保最终结果是双方达成的共识。

4. 协商解决问题的方法

在达成共识的基础上，管理者和下属就可以开始讨论用什么样的方法来达到目标。这是指导的关键，管理者可以通过询问："那您将采用什么方法来处理……?""如果……您将怎么办?""如果……您将怎么说?"

当有多种解决方案时，管理者要开诚布公地讨论每种方法的利弊，尽量采用下属自己提出的方案。

直通职场

李丹是广西某超市的店长，她的表现一直不错，但最近她的销售业绩下滑比较明显。区域经理赵经理发现了这个问题，决定找她谈谈。

赵经理首先跟李丹了解她最近的工作情况，并询问她是否有困难或问题需要解决。李丹表示，她最近感到压力很大，因为网购，市场竞争几乎白热化，顾客的要求越来越复杂，也越来越高。

赵经理听后，就与李丹一起分析她的运营与销售策略。他们讨论了如何更好地了解顾客需求、提高线上线下的产品展示能力、建立更好的客户关系等运维、企划、销售方面的问题。赵经理还提供了有关快消行业的销售技巧和行业知识等方面的培训材料，并鼓励李丹多与其他门店及同行交流，学习他们的经验和技巧。

在接下来的一个季度里，赵经理定期与李丹进行沟通交流，积极反馈和指导，一起分析业务数据和取得的成绩，一起找问题并想办法改进，如赵经理指导李丹如何更好地激励超市员工提高工作积极性和对未来充满信心，如何培训导购提高销售技巧，如何处理客户投诉等。

经过一个季度的努力，李丹所负责的超市的销售业绩和利润率逐渐回升，员工和客户满意度都大大提高。她自己的工作能力和自信心得到了提升，她非常感激赵经理的指导。

任务分析

1. 辞职原因。小王工作业绩比较突出，也很辛苦，但在工作过程中遇到困难时没有得到张总的及时指导，影响了工作效率；同时，张总平时工作中不关心下属的工作和生活，甚至连下属的邮件都不及时回复。凡此种种，与小王之前所在公司的领导工作作风形成鲜明的对比，张总对下属绩效实施过程的不管不问让小王感到寒心，所以他决定辞职。

2. 绩效辅导内容。从案例中可以看出绩效辅导的内容包括：（1）管理者在下属工作遇到困难时要及时帮助其克服困难，如提供资源、技术和方法等方面的支持，而不是“事后诸葛亮”。（2）对下属的情感支持和精神鼓励。

3. 绩效辅导方式。从案例中可以看出绩效辅导的方式有：现场指导（走动式管理）、电话交流、邮件答复（书面指导或电子邮件指导）等。

学以致用

中国式管理讲究“安人之道”，现代管理学则强调管理者的重要职责是沟通和激励，而绩效辅导就是实施沟通激励、贯彻“安人之道”的良好契机。作为有志于创新创业或者从事管理工作的大学生，掌握绩效辅导的技能对于团队建设具有非常重要的意义。在进行绩效辅导时要注意通过工作技能和方法指导、资源支持、授权、责任分担等方法，提高团队成员的工作积极性和主动性，激发事业伙伴的创造力。

在线练习

任务三 绩效信息收集

案例与任务导入

绩效信息为何失真?

深圳某公司是成立于21世纪初的高科技技术股份有限责任公司，2010年10月公司在深圳证券交易所上市。作为迅速发展中的农业生物高科技公司，公司围绕农药化肥、蔬菜、花卉三大产业已经形成高水平的、开放式的科技创新体系。目前公司已形成一个以国内乡村振兴项目农业技术服务为导向的营销网络体系，下设十多家分公司和子公司。

在当前全球经济下行的大形势下，公司业务能有如此局面实属不易，但绩效管理的情况却令人力资源部郭总监颇为苦恼。原来刚刚公司召集中高层管理干部召开年度经营会议，会上公布了上一年度绩效考核结果，一石激起千层浪，郭总监的电话就成了热线电话。

“郭总，花卉产业相比农化和蔬菜是朝阳产业，用利润指标考核不能反映我们花卉公司取得的业绩。”

“郭总，市场部自己委托市场调查公司调查，你说客户满意度能不高吗?”

“郭总，财务部员工的业绩肯定不是公司的中间水平！我对员工要求严格，考核标准把握的尺度紧，其他部门主管的尺度太松，这不公平！人力资源部也不好好把关，你叫我怎么向员工交代啊?”

“郭总，有个数据不知道能不能改改，我认为计算利润增长率的利润应当用EBIT。EBIT是世界先进企业通用的指标，我一直以为我们公司用的是这一标准。财务部前几天告诉我用的是EVA，我们企业用EVA的条件还不成熟。”

…………

这下郭总监犯愁了，大家都在抱怨，所有问题的焦点全部集中到了人力资源部。公司决策层也不满意，总经理早几天也质疑：“公司经营业绩表现一般，勉强合格，怎么部门主管的绩效个个都是九十分以上?”

可是，这些绩效分数都是按照绩效管理体系和制度执行情况计算得出的，怎么大家都不服或者产生质疑了呢? 问题出在哪里?

任务：如果案例中公司的绩效管理体系和制度没有问题，你认为大家对绩效考核结果不满意有没有绩效辅导过程中的原因? 我们在绩效辅导过程中应该注意什么问题?

理论基础与操作技能

绩效管理是一个复杂而系统的工作，需要进行长期不间断的跟踪和信息收集工作，并对数据加工归类。其中绩效监控和辅导阶段的时间最长，产生的信息最直接、最真实，因此绩效监控和辅导阶段的信息收集工作也是最基础、最重要的。该阶段的数据收集和记录，既为当期的绩效监控和辅导提供依据，也为下一阶段公正地评价员工的绩效水平、绩效改进等绩效管理活动提供依据。因此，绩效数据收集的工作要求很高，管理者必须注重数据的收集工作，随时收集下属绩效的相关数据，使数据收集工作形成一种制度。

一、信息收集的目的

（一）为绩效考核提供事实依据

在绩效监控和辅导过程中，收集和记录下属的绩效数据，可以将其作为下属绩效考核的依据，也可以作为晋升、加薪等人事决策的依据。

（二）为绩效改进提供事实依据

绩效管理的目的是解决问题，提高和改进下属的绩效，在绩效监控和辅导过程中收集下属实施绩效计划的信息，可以为当期和下一周期的绩效改进提供事实依据。

（三）可以发现绩效差别及其原因

通过信息收集，管理者可以根据一些关键事件，找到优秀绩效的成功因素，也可以找到绩效不好的失败因素，然后对症下药，帮助和指导下属改进工作方法、端正工作态度、寻求资源支持，从而保证顺利地实现绩效目标。

（四）可以为劳动争议处理提供利益保护

保留翔实的绩效数据，也可以为日后发生劳动争议时提供真实的事实依据，这既可以保护组织利益，也可以保护当事员工的利益。

二、信息收集的内容

建议观察和收集如下数据：

（1）确定绩效好坏的事实依据。如制造类企业车间员工生产的产品的数量及质量。

（2）找出绩效问题发生的原因的信息。如下属能力问题、态度问题方面的信息，还有组织生产过程、生产工艺等方面问题的信息。

（3）找出绩效优异背后的原因。重点收集最优秀下属工作方法的信息。

收集信息时需要注意记录下列事件：

（1）目标和标准达到/未达到的情况。

（2）下属因工作或其他行为受到表扬和批评的情况。

（3）证明工作业绩突出或低下所需要的具体证据。

（4）对管理者和下属找到问题或成绩发生的原因有帮助的其他数据。

（5）管理者和下属就绩效问题进行谈话的记录（谈话双方签字）。

（6）关键事件数据。

三、信息收集的渠道

（1）直接的客户；

（2）更上一级的主管；

（3）员工自己或员工主管；

（4）同所属部门或员工有联系的部门的管理者和员工。

四、信息收集的方法

有些组织为了保证绩效管理信息的有效性和可靠性，建立了原始记录登记制度，要求所采集的信息尽可能以文字的形式证明所有的行为，应包括有利和不利的记录；所采集的数据，应当说明是管理者直接观察的第一手资料，还是间接地由他人观察的结果；要求详细记录事件发生的时间、地点以及参与者；在描述下属行为时，应尽可能对行为过程、行为的环境和行为的结果作出说明；应以文字记录为依据。目前常见的信息收集方法及使用场景见表 4－6：

表 4－6　常见的信息收集方法及使用场景

收集方法	使用场景
考勤记录法	该方法最常用于对员工工作时间有具体要求的岗位
生产记录法	该方法在生产服务型组织中常用，主要是对于生产、加工、销售、运输、服务的数量、质量、成本等，按规定填写原始记录和统计数据
观察法	主管人员直接观察员工在工作中的表现并将其记录下来的方法
他人反馈法	管理者通过其他员工的汇报反映来了解某些员工的绩效情况
定期抽检法（取样法）	定期抽查生产、服务的数量、质量，用以评定员工工作期间的工作表现
项目评定法	采用问卷调查，指定专人对下属工作进行逐项评定
关键事件法	对特别突出或异常失误的情况进行记录。关键事件的记录有利于管理者对下属的突出业绩进行及时的激励，对下属存在问题进行及时的纠正
减分搜查法	在职位要求规定的基础上，制定违反规定的扣分方法，定期进行登记

五、注意事项

（1）在数据收集和记录过程中，管理者除了平时自己注意跟踪下属工作进展外，还应当注意从相关人员获取相关数据。在现代组织中，工作往往都是以项目组的形式来开展的，直接上级有时可能无法直接了解员工的工作状况，这时就应当要求相关项目管理人员提供数据。必要的时候，这种数据提供的范围还可以扩大到与相关部门和员工有联系的其他部门的经理和员工等。

（2）管理者必须清楚数据收集与记录一定要以绩效为核心，应当收集能够反映下属绩效优秀或较差的事实依据，如下属对紧急情况的处理、违反工艺规则造成产品报废、遭客户投诉等，这些事实或数据必须与绩效计划密切相关。

（3）管理者在记录下属的失误或绩效表现差的事实时，应当及时指出下属的问题，并且帮助下属及时改正。

（4）让员工参与到信息收集的过程中来。绩效信息收集是管理者和下属双方共同的责任，积极参与既是下属维护自身权益的途径，也是下属体现自身责任担当的表现。

（5）采用结构化方式，使选择性收集信息的程度降到最低。

（6）要把事实和推测区分开来。管理者应该基于事实收集信息，而不能把信息提供者的推测或者管理者自己的推测当成信息收集。

直通职场

绩效信息收集困难，怎么破?

HR 在实施绩效管理的时候，常常做好了各部门的绩效指标，制定了绩效信息和数据提交的模板和具体要求，定好了应上交绩效信息的具体时间，可是到了各部门需要提交信息数据的时候，总是会有很多部门交不了数据。

当 HR 找到生产部门的时候，生产部门说，有几个数据关联着销售部门。

当 HR 找到销售部门的时候，销售部门说，有几个数据财务部门还没有给他们。

当 HR 找到财务部门的时候，财务部门说，这才刚到月底，报表还没审计呢。

当 HR 找到审计部门的时候，审计部门说，报表不仅要内部审计，还需要外部审计。

当 HR 找到外部审计的时候，外部审计说，财务数据还有几处问题，需要修改。

当总经理问 HR 怎么绩效结果还没出来的时候，HR 无奈地和总经理说，没有数据，哪来的绩效结果。

总经理说，HR 部门就是负责这个的，怎么连收集数据这么点儿事都做不好！

资料来源：任康磊．绩效信息收集困难，怎么破．(2019－02－28)[2024－04－20]．https://www.hrloo.com/rz/14519256.html?rs=1.

思考：你知道问题出在哪里吗？可以试着从部门职责规定、流程设计、人员观念等方面寻求解决之道。

任务分析

从案例中可以看出，绩效考核结果引发不满存在几个方面的原因，包括不同部门质疑考核指标的合理性、数据来源合理性、考核主体的客观性、考核标准的统一性等，那么为什么这些问题到考核结束才提出来呢？这就提醒我们，绩效管理的数据不是绩效考核阶段才收集，而应该在绩效监控与辅导阶段就要进行收集，特别是在绩效辅导过程中要通过收集到的数据及时发现问题，及时改正或者调整，这样才能确保绩效管理的实效，将损失降到最小，达到提高组织绩效的目的。因此，我们要重视绩效监控和辅导环节的信息收集工作。

学以致用

在信息社会，信息就是财富，对于绩效管理而言，信息就是依据。大学生当前的学习和未来的工作都离不开信息的收集、分析和利用，没有信息意识或者信息意识不强，就很难学好本专业，因为要学好本专业就要清楚自己所学专业的人才培养要求，就要弄懂每门课程的考核标准，这就需要查阅或收集相关信息；同时，大学生还要通过收集信息了解达到这些要求和标准的资源以及获取这些资源的途径，然后结合自己的实际情况进行决策，包括目标定位和策略定位。因此，大学生要养成良好的信息收集习惯，学会各种不同的信息分析工具，培养良好的信息素养。

在线练习

工作领域五

绩效考核

学习目标

知识目标

1. 了解各种绩效考核方法的含义、特点。
2. 熟知不同的绩效考核方法的优劣势。
3. 掌握各种绩效考核方法的实施步骤。
4. 掌握选择绩效考核方法的依据和原则。
5. 了解述职报告的基本内容和撰写要点。
6. 掌握绩效申诉的处理流程和处理原则。
7. 了解数字化考核系统的开发现状、未来发展趋势和操作步骤。

技能目标

1. 能够设计并运用主观评价考核表进行绩效考核，掌握电子考核表格的设计与使用方法。
2. 能够运用客观数据对下属绩效进行量化评价。
3. 能够结合主观与客观评价法，对下属绩效进行全面、准确的评价。
4. 能够组织和实施360度考评，有效收集和处理反馈信息。
5. 能够根据组织实际情况选择合适的绩效考核方法，能够设计和实施考核前的培训。
6. 能够妥善处理绩效申诉，维护考核的公正性和员工的权益。

素养目标

1. 培养公正、客观、全面的考核态度，增强法律法规意识，提升对绩效考核重要性的认识。
2. 增强数据分析和处理能力，形成科学、严谨的考核思维方式。
3. 提高综合运用知识和方法解决问题的能力，培养大局意识。
4. 提升决策能力和资源配置能力，培养成本意识和求真务实精神。
5. 提升信息技术应用能力，培养创新思维和前瞻性思维。

任务一　主观评价

案例与任务导入

某公司为了提升员工的工作积极性和工作效率，决定采用主观评价法对员工的工作表现进行评估。公司的人力资源部门设计了一份详细的考核表，包括工作态度、团队合作能力、创新能力、问题解决能力等多个维度。考核者将根据下属在每个维度上的表现进行打分，并给予具体的评价和建议。

在考核过程中，考核者与被考核者进行面对面的沟通，详细了解被考核者的工作情况，观察其工作态度和实际表现。考核者结合被考核者的自我评价和同事评价，对被考核者的工作表现进行全面、深入的分析。最终，根据考核结果，公司给予表现优秀的员工相应的奖励和提升机会，对表现不佳的员工提供具体的改进建议和培训计划。

但是该公司欠缺一套科学合理的绩效考核体系，考核者在考核时更多的是依赖主观印象，而且不同的考核者对被考核者的评价标准也有较大的差异。举例来说，小王和小李分别是A部门和B部门的普通员工，在进行绩效考核时，由于A部门领导的要求较为严格，小王的综合打分为80分，而B部门的领导要求相对较低，小李的综合打分可能是90分，但实际上，客观来讲，可能小王的综合能力比小李要好一些。这就产生了不公平的现象，员工也私底下抱怨，也有员工反映，“会干活不如会表现”，甚至该公司形成了一股在领导面前争相表现的风气……

资料来源：http://www.chinahrd.net/blog/301/721608/300149.html.

任务：在主观评价过程中，如何确保评价的公正性和客观性？请提出你的看法和建议。

理论基础与操作技能

一、定义和特点

主观评价法

主观评价法，即行为导向型主观考核方法。所谓行为导向，指的是对被考核者的考核着眼于“干什么”“如何干”，重点考核被考核者的工作方式和工作行为，比较适合用于对人际接触和交往频繁的工作岗位员工的考核，如管理型、事务型员工。主观评价法指的是考核者依据一定的标准或事先设计好的维度对被考核者的工作行为进行主观评价的方法。这类方法采用行为性指标，考核重在工作过程而非工作结果。

主观评价法的考核标准较容易确定，优点是当组织需要区分绩效时，主观评价法就能避免过严或过宽及居中趋势，其考核结果对于员工晋升、加薪等人事决策较有参考价值。缺点是这种方法的考核维度可能无法与组织的战略目标联系在一起；其主观性导致信度和效度往往取决于考核者自身，如对同一位服务人员的态度友善程度的评价，不同考核者的感受不一样，评价就有差别；该方法由于缺乏具体事实依据，不利于开展绩效反馈，被考核者可能不接受考核结果。

二、具体方法

主观评价法主要包括：排列法、选择排列法、成对比较法、强制分布法、结构式叙述法。

（一）排列法

排列法也称排序法、直接排序法或简单排列法，是一种比较简单易行的综合比较方法。它通常是由考核者根据被考核者工作的整体表现，经过全盘考虑，以自己对被考核者工作绩效的整体印象为依据，按照优劣顺序将被考核者依次进行排列。有时为了提高考核的精度，也可将工作内容适当分解为几个考核指标，将被考核者分别按不同考核指标进行优劣排序，再求出总的次序数，作为绩效考核的最后结果。排列法示例见表 5－1 和表 5－2：

表 5－1　排列法示例（1）

姓名	工作表现
张三	1
李四	2
王五	3
赵六	4
……	……

表 5－2　排列法示例（2）

姓名	工作表现/工作内容			总次序数
	工作能力	工作态度	团队合作	
张三	1	2	1	4
李四	2	1	2	5
王五	3	3	3	9
赵六	5	4	4	13
……	……			

这种方法的优点是简单易行，设计、应用上花费时间少，成本较低，考核者在确定的范围内对被考核者进行排序，能够有效减少考核结果过宽或过严的倾向以及趋中的误差。在确定的范围内，可以将排列法的考核结果作为被考核者薪资、奖金或一般人事变动的依据。但是，由于排序法是在被考核者之间进行主观比较，而不是用被考核者的工

作表现、结果与客观考核标准相比较，具有一定的局限性，也很难使被考核者信服，进而难以对被考核者进行明确的工作引导，也不能用于跨部门比较，当被考核者绩效相近时也难以排序。

（二）选择排列法

选择排列法也称交替排列法，是对排列法的改进。具体做法是：首先将所有被考核者的名单列出来，根据事先设计好的考核指标进行考核，考核指标可以是被考核者的整体工作绩效，也可以是某项特定的工作或绩效的某个方面。其次从全部被考核者中挑出最优秀的放在第一，最差的放在最后，接着在剩下的被考核者中再选择出最好的和最差的，分别将其排列在第二和倒数第二，依次类推。最终将所有被考核者按照优劣的先后顺序全部排列完毕。

本法不仅可以用于上级考核，还可应用于自我考核、同级考核和下级考核等。其优缺点与排序法相似。选择排列法示例见表 5 - 3：

表 5 - 3　选择排列法示例

排序		姓名
1		员工 1
2		员工 2
3		……
4		
5		
6		
7		
8		……
9		员工 9
10		员工 10

（三）成对比较法

成对比较法也称配对比较法、两两比较法，是将组织内被考核者之间的绩效直接进行两两比较的方法。其实施步骤包括：

（1）确定考核内容。如工作效率、工作质量、团队合作等。

（2）收集绩效数据。收集被考核者相关工作的具体数据或事实，如工作完成进度和质量、客户满意度等。

（3）制定比较标准。根据收集的数据制定比较标准，该标准可以是量化的数值，也可以是等级，例如优、良、中、差等。

（4）编制比较表格。创建表格列出每个被考核者和其他被考核者之间的比较关系，方便考核者直观地进行比较评估。

（5）进行成对比较。根据比较标准，对他们的相对表现进行评价。

（6）计算相对得分。为每个被考核者计算一个相对得分，这些得分可以表示为数值或排名。

（7）分析结果。根据所得分数，分析每个被考核者的相对绩效表现，识别哪些被考核者在特定工作中表现出色，哪些工作需要改进。

成对比较法的优点在于可以提供比较准确的绩效反馈，促进被考核者之间的竞争意识，更有利于被考核者自我提高。但是该法的执行需要较多的时间和精力，不适合规模较大的组织。成对比较法示例见表5-4：

表5-4 成对比较法示例

	考核指标：工作效率							
	员工A	员工B	员工C	员工D	员工E	员工F	合计	排序
员工A	—	1	1	1	1	1	5	1
员工B	0	—	1	1	0	1	3	3
员工C	0	0	—	0	0	1	1	5
员工D	0	0	1	—	0	1	2	4
员工E	0	1	1	1	—	1	4	2
员工F	0	0	0	0	0	—	0	6

注：示例中表纵列员工与横列员工对比，以横列员工工作效率为对比基础，较好的员工记“1”，相对较差的员工记“0”，逐一比较后，将每位员工的得分相加，总分越高，绩效考核成绩越好。示例采用的是“两点计分法”，还可以采用“三点计分法”或“五点计分法”，可以根据组织绩效管理的目的和实际需要选择。

（四）强制分布法

强制分布法也称强迫分配法、硬性分布法，是假设被考核者的工作行为和工作绩效整体呈正态分布，在考核过程中设定一定的分布比例，强制将被考核者的绩效结果分配到不同的等级或类别中。

具体做法：首先管理者确定绩效结果的分布比例（见表5-5）。然后，根据被考核者的实际绩效表现，管理者将他们的绩效结果强制归入不同等级或类别中。

表5-5 强制分布法分布比例示例

绩效卓越	绩效优秀	绩效良好	绩效较差	绩效很差
绩效非常突出，表现非常优秀	绩效明显超过职责要求，工作质量比较好	工作符合绩效标准，达到称职的要求	工作存在需要改进的地方	工作让人难以接受，不符合岗位要求
10%	20%	40%	20%	10%

优点：一是提高了考核的公正性和客观性，确保了每个等级或类别中都有一定数量的被考核者，避免主观性偏差；二是可以更好地识别出表现优秀的和需要改进的被考核者，为组织制订有针对性的培训和开发计划提供依据。

缺点：一是可能过于机械和刚性，无法充分反映被考核者的个体差异和实际情况；二是如果设定的分布比例不合理或与组织的实际情况脱节，可能会导致考核结果失真或不公平；三是可能会引起组织成员之间的不良竞争，影响团队凝聚力。

因此，在应用强制分布法时，管理者需要谨慎考虑并合理设定分布比例，同时结合其他考核方法和实际情况进行综合评价。比如要将部门（团队）绩效和岗位（个人）绩效结合起来综合考虑，对部门绩效优异的权重分配和部门绩效较差的权重分配应该有所区别，部门绩效优异的应该提高高等级员工比例，降低低等级员工比例，反之亦然。此外，还需要与被考核者进行充分沟通，确保他们理解并接受这种考核方法，以提高其接受度和参与度。

（五）结构式叙述法

该方法通过使用具体的行为描述来评估被考核者在工作中的表现。它关注被考核者在特定工作中的关键行为和技能，以及这些行为与组织目标之间的关系。操作步骤包括：（1）确定考核维度。（2）编写行为描述。（3）制定考核标准。（4）进行考核。

优点：它提供了具体、客观和可操作的考核标准，有助于减少主观性和模糊性。通过明确的行为描述和考核标准，考核者可以更好地了解被考核者的工作表现，并为其提供有针对性的反馈和发展建议。它还可以促进被考核者对考核结果的认可和接受，提高他们的工作满意度和动力。

缺点：首先，编写具体的行为描述和制定考核标准需要花费较多的时间和精力；其次，考核过程中需要考核者具备相应的观察和评估能力，以确保考核结果的准确性和公正性；最后，如果行为描述和考核标准不够清晰或与实际工作情况不符，可能会导致考核结果失真或缺乏可信度。

因此，在使用结构式叙述法时，组织需要确保行为描述和考核标准的清晰度和可操作性，同时加强考核者培训和能力提升。此外，还需要定期对行为描述和考核标准进行审查和更新，以适应组织发展和工作需求的变化。绩效考核表示例见表 5－6：

表 5－6　××公司绩效考核表

被考核者		岗位名称		岗位编码	
举例说明下属的有效行为					
举例说明下属的无效行为					
为改善下属的无效行为，管理者采取了哪些措施？					
岗位说明书是否需要修改？请说明原因					

续表

直线经理评语： 签字：　　　　年　月　日
被考核者自述（提出申诉或者对异议作出解释） 签字：　　　　年　月　日
绩效面谈纪要（对双方共识与分歧作出说明） 考核者签字：　　　　年　月　日 被考核者签字：　　　　年　月　日

直通职场

长安汽车集团为了评估供应商的绩效，采用了主观评价法。评价团队由来自采购、质量、技术等部门的多名评委组成，他们根据预先设定的评价标准，对供应商的交货期、产品质量、服务态度等方面进行了全面的评估。

评价过程中，评委们首先进行独立的评估，然后召开会议讨论并达成共识。在会议中，各位评委充分发表自己的意见，并参考其他评委的看法，最终形成一个综合的评价结果。这个过程不仅依赖于评委们的专业知识和经验，还注重团队之间的沟通和协作。

通过这种方法，长安汽车集团能够更全面地了解供应商的实际表现，从而为后续的采购决策提供有力支持。同时，这种考核方法也有助于供应商了解自己的不足，进而改进和提升服务质量。

以上案例展示了主观评价法在企业实际应用中的一个场景，体现了其灵活性和适应性。但我们在使用主观评价法时需要注意其局限性，并采取相应的措施来提高评价的准确性和公正性。

任务分析

在主观评价过程中，为确保考核的公正性和客观性，可采取以下措施：

1. 制定明确的考核标准：这些标准应该是可量化且具体的，以便考核者能够准确地根据标准进行评价。

2. 多元化考核团队：考核团队应该包括不同背景、经验和观点的成员，这样才能够提供更全面的视角，减少个人偏见的影响。

3. 培训考核者：培训时要确保他们正确理解评价标准，知道如何客观、公正地应用这些标准，还要指导他们识别并控制自身偏见。

4. 使用标准化的考核工具：开发和使用标准化的评价工具，如评分表、量表或调查问卷。这些工具可以帮助考核者进行系统评价，减少主观性。

5. 记录和审查考核过程：完整记录考核过程和结果，以便后续审查和回溯。定期对考核结果进行统计分析和审核，确保考核客观一致。

6. 建立申诉机制：允许被考核者对考核结果提出异议或申诉，并认真审查，必要时调整考核结果。

7. 监督与审核：设立独立的监督机构或人员，定期对考核者的评价进行抽查和比对，确保评价客观公正。

8. 公开透明：包括考核过程和考核结果公开透明。

9. 持续改进：定期回顾和反思考核过程，识别存在的问题并进行改进，特别是不断完善评价标准和考核工具。

学以致用

组织采用主观评价法作为绩效考核方法时，往往注重被考核者的价值观、团队协作能力、创新能力等难以客观量化的方面，即被考核者的价值观和软技能。因此，学生在学习过程中也要注重培养软技能，注重学习过程、思维方式和解决问题的能力。教师在教学过程中也应该采用多元化的评价标准，鼓励学生发挥各自的优势和特长，避免“一刀切”的评价方式，增强学生自我评价和自我反思能力以及建立有效的沟通与反馈机制等。这样更有助于提升学生的学习质量和效果，培养出更多具备创新思维和创业能力的优秀人才。

在线练习

任务二　客观评价

案例与任务导入

××公司考核生产线工人的客观评价法

1. 评价对象

生产线工人，他们负责组装和测试产品。

2. 评价目的

企业希望通过客观、可量化的绩效考评，准确评估生产线工人的工作效率和质量，以便调整工作流程，提高生产效率，同时为员工提供公平的激励机制。

3. 考核指标

（1）生产效率考核：记录每位工人在单位时间内完成的产品数量，并与标准生产效率进行比较。

（2）产品质量考核：通过质检环节统计每位工人组装产品的合格率，即无瑕疵产品所占的比例。

（3）工作纪律考核：通过电子监控和工作日志记录工人的迟到、早退、缺勤等情况。

（4）安全操作考核：监控工人是否遵守安全操作规程，如佩戴防护用具、正确使用工具等。

企业根据以上四个方面的数据，为每个考核指标设定了具体的量化标准和权重，构建了一个全面的生产线工人绩效考核体系。

4. 考核结果

经过一个月的考评，生产线工人的绩效数据被客观地展现出来。例如，工人A在生产效率上超出了标准，但产品质量合格率略低；工人B在产品质量合格率上表现优异，但生产效率有待提高。企业根据这些数据为每位工人提供了个性化的反馈和培训计划。

5. 考核反思

（1）优点：客观评价法通过具体、可量化的指标，消除了主观偏见，使得评价更加公正。同时，这种方法能够帮助企业和员工清晰地识别出工作中的强项和弱项。

（2）局限性：客观评价法可能过于关注量化指标，而忽视了工人的工作态度、创新能力等难以量化的方面。此外，对于某些特殊情况（如机器故障、原材料问题等），该方法可能不够灵活。

（3）改进方向：在未来的绩效考核中，可以考虑引入一些主观评价指标，如团队合作精神、解决问题的能力等，以更全面地评价工人。同时，对于特殊情况，可以设立相应的调整机制，以确保评价的公正性。

任务： 分析在实施客观绩效评价过程中可能遇到的挑战，并提出相应的解决策略。

理论基础与操作技能

客观评价法可分为行为导向型客观考核方法和结果导向型客观考核方法。

行为导向型客观考核方法

一、行为导向型客观考核方法

行为导向型客观考核方法是根据一定的客观评价标准对被考核者的工作行为进行评价的方法。其特点是以被考核者的行为作为评价的依据，注重工作过程中的行为表现，而不仅仅关注工作结果或产出；它需要明确、可衡量的考核标准来确保评价的公正性和客观性，因此要求考核者在观察和记录被考核者的工作行为时，以事先制定的评价标准为依据，保持客观公正。该类方法包括加权选择量表法、关键事件法、行为锚定等级评价法、行为观察法、强迫选择法。

（一）加权选择量表法

加权选择量表法又称加权总计评分量表法，是通过给每个考核指标赋予一定的权重，根据被考核者表现对每个指标进行打分，最后将所有指标得分加权求和得出被考核者总分的一种考核方法。具体形式是用一系列的形容性或描述性的语句，说明被考核者各种具体的工作行为和表现，并将这些语句分别列入量表中，作为考核者的考核依据。对每一指标要进行多等级的评定赋值，行为表现越好，等级分值越高。在打分时，如果考核者认为被考核者的行为表现符合量表中所列出的项目，就做上记号，如打“√”。这种方法能够全面、客观地评估员工的工作表现。

1. 实施步骤

（1）确定考核项目：根据组织目标和部门需求，确定被考核者的考核指标，例如销售完成率、客户满意度、回款额等。

（2）赋予权重：为每个考核指标赋予一定的权重，权重的大小根据指标的重要程度或指标对组织目标实现的价值确定。

（3）设计量表：对每个考核指标设计一个量表，量表中的每个选项对应不同分数。

（4）考核打分：根据被考核者表现对每个指标打分，打分范围根据量表设计来确定。

（5）加权求和：将所有指标得分乘以对应权重，然后加权求和，得出总分。

加权选择量表法示例见表 5－7：

表 5－7　加权选择量表法示例

考核指标	权重	等级	描述	量表选项	考核得分	加权得分
工作质量	0.3	1	工作成果错误很多，无法满足基本要求			
		2	工作成果有部分错误，但基本满足要求			
		3	工作成果准确无误，完全符合要求			
		4	工作成果准确且超出预期，有额外贡献	√	4	1.2
		5	工作成果卓越，为公司带来显著价值			
工作效率	0.25	1	进度缓慢，经常无法按时完成任务			
		2	进度基本符合要求，偶尔会有延迟			
		3	进度稳定，总是按时完成任务	√	3	0.75
		4	效率高，经常提前完成任务，质量有保障			
		5	效率卓越，能高效处理多任务，显著提升整体工作进度			

续表

考核指标	权重	等级	描述	量表选项	考核得分	加权得分
团队合作	0.2	1	很少参与团队合作，缺乏沟通协作精神			
		2	团队合作表现一般，需要更多指导监督	√	2	0.4
		3	积极参与团队合作，能与团队成员有效沟通，完成任务			
		4	团队合作表现突出，经常提供有价值的建议和支持			
		5	卓越的团队合作者，领导并激励团队成员，显著提升团队效能			
创新能力	0.25	1	缺乏创新思维，难以应对变化和挑战			
		2	偶尔表现出创新思维，但需要更多鼓励和引导			
		3	具备一定的创新能力，能够提出并实施新的想法和解决方案			
		4	创新能力强，经常提出突破性的想法，为组织带来新的机会			
		5	卓越的创新能力，是组织创新的核心人物，推动组织持续发展	√	5	1.25
总分						3.6

根据绩效总分，可以对被考核者进行绩效总评。示例中，假设总分越高表示绩效越好，可以设定不同得分范围对应不同绩效等级，如表 5-8 所示：

表 5-8 ××公司绩效得分等级对应表

优秀	良好	一般	较差	极差
4.0～5.0	3.0～4.0（含）	2.0～3.0（含）	1.0～2.0（含）	0～1.0（含）

根据上述得分和评价标准，该被考核者的绩效评价为“良好”。

2. 优点

（1）考核聚焦关键行为。选取岗位核心行为指标并赋予权重，避免评估过于琐碎，提升针对性。

（2）易于打分和统计。工作行为与分值直接对应，打分容易，结果也容易比较和统计分析。

（3）减少主观偏差。有明确的行为标准，可以降低考核者的个人偏好影响，减少主观偏差，并且权重分配能够增强评价客观性。

（4）可灵活适应岗位。可以根据不同岗位特性调整指标和权重，精准地反映岗位的核心职责。

（5）便于向员工反馈。分级行为描述便于清晰地向员工反馈，为员工提供明确的改进方向。

3. 缺点

（1）开发成本高。需要针对具体岗位的工作内容单独设计指标和权重，前期投入大。

（2）指标和权重设计复杂。科学设计指标和权重需要进行大量的岗位分析，指标或权重不当容易导致结果失真。

（3）行为描述容易滞后。当岗位职责或战略发生变化时，量表可能无法及时更新。

（4）考核者负担重。指标过多会增加考核者的认知负荷，影响评价效率。

（二）关键事件法

关键事件是指对被考核者工作绩效产生显著影响的重要事件，包括有效的和无效的行为，如工作中的突出表现、重大失误、创新行为、重要成就等。关键事件法是通过记录被考核者在工作中发生的关键事件，并根据这些事件来考核绩效的一种方法。

1. 实施步骤

（1）记录关键事件。根据组织目标，管理者观察和记录下属在工作中的表现，找出对绩效有显著影响的关键事件，如重大项目成功、创新解决方案、客户满意度提高等，具体记录信息包括事件发生的时间、地点、涉及人员、经过和结果等。

（2）分析关键事件。对关键事件进行深入分析，明确其发生背景、原因以及下属具体行为表现。

（3）评价关键事件。对记录的关键事件进行评价，评价标准可以包括事件的难度、重要性、创新性、影响范围等。

（4）汇总考核结果。将每个下属的评价结果进行汇总，总结出其优点、不足以及需要改进的地方，形成绩效考核结果。

（5）制定管理策略和方案。根据最终的考核结果，制定出更加科学合理的人力资源管理策略和方案，以指导下属未来的工作和发展。

2. 优点

（1）它关注下属的重大工作成果和取得的突破，能够充分展示被考核者的潜力和能力，能够激励员工追求卓越，提高工作质量和效率。

（2）针对性较强，它针对下属的具体行为进行评价，更加客观和准确。

（3）具有反馈性，通过对关键事件的分析和总结，能够及时发现下属工作中存在的问题和不足，为改进工作提供有力支持。

（4）灵活性高，它适用于不同类型的工作岗位。

3. 缺点

关键事件法需要对下属的工作表现进行持续的观察和记录，工作量大，考核者的工作负担较重。

关键事件记录参见表 5-9：

表 5-9 某公司关键事件描述记录单

行为者	地点	时间	观察者	关键事件	事件描述	行为类型	评价结果
张强	会议室	2025/5/10 9:30	部门经理	项目汇报	准确、流畅地介绍了项目进展和成果，对答如流，赢得了在场领导和同事的认可	有效行为	优秀
王建国	会议室	2025/5/11 9:30	部门经理	提出创新建议	提出了一项创新性的建议，被采纳并实施后，大大提高了团队的工作效率和质量	有效行为	优秀
李茉莉	客户服务区	2025/5/12 10:30	部门经理	客户投诉处理	面对客户的激烈投诉，保持冷静，认真倾听客户需求，迅速提出解决方案，成功平息了客户的情绪	有效行为	优秀
赵明	仓库	2025/5/13 11:00	部门经理	安全操作	搬运物料时，严格遵守安全操作规程，确保了个人和同事的安全	有效行为	良好
刘丽丽	办公室	2025/5/13 15:00	部门经理	消极怠工	存在消极怠工的行为，故意拖延任务进度，影响团队整体效率	无效行为	一般
徐小溪	办公室	2025/5/14 10:00	部门经理	缺乏团队合作精神	不愿意与他人合作，导致项目进展受阻	无效行为	一般

（三）行为锚定等级评价法

行为锚定等级评价法，也称行为定位法、行为决定性等级量表法、行为定位等级法，是一种将同一职务工作可能发生的各种典型行为进行评分度量，通过将被考核者的具体行为与一系列等级描述相对应，建立一个锚定评分表，以此为依据对被考核者的实际工作行为进行测评记分的考评办法。行为锚定等级评价法是关键事件法的进一步拓展和应用，它将关键事件和等级评价有效地结合在一起，通过一张行为等级评价表，将特别优良或特别低劣的绩效叙述加以等级量化，从而将描述性的关键事件法和量化等级评价法的优点结合起来。

1. 实施步骤

（1）确定关键事件。根据组织目标和部门需求，进行岗位分析，确定被考核者在工作中需要关注和评价的关键行为。这些事件可以是客户接待、团队沟通、突发事件处理等。

（2）编写行为描述。编写具体的关键行为描述，以明确界定被考核者在该行为上的表现水平。描述应该具有可观察、可衡量和可比较的特点。

（3）制定考核标准。为每个行为描述制定考核标准，分为不同等级，例如优、良、中和差等不同等级，这些标准应该符合组织目标和价值观。

（4）进行行为观察。观察和记录自己或他人在目标行为上的表现。可以使用日记、记录表或其他工具来记录观察到的行为。

（5）分析和评估。根据等级标准对观察到的行为进行分析和评价，即将观察到的行为与等级标准进行比较，确定它们的对应关系，进而确定被考核者在该考核指标上的得分或者等级。

（6）提供反馈。将考核结果及时反馈给被考核者，帮助他们了解自己的工作表现以及需要改进的地方，根据考核结果还可以制订个人发展计划和组织改进措施。

2. 优点

（1）因为设置了具体的行为标准，对被考核者绩效的考核更加准确。

（2）绩效考核标准更加明确，可以减少考核者的主观偏见。

（3）具有良好的反馈功能，有利于被考核者了解自己的工作表现以及改进方向。

（4）考核维度清晰，各要素的独立性强，有利于综合客观地评判被考核者的实际工作。

（5）具有良好的连贯性，可以持续跟踪被考核者的表现，为其职业发展提供支持。

3. 缺点

（1）设计和实施费时费力，成本费用高。

（2）考核者有时很难把所观察到的被考核者的工作行为与量表上的标准行为进行一一对应。

（3）有时会误导被考核者，使其把工作重点放在可以让考核者看得到的具体工作行为上，从而忽略工作的内涵和本质。

（4）评估使用的行为描述是定位于过程而不是定位于结果，可能过于关注过程而忽视结果。

示例1：假设管理者要考核下属的沟通能力，可以使用行为锚定等级评价法来制定一个考核表（见表5-10）。

表5-10　行为锚定等级评价法示例1

沟通等级	描述	评分
1级	无法清晰表达自己的观点，经常引起误解	1分
2级	能够表达自己的观点，但有时需要额外解释	2分
3级	能够清晰准确地表达自己观点，无须额外解释	3分
4级	能够清晰准确地表达自己观点，并善于倾听他人意见	4分
5级	能够清晰准确地表达自己观点，善于倾听并回应他人提出的意见，能够处理复杂的沟通情况	5分

在这个示例中，我们将沟通能力分为五个等级，并为每个等级提供了明确的描述和评分。考核者可以根据被考核者在沟通方面的表现，选择相应的等级进行评分。

示例2：假设管理者要考核下属的工作态度，可以使用行为锚定等级评价法来制定一个考核表（见表 5 - 11）。

表 5 - 11 行为锚定等级评价法示例 2

等级	等级描述	评分
1 级	员工有意地放慢工作，或者消极怠工	1 分
2 级	员工对组织利益漠不关心，当工作中出现问题时，不会向上级汇报	2 分
3 级	当工作负担过重时，员工就会借口生病而缺勤	3 分
4 级	在日常工作中，员工能达到工作的基本标准和要求	4 分
5 级	员工在领导不在的情况下，可以自觉地完成本职工作和额外的工作任务	5 分
6 级	当组织发生危机时，可以依靠该员工	6 分
7 级	该员工以极高的热情对待组织的工作，自觉地投入组织中的各项活动	7 分

在这个示例中，我们将员工的工作态度分为七个等级，并为每个等级提供了明确的描述和评分。考核者可以根据被考核者在工作态度方面的表现，选择相应的等级进行评分。

（四）行为观察法

行为观察法也称为行为观察评价法、行为观察量表法、行为观察量表评价法，它通过直接观察和记录被考核者的行为来进行分析和评价。这种方法注重员工的具体行为，能够提供客观、准确的考核依据。行为观察法是在关键事件法的基础上发展起来的，与行为锚定等级评价法也较接近，可以为行为锚定等级评价法提供实际的行为数据，作为评价的基础。

1. 实施步骤

（1）确定观察目标：明确需要观察的行为和情境，例如服务态度、工作效率、工作能力等。

（2）选择观察方法：确定是直接观察还是间接观察，以及使用何种记录工具。

（3）制订观察计划：确定观察的时间、地点和方式，确保能够全面、客观地观察到被考核者的行为。

（4）培训观察者：确保观察者了解观察目的、方法和记录要求。

（5）进行记录：实施观察，记录被考核者的具体行为，包括行为的类型、频率等。

（6）分析观察结果：对记录的信息进行整理、分类和统计分析，分析被考核者的行为特点，评估其工作表现。

（7）反馈和应用：将考核结果反馈给被考核者，并提供具体改进建议。

2. 优点

（1）可以提供直接、客观的行为数据。

（2）能够捕捉到自然状态下的真实行为。

（3）有助于识别和纠正不良行为。

3. 缺点

（1）观察者可能存在主观偏见。

（2）观察结果可能受到环境和其他因素的影响。

（3）需要大量的时间和资源来实施。

行为观察法示例见表 5－12 和表 5－13：

表 5－12　某公司行为观察记录表

员工	观察目标	观察时间	观察地点	行为类型	行为频率	行为持续时间	评估结果
张强	工作效率	2025/5/10 9:30	办公室	完成任务	高	4 小时	优秀
王建国	团队合作	2025/5/11 9:30	会议室	主动参与讨论、分享信息	中	2 小时	良好
陈明	问题解决能力	2025/5/12 10:30	项目现场	快速响应、提出解决方案	高	3 小时	优秀

表 5－13　某公司行为观察检查表

序号	观察项目	描述	观察结果
1	问候客户	销售人员是否主动热情地与客户打招呼	
2	倾听能力	销售人员是否能耐心倾听客户的需求和反馈	
3	回应问题	销售人员是否能准确及时地回答客户的问题	
4	产品介绍	销售人员是否能清晰全面地介绍产品特点和优势	
5	结束交流	销售人员是否能礼貌地结束交流，并表达感谢	

在表 5－12 中，列出了被考核者的姓名、观察目标、观察时间、观察地点以及行为类型等。行为类型描述了被考核者展现出的具体行为，如完成任务、主动参与讨论等。行为频率和行为持续时间用于量化被考核者的行为表现。最后，根据观察结果和分析，给出评估结果。

行为观察法涉及对个体或群体在特定环境或情境下的行为进行细致、系统的观察。观察者使用标准化的工具或检查表来记录行为发生的频率、类型、持续时间等，从而收集客观数据用于后续的分析和评价。

（五）强迫选择法

强迫选择法要求考核者从多个描述中找出与被考核者行为最接近的描述。通常这些陈述要么都是积极肯定的，要么都是消极否定的。制定表格时，人力资源部经常把表格上的项目进行分类，要求考核者在多个考核指标或标准中进行选择，每个指标或标准都有不同的权重。然后汇总考核者做出的选择得出每一类的结果，了解被考核者哪些方面做得好，哪些方面有待改进。这种方法可以确保考核者在考核过程中对每个指标都有明确的关注，并且可以避免主观差异。

1. 实施步骤

（1）确定考核指标和权重，根据组织目标和部门需求，确定考核指标，并为每个指标赋予一定的权重。

（2）设计考核表格，表格包含考核项目和权重，每个项目都有多个选项，每个选项对应不同的分数。

（3）考核者从 3～4 个描述被考核者某一方面行为表现的项目中选择一项（有时选两项）内容作为单项考核结果。

（4）考核者根据被考核者的实际表现，对照每个考核指标的描述，选择最符合被考核者行为表现的项目。

（5）考核者完成所有项目的选择后，将考核结果汇总，得出被考核者的总体绩效考评结果。

2. 优点

（1）可以避免考核者主观偏误。

（2）既可以考核特殊工作行为表现，也适用于组织不同类别员工的绩效描述与考核。

（3）该方法是定量化考评方法，最终考核分是数字，方便使用。

3. 缺点

（1）考核者填写考核表格完成考评工作后，将其交给人力资源管理部门或直接上级，最终考核结果不会反馈给员工个人，本方法难以在人力资源开发方面发挥作用。

（2）强迫考核者从有限的选择中做出决定，可能无法完全涵盖被考核者的行为表现。

（3）考核结果可能受到考核者主观判断的影响，导致考核结果不公正或产生偏差。

强迫选择法示例见表 5－14 和表 5－15：

表 5－14　强迫选择法示例 1

员工姓名：张三

职位：销售代表

考评周期：2025 年第一季度

考核者：李四（销售经理）

考评问题	请从以下选项中选择最能反映和最不能反映张三在 2025 年第一季度销售绩效的选项	考评者选择
1	张三总是能够按时完成销售任务	
2	张三在与客户沟通时表现出色，能够迅速建立信任关系	√
3	张三经常需要同事的协助才能完成销售任务	
4	张三对销售产品的了解不够深入，需要经常向同事请教	√
5	张三在销售过程中能够灵活应对各种挑战，成功达成交易	

示例中，考核者李四需要从 5 个选项中选择一个最能反映张三销售绩效的选项和一个最不能反映的选项。李四选择了选项 2 作为最能反映张三销售绩效的选项，这表明他

认为张三在与客户沟通方面做得很好，这对销售工作至关重要。同时，李四选择了选项4作为最不能反映张三销售绩效的选项，这表明他认为张三存在对产品了解不深入的问题，但这并不影响他的销售绩效。

表5-15　强迫选择法示例2

	A	B	C	D	汇总
1.1	a. 及时回复客户的呼叫	b. 在工作时间学习新产品	c. 不容易发怒，情绪平和	d. 讨厌循规蹈矩	
1.2	a. 精确地运用数字	b. 与管理者合作	c. 不在打电话上浪费时间	d. 保障汽车干净	
1.3	a. 喜欢按自己的路线走	b. 友好地对待地方官员	c. 经常超过销售目标	d. 不抱怨，不发牢骚	
1.4	a. 无争辩地遵守上级指令	b. 忠于公司	c. 聪明伶俐	d. 需要最低限度的监督	
1.5	a. 很少批评公司制度	b. 不超出规定花销	c. 与别的员工关系好	d. 保持良好的仪表	
1.6	a. 及时汇报	b. 遵守交通法规	c. 不需要激励	d. 得到顾客的好评	

资料来源：中国就业培训技术指导中心. 企业人力资源管理师（三级）. 北京：中国劳动社会保障出版社，2020：314.

示例中展示的是强迫选择法在绩效考核中的具体应用，采用该方法时要求考核者从每组描述中选出最符合和最不符合被考核者实际表现的选项，以减少考核者的主观偏见，确保评价的客观性。表格分为四组（A、B、C、D），每组包含四个描述性语句（a、b、c、d），考核者需根据被考核者的实际行为进行选择。

它的设计原理是：（1）采用强迫选择机制，每组选项中的描述均为中性或混合性质（既有积极行为，也有消极行为），考核者无法通过偏好性选择偏向某一结果，必须根据实际表现做出判断。（2）分配并隐藏权重，每个选项对应不同的权重或分值，但考核者不知具体数值，防止“分数导向”偏差。（3）行为导向，选项聚焦于具体工作行为（如沟通、协作、效率等），而非抽象评价，便于考核者基于事实判断。

以第一组（1.1）为例：

选项a：“及时回复客户的呼叫”——体现服务响应效率。

选项b：“在工作时间学习新产品”——体现自我提升意识。

选项c：“不容易发怒，情绪平和”——体现情绪管理能力。

选项d：“讨厌循规蹈矩”——可能暗示创新性或纪律性不足。

考核操作：考核者需从中选出“一项最符合”和“一项最不符合”被考核者的行为。例如：若某员工客户服务表现优异但缺乏创新，可能选择a（最符合）和d（最不符合）。

二、结果导向型客观考核方法

结果导向型客观考核方法是以实际产出为基础进行绩效考核的方法。它设定明确的工作标准，然后将被考核者的工作结果与标准比较，得出绩效考核结果，适用于工作结果易于表现为客观、具体、可量化的岗位，如一线操作工、销售等。常见的有目标管理法、绩效标准法、成绩记录法、短文法和劳动定额法。

（一）目标管理法

这种方法注重目标设定、实施、评估和反馈的整个过程，而非仅仅关注结果。它强调将组织目标与个人目标相结合，通过制定明确、可衡量的目标来激励员工，提高工作效率和绩效。

1. 实施步骤

（1）设定目标：基于组织总体目标，考核者与被考核者共同协商设定明确、可衡量、可达成和具有挑战性的目标。

（2）制订计划：被考核者制订实现目标的详细计划，包括时间表、具体措施和资源需求等。

（3）实施目标：被考核者实施计划，定期向上级汇报进度和成果，其间需要持续进行自我监督、调整和改进，确保目标顺利实现。同时，上级或同事也可提供必要的支持和帮助。

（4）绩效考核：绩效管理期满时，对被考核者的目标完成情况进行评估。评估标准主要是其实施过程中的表现以及目标达成情况。

（5）反馈与改进：将考核结果反馈给被考核者，肯定成绩，指出不足，并提出改进建议。被考核者根据反馈进行反思和学习，为下一个考核周期做好准备。

2. 优点

（1）目标明确：通过明确目标，使被考核者清楚工作的方向和重点，提高工作效率。

（2）激励作用：被考核者参与目标制定，且要求目标具有挑战性，能够激发员工的积极性和创造力。

（3）自我管理：相信被考核者在实施过程中能进行自我控制，也能培养员工的自我管理能力。

3. 缺点

（1）目标制定困难：有时难以制定明确、可衡量的目标，特别是对于一些复杂或创新性的工作。

（2）忽视过程：过于关注目标的达成情况，可能忽视被考核者在目标实施过程中的努力和付出。

（3）难以横向比较：采用目标管理法，没有在不同部门、不同岗位或个人之间设立统一目标，难以在不同部门、岗位或员工个人之间进行横向比较，因此不能为以后晋升决策提供依据。

示例：假设某公司销售团队的目标是在一个季度内完成 100 万元的销售额。以下是该团队的目标管理考核表，见表 5 - 16。

表 5 - 16　某公司销售团队的目标管理考评表

员工姓名	个人销售目标（万元）	实际完成销售额（万元）	目标完成率	绩效评估
张三	25	28	112%	优秀
李四	20	18	90%	良好
王五	15	13	87%	良好
……	…		…	……
团队合计	100	102	102%	优秀

在表 5 - 16 中，列出了每个员工的姓名、设定的销售目标、实际完成销售额以及评估结果等。通过定期考核员工的目标完成情况，可以了解员工的工作表现，并为其提供有针对性的反馈和建议。

（二）绩效标准法

绩效标准法，是通过制定明确的绩效标准来评估被考核者工作表现的绩效考评方法。它同样强调目标管理和成果导向，主要关注被考核者应达到的工作标准和要求，强调客观评价。

1. 实施步骤

（1）确定被考核者的工作岗位和职责，如招聘、销售、生产、客服等。

（2）根据组织目标和工作特点制定绩效考核标准，如工作质量、效益、沟通协调、技术改进等。

（3）与被考核者沟通考核标准，确保他们理解并认同。

（4）确定考核的流程和时间表，包括考核起止时间、考核者、考核方式、考核流程等。

（5）根据被考核者的实际表现进行考核。

（6）上级将考核结果及时反馈给被考核者，上下级一起讨论研究，指出优点和不足，并提供具体的改进建议，制订改进计划。

2. 优点

（1）被考核者清楚了解自己的工作目标和期望成果，有助于提高工作积极性和效率。

（2）通过明确的绩效标准进行考核，可以减少主观偏见和考核误差，提高考核的客观性。

（3）鼓励被考核者与考核者进行沟通反馈，有助于建立良好的工作关系和团队合作。

3. 缺点

（1）占用较多的人力、物力和财力，成本较高。

（2）对复杂或创新性工作，制定明确、可衡量的绩效标准可能具有挑战性。

（3）过于关注结果可能导致忽略被考核者的努力和付出，以及工作环境等外部因素的影响。

（4）如果绩效标准设置不合理或奖励措施不到位，可能无法有效激励员工。

绩效标准法示例见表 5－17：

表 5－17 绩效标准法示例

员工姓名	工作岗位	考核指标及标准	评估周期	评估结果	备注
张三	销售	销售额、客户满意度等（略）	月度	销售额达到目标，客户满意度较高	继续保持
李四	生产	生产效率、质量合格率等（略）	季度	生产效率提高，质量合格率达到标准	维持现状，加强质量管控
王五	客户服务	服务质量、客户投诉率等（略）	半年度	服务质量良好，客户投诉率较低	继续提升服务质量

在表 5－17 中，列出了每个员工的姓名、工作岗位、考核指标及标准、评估周期以及评估结果等。通过定期考核，可以及时了解员工在工作中的表现情况，并为其提供有针对性的反馈和改进建议。

（三）成绩记录法

成绩记录法是通过记录被考核者取得的具体工作成绩来考核其绩效的方法。该方法强调对被考核者实际成绩的记录和展示，以客观的数据和事实为依据，比较适合于从事教学、科研工作的教师、专家采用，因为这类人员的工作内容无法用完全固化的指标进行衡量。

1. 实施步骤

（1）设定考核指标：根据岗位要求和组织目标，先由被考核者把与自己工作职责有关的指标列出，再由直接上级确定，例如完成任务的数量、质量、时限等。

（2）设计记录表格：设计用于记录成绩的表格，包括员工姓名、任务描述、完成时间、完成质量等字段。

（3）成绩记录：定期由被考核者填写成绩记录表，再由其上级验证真实性和准确性。

（4）评估与反馈：根据记录的成绩和表现，由专家就相关材料进行分析，从而对被考核者的工作绩效进行考核，并及时反馈考核结果。

2. 优点

（1）以实际成绩为依据，减少主观臆断和偏见。

（2）明确的绩效指标和及时的反馈能够激励员工努力工作。

（3）通过定期考核和反馈，被考核者可以了解自己的不足并加以改进。

3. 缺点

（1）因需要聘请专家参与评估，时间、人力等成本较高。

（2）需要花费大量时间和精力来记录和整理被考核者的成绩数据。

（3）过于关注结果可能导致忽视被考核者工作过程中的努力和行为。

示例：

某互联网公司软件开发部门决定采用成绩记录法对员工进行季度绩效考评。

一、设定绩效指标

软件开发部门根据项目的复杂性和紧急性，设定了以下绩效指标：

1. 任务完成率：衡量员工在规定时间内完成任务的比例。

2. 代码质量：评估员工编写的代码的规范性、可读性和可维护性。

3. 创新能力：鼓励员工提出新的想法和解决方案，以优化产品功能和用户体验。

4. 团队协作：评价员工在团队中的沟通、协作和支持能力。

二、记录员工成绩

部门领导或项目经理在日常工作中实时记录员工的成绩和表现，包括：

1. 任务完成情况：记录员工每个任务的开始时间、结束时间、完成进度和质量。

2. 代码审查结果：定期对员工编写的代码进行审查，记录审查结果和改进建议。

3. 创新点子：记录员工提出的创新想法和实施方案，以及实施后的效果。

4. 团队协作表现：观察员工在团队会议、讨论和协作中的表现，记录其贡献和支持情况。

三、定期汇总评估

季度末，部门领导或项目经理汇总员工的成绩记录，进行综合评价，评价表见表5－18：

表5－18　成绩记录法评价表示例

姓名	任务完成率	代码质量	创新能力	团队协作	综合评价
张三	90%	优秀	提出3个创新点子并实施成功	积极参与团队讨论，提供有力支持	A+
李四	80%	良好	提出1个创新点子并实施成功	能够与团队成员有效沟通	A
王五	70%	一般	无创新点子	需要加强团队协作和沟通能力	B+

四、反馈与辅导

根据考核结果，部门领导或项目经理与员工进行一对一面谈，反馈其工作中的优点和不足，并提供改进建议和指导。例如，对于王五，领导可以建议他加强与其他团队成员的沟通和协作，积极参与团队讨论，提高自己的团队协作能力。

五、调整与优化

根据考核结果和员工反馈，软件开发部门对绩效指标和记录方法进行必要的调整和优化。例如，可以增加“员工技术学习和成长”的指标，以鼓励员工不断提升自己的专业能力。同时，也可以优化成绩记录的方式和工具，提高记录的效率和准确性。

（四）短文法

短文法也称为描述法或书面短文法，它通过让被考核者（或考核者）撰写短文来描述自己（或被考核者）在工作中的表现、成果和业绩，从而评估被考核者的工作绩效。这种方法强调员工的自我反思和总结，有助于提高员工的自我认知和自我管理能力。

1. 实施步骤

（1）确定进行短文法绩效考核周期，如月度、季度、半年或一年等。

（2）考核周期期满时，由被考核者或考核者根据实际工作情况撰写一篇描述绩效的短文。

（3）由直接上级或专门的考核委员会对短文内容进行审核，确保其真实、客观、全面地反映了被考核者的工作绩效。

（4）将审核后的短文反馈给被考核者，并进行面谈，就短文内容、工作绩效及改进方向进行讨论和交流。

2. 优点

（1）能够针对被考核者的具体工作绩效进行描述和评价，避免了“一刀切”的情况。

（2）短文包含更多的信息和细节，有助于管理者或考核委员会更全面地了解被考核者的工作情况。

（3）可以根据不同的工作岗位和职责制定不同的短文内容和评价标准。

3. 缺点

（1）由于短文法主要依赖于文字描述，因此容易受到撰写者和审核者的主观影响。

（2）撰写和审核短文需要花费一定的时间和精力，对于大型组织来说可能难以实施。

（3）短文法中的描述和评价往往难以量化，不利于进行精确的绩效比较和分析。

示例：

假设某公司销售部门的一名销售人员小张在2025年5月取得了显著的销售业绩，以下是一篇绩效短文：

“2025年5月，小张表现出色，超额完成了销售任务。他积极开拓市场，深入挖掘潜在客户，成功签下了8个大单，总金额达到5 000万元。同时，他还注重与客户的沟通和关系维护，客户满意度达到90%。在工作中，小张展现出了强烈的责任心和敬业精神，经常加班加点以确保任务的顺利完成。然而，他在团队协作方面还有待提高，需要更加积极地与同事分享经验和资源，共同推动销售业务的发展。”

（五）劳动定额法

劳动定额法，是通过制定被考核者的工作任务或工作量标准来考核其工作绩效的方法。该方法强调工作效率和产出，能够客观地衡量被考核者完成工作任务的情况。

1. 实施步骤

（1）根据工作岗位职责、工作难度、工作环境等因素，制定合理的劳动定额标准，包括产量定额、工时定额等。

（2）根据组织目标和被考核者工作职责，设定合理的考核周期，以便定期考核。

（3）工作期间记录被考核者实际完成的工作任务和产出，包括完成的产量、质量、工时等。

（4）考核期满时，将被考核者工作完成情况与劳动定额对比，评估是否达到了工作标准，得出考核结果。

（5）根据考核结果与被考核者面谈，反馈其工作表现，指出优点和不足，并提供改进建议和指导。

（6）根据考核结果和被考核者反馈的意见，对劳动定额进行合理调整。

2. 优点

（1）易于理解和操作，不需要复杂的计算和分析过程。

（2）以实际完成的工作量为依据进行考核，减少了主观因素影响，考评结果更加客观公正。

（3）明确的劳动定额可以激励被考核者努力工作，提高工作效益。

3. 缺点

（1）主要关注工作结果，可能忽视被考核者工作中的努力和付出。

（2）一旦设定了劳动定额，就很难对其进行调整。

（3）过分强调工作量可能导致被考核者忽视工作质量，从而引发质量风险。

示例：

假设某生产车间的劳动定额为每小时生产 10 个零件，以下是某个工作日的被考核者的工作完成情况，见表 5-19。

表 5-19　劳动定额法示例

员工姓名	工作小时数	劳动定额	日完成数	平均每小时完成数	考评结果
张三	8	10 件/小时	80 件	10 件/小时	达标
李四	8	10 件/小时	70 件	8.75 件/小时	未达标
王五	8	10 件/小时	90 件	11.25 件/小时	达标

示例中，可以看到张三和王五都达到或超过了劳动定额标准，而李四则未完成预期的工作量。根据考评结果，可以对员工进行相应的奖励或惩罚，以激励员工更好地完成工作任务。

直通职场

华为公司的客观绩效评价体系

在华为的绩效考核体系中，客观评价法扮演着重要角色。

华为采用了一套关键绩效指标（KPI）体系来客观考核员工的工作表现。这套体系涵盖了多个方面，如项目完成情况、工作效率、客户满意度等。每个员工都会根据自己的职位和职责，被分配具体的 KPI 指标，这些指标都是可量化的，能够客观地反映员工在各自岗位上的表现。

除了 KPI 指标外，华为还利用 360 度反馈方法，从上级、下级、同事和客户等多个角度收集有关员工工作绩效的评价信息。这种方法虽然包含主观评价的元素，但因其数据来源多元化，能够在一定程度上减少个人偏见，增加评价的客观性和全面性。

在华为的绩效考核过程中，数据和事实是评价的基础。员工的工作成果、项目进度、客户满意度调查等数据都会被详细记录和分析，作为绩效评价的依据。这种方法确保了评价的公正性和准确性，也让员工能够清楚地了解自己的工作表现和需要改进的地方。

任务分析

案例公司中生产线工人的考核办法采用的就是结果导向型客观考核方法，有优点也有缺点。我们必须懂得没有任何一种考核方法是完美无缺的，我们只能尽量在权衡利弊的基础上选择最适用的。选择的标准主要是具有针对性和可操作性，适应组织的管理基础和发展阶段，以确保绩效管理体系的顺利实施和员工的积极参与。在分析客观评价可能遇到的挑战时，主要考虑组织的承受能力（包括时间成本和财务成本两个方面）、数据收集的准确性和效率或者获取信息的便捷性、考核者和被考核者对考核体系的接受度、特殊情况的处理机制等。

学以致用

客观评价法可以运用到我们学习和工作的方方面面。比如我们在创新创业活动中，应注重目标的明确与量化，将创新创业目标转化为可衡量的指标。在开展创新创业过程中要注意过程的记录和数据的收集，以客观事实为依据进行创新创业项目的改进。因此，我们要培养收集、整理和分析数据的能力和客观评价思维，培养项目决策和项目优化的能力，以完善创新创业活动的自我评估机制，提高创新创业质量。

在线练习

任务三　综合评价

案例与任务导入

综合评价法在 Y 公司销售部门的应用

Y 公司是一家知名的家电销售企业，为了更精确地评估销售人员的绩效，提升销售团队的整体业绩，公司采用综合评价法进行绩效考核。

首先，Y 公司根据销售人员的岗位职责和关键绩效领域，制定了一套图解式评价量表。该量表包括以下几个关键维度：销售额、客户满意度、新客户开发、团队协作和专业知识。每个维度下都设定了具体的评价标准和相应的分数范围。

销售人员可以根据自己的表现，在每个维度上进行自我评分，同时上级主管也会对其进行评分。这种图解式评价量表不仅使销售人员能够清晰地了解自己的绩效情况，还为主管提供了一个客观、统一的评价标准。

在图解式评价量表法的基础上，Y 公司进一步采用合成考评法对销售人员的绩效进行综合评价。合成考评法综合考虑了多个方面的绩效数据，包括销售额、客户满意度调查、新客户数量、团队协作反馈以及专业知识测试结果等。

公司将这些数据按照预定的权重进行加权处理，得出一个综合的绩效得分。这个得分不仅反映了销售人员的整体业绩，还突出了其在各个关键维度上的表现。通过这种方式，公司能够更全面地了解销售人员的工作状况，为后续的奖励、晋升和培训提供准确的依据。

通过图解式评价量表法和合成考评法的综合应用，Y 公司成功地构建了一个全面、客观的销售人员绩效评价体系。这不仅提高了销售人员的工作积极性，也促进了公司整体销售业绩的提升。

任务： 1. 描述图解式评价量表法在 Y 公司销售部门绩效考评中的具体作用。

2. 分析合成考评法如何帮助 Y 公司更全面地评价销售人员的绩效。

理论基础与操作技能

综合评价法是一种全面、系统地考核被考核者工作表现的绩效考核方法，它结合了多种考评技术和工具，以确保准确、公正和全面地评估员工绩效。这种方法强调多维度、多角度的评估，避免了单一评价方法的片面性和局限性。包括两种形式：图解式评价量表法、合成考评法。

一、图解式评价量表法

该方法通过设计图表来列举出达到成功绩效所需要的不同特质（如适应性、合作性、工作动机等），并为每一项特质给出具体的评价尺度，如五分制或七分制，考核者根据被考核者的表现，在量表上选择相应的分数，最后汇总得出总评分。这种方法将多个评价因素综合起来，使得考核过程更为全面和系统，并且可以帮助考核者快速、准确地完成绩效评估。它适用于各种类型的工作和岗位，可以涵盖被考核者的品质特征、行为表现和工作结果等。

（一）实施步骤

（1）确定考核指标：根据岗位职责要求，确定需要评价的绩效考核指标，如工作质量、数量、工作态度等。

（2）设计考核量表：为每个考核指标设计具体的评价标准，如五分制或七分制，并对每个考核标准进行具体的说明。

（3）进行考核：考核者根据被考核者的表现，在量表上选择相应的分数，可以是对每个要素进行单独评价，也可以是对整体表现进行综合评价。

（4）汇总得分：将被考核者各个指标的得分进行汇总，得出总评分，作为他的绩效考核最终结果。

（二）优点

（1）操作简单，易于理解和使用，不需要复杂的计算和分析过程。

（2）通过明确的评价标准，减少了主观因素的影响，使考核结果更加客观公正。

（3）可以适用于各种类型的工作和岗位，涵盖被考核者多个方面的表现。

（三）缺点

（1）由于采用统一的评价量表，可能无法针对特定岗位或被考核者的特殊要求进行精确评价。

（2）仅提供总评分，可能无法为被考核者提供具体、明确的反馈和建议，不利于绩效改进和提升。

（3）在考核指标选择确定以及考核者存在问题的情况下，该方法容易产生晕轮效应或集中趋势等主观误区。

图解式评价量表法示例见表 5 - 20：

表 5 - 20　图解式评价量表法示例

考核维度	考核指标	评价标准	评分
工作质量	任务完成度	5 分（卓越）：任务提前完成，结果超出预期	
		4 分（优秀）：任务按时完成，结果良好	
		3 分（良好）：基本完成，少量非关键性错误	
		2 分（需改进）：部分完成，较多错误	
		1 分（不足）：未完成或结果极差	

续表

考核维度	考核指标	评价标准	评分
工作质量	工作准确性	5 分（准确无误）：完全符合要求	
		4 分（准确）：轻微瑕疵但不影响整体	
		3 分（基本准确）：少量可接受的误差	
		2 分（需修改）：存在较多错误	
		1 分（严重不准确）：无法使用	
工作效率	完成速度	5 分（极快）：提前完成且质量高	
		4 分（快）：按时完成	
		3 分（适中）：基本按时完成	
		2 分（较慢）：经常加班完成	
		1 分（极慢）：严重影响进度	
	工作负荷管理	5 分（卓越）：轻松应对超负荷，高质量	
		4 分（优秀）：有效管理多项任务	
		3 分（良好）：基本管理负荷，偶尔小疏漏	
		2 分（需改进）：经常超负荷，质量下降	
		1 分（不足）：无法应对正常工作负荷	
团队合作	沟通能力	5 分（卓越）：清晰准确，迅速达成共识	
		4 分（优秀）：沟通顺畅	
		3 分（良好）：基本顺畅，偶尔误解	
		2 分（需改进）：沟通能力较弱	
		1 分（不足）：几乎无法沟通	
	团队参与度	5 分（卓越）：积极参与，领导力强	
		4 分（优秀）：积极参与，重要贡献	
		3 分（良好）：参与团队活动，有贡献	
		2 分（需改进）：较少参与	
		1 分（不足）：几乎不参与	
创新能力	解决问题能力	5 分（卓越）：独立思考，创新解决方案	
		4 分（优秀）：提出创新方案并实施	
		3 分（良好）：提出创新想法并尝试	
		2 分（需改进）：较少创新想法	
		1 分（不足）：几乎无创新想法	
	学习能力	5 分（卓越）：强烈学习欲望，快速掌握	
		4 分（优秀）：主动学习新知识	
		3 分（良好）：有学习兴趣	
		2 分（需改进）：较少主动学习	
		1 分（不足）：几乎无学习意愿	

二、合成考评法

合成考评法是将几种比较有效的绩效考评方法综合在一起的考评方法。这种方法不是对某个员工进行考评，而是对一个团队进行考评，具有双重性，既考虑岗位职责和现实任务，又考虑团队个人潜能的分析与开发。考评量表通常采用三个等级，即极好、满意和不满意。

此外，有些组织根据管理者的特点，采用一定的表格形式，在对各评价指标作出明确的描述和界定的基础上将绩效考核与改进计划有效地结合在一起，通过考核找出不足，并提出今后改进措施。虽然采用该方法不能进行个人的横向比较，但对管理人员具有更强的针对性和适用性，有助于提高绩效管理水平。

（一）实施步骤

（1）进行管理诊断和绩效调研，找出存在的问题和不足。

（2）根据组织经营计划和工作计划，明确团队和个人的绩效目标。

（3）根据绩效目标，设计和调整绩效管理方案。

（4）通过培训、模拟实施等环节，对团队和员工的绩效进行测评和分析。

（5）针对低绩效问题，进行辅导。

（6）实施绩效考核，并将考核结果与绩效改进计划有效结合。

（二）优点

（1）将多种有效的绩效考评方法综合在一起，具有更强的针对性和适用性。

（2）既重视考核任务完成情况，又注重潜能的开发。

（3）表格简单便于填写。

（三）缺点

（1）无法进行人员的横向比较。

（2）考核结果客观性可能受到考核者主观因素的影响。

（3）如果表格设计不当或填写不规范，可能影响考评的准确性。

合成考评法示例见表 5－21 和表 5－22：

表 5－21　××公司销售团队考核表（合成考评法示例）

考核要素	权重	考核标准	自评	上级评价	备注及改进措施
销售额完成度	40%	极好/满意/不满意			
客户关系维护	20%	极好/满意/不满意			
团队协作与沟通	15%	极好/满意/不满意			
个人能力提升	15%	极好/满意/不满意			
创新与改进	10%	极好/满意/不满意			

表 5－22　某公司采用合成考评法的示例

<table>
<tr><th colspan="4">团队成员绩效考评记录表</th></tr>
<tr><td rowspan="2">1. 岗位职责
团队成员在完成岗位工作任务方面，是否按照标准进行操作，按质按量按时完成任务？</td><td>很好□</td><td>满意□</td><td>不满意□</td></tr>
<tr><td colspan="3">评述：</td></tr>
<tr><td rowspan="2">2. 合作精神
团队成员如何与同事、监督者和顾客相处？
在工作中是否乐于帮助同事？上级指令下达后是否认真贯彻执行？是否礼貌待客，热情地为顾客提供服务？</td><td>很好□</td><td>满意□</td><td>不满意□</td></tr>
<tr><td colspan="3">评述：</td></tr>
<tr><td rowspan="2">3. 工作情况
团队成员每天完成的工作任务量有多大？工时利用率是否提高？工作速率和服务质量如何？</td><td>很好□</td><td>满意□</td><td>不满意□</td></tr>
<tr><td colspan="3">评述：</td></tr>
<tr><td rowspan="2">4. 创新性
团队成员在工作中有何新思路、新方法、新创意、新发现和新发明，其产生了什么样的实际效果？</td><td>很好□</td><td>满意□</td><td>不满意□</td></tr>
<tr><td colspan="3">评述：</td></tr>
<tr><td rowspan="2">5. 个人仪表（略）</td><td>很好□</td><td>满意□</td><td>不满意□</td></tr>
<tr><td colspan="3">评述：</td></tr>
<tr><td rowspan="2">6. 其他要素（略）</td><td>很好□</td><td>满意□</td><td>不满意□</td></tr>
<tr><td colspan="3">评述：</td></tr>
<tr><td colspan="4">考评者总评述：
考评者签字：　　　　日期：</td></tr>
<tr><td colspan="4">被考评者意见：
被考评者签字：　　　　日期：</td></tr>
</table>

资料来源：中国就业培训技术指导中心. 企业人力资源管理师（三级）. 北京：中国劳动社会保障出版社，2020：323.

直通职场

腾讯游戏的绩效考核实践

腾讯游戏，作为国内领先的游戏开发和运营商，为了持续提升游戏产品的质量和用户体验，采用了一套基于综合评价法的绩效考核体系。该体系融合了图解式评价量表法和合成考评法，旨在全面、客观地评估员工的工作绩效。

在腾讯游戏的绩效考核中，图解式评价量表法被用于对员工的工作能力、工作态度、团队协作等多个方面进行量化评估。公司根据游戏开发运营的特点，制定了细化的评价指标，并为每个指标设定了具体的评分标准和分数范围。员工可以根据自己的实际表现进行自我评分，同时直接上级也会对其进行评分，确保评价的公正性和客观性。

此外，腾讯游戏还运用了合成考评法，将员工在各个方面的绩效数据进行综合考量。这些数据包括项目完成情况、用户满意度调查、团队协作反馈等。通过设定合理的权重，对这些数据进行加权处理，得出一个综合的绩效得分。这种方法不仅全面反映了员工的工作表现，还为公司的晋升、奖励机制等提供了重要依据。

任务分析

图解式评价量表法在 Y 公司销售部门绩效考评中的具体作用主要体现在：为销售人员和上级主管提供了一个清晰、统一的评价标准；使销售人员能够直观地了解自己的绩效情况，发现自身的优势和不足；为主管提供了客观的评分依据，减少了主观评价的偏差。

合成考评法通过综合考虑多个方面的绩效数据，如销售额、客户满意度等，能够更全面地反映销售人员的整体业绩。同时，通过设定不同的权重，合成考评法还能够突出关键绩效领域的重要性，引导销售人员关注这些方面的表现并提升相关技能。这种方法帮助 Y 公司更准确地识别出绩效优秀的销售人员，为后续的奖励、晋升和培训提供了可靠的依据。

学以致用

组织应完善管理者考核体系，引导管理者树立和践行正确绩效观，推动管理者能上能下、能进能出，形成能者上、优者奖、庸者下、劣者汰的良好局面。综合评价法强调多维度的绩效评价，提示我们在创新创业活动中，应全面培养自己的创新思维，提升创业实践能力、团队协作能力等，而非仅看重经营业绩。同时，该方法的数据驱动和权重分配理念，也提醒我们在创新创业过程中要收集并分析团队成员的表现数据，以开展公正准确的评价。此外，我们进行创新创业需要充足的资源支持，并持续优化考核体系，满足个性化发展需求。

在线练习

任务四 360 度考评法的运用

案例与任务导入

某科技公司 360 度考评法的应用

某科技公司为了提升员工绩效，加强团队间的沟通与协作，引入 360 度考评法进行绩效考核。公司希望通过这种全面的绩效评价方法，更准确地了解员工的工作表现，并为员工提供有针对性的发展建议。

在实施 360 度考评法之前，公司进行了充分的准备工作。首先，人力资源部门设计了详细的考评问卷，问卷内容包括工作能力、团队协作、沟通能力、领导能力等多个维度。接着，公司确定了参与考核的人员范围，包括被考核者的上级、下级、同事以及自己，确保考核结果的全面性和客观性。

考核过程中，所有参与者都匿名填写问卷，以打消考核者的顾虑。问卷收齐后，人力资源部对数据进行整理和分析，形成了每个员工的 360 度考评报告。报告中详细列出了员工在各个方面的表现评价，以及需要改进的地方。

公司根据考核结果，为员工提供了个性化的职业发展规划建议和培训计划。同时，公司还将 360 度考评法与员工的晋升机制相结合，使评价结果与员工的职业发展紧密相连。

通过实施 360 度考评法，公司不仅提高了员工的工作积极性，还加强了团队间的沟通与协作。员工们更加明确了自己的工作目标和发展方向，公司的整体绩效也得到了显著提升。

任务： 1. 请描述该科技公司实施 360 度考评法的关键步骤。2. 请分析 360 度考评法对该科技公司员工绩效和团队协作的影响。

理论基础与操作技能

360 度考评法，也称为全视角考评方法或全方位考核法，是通过上级、下级、同事、客户以及自我等多个角度来评价员工的考评方法，既注重考核员工的最终成果，又将员工的行为、过程和个人努力程度纳入考核内容，使得绩效考核更能客观全面地反映员工的表现和业绩。这种方法旨在提升员工的工作效率、发掘员工的潜能，同时为组织的人力资源管理提供决策依据。

一、实施步骤

（1）确定考核对象：明确需要进行 360 度考评的员工，可以根据岗位层级、部门、工作种类、职能等进行分类确定。例如，组织的中高层管理人员或关键岗位的员工。

（2）选择考核者：包括考核对象的上级、下级、同事、客户以及自己，考核人员数量应适中。

（3）设计考评问卷：根据考核目的和考核对象的工作职责，设计具有针对性的考核问卷。问卷内容通常包括工作能力、工作态度、团队合作、领导力等方面。

360 度考评法

（4）收集数据：通过线上或线下的方式发放问卷，收集各考核者的评价数据。

（5）分析数据：对收集到的数据进行统计分析，得出考核对象在各个方面的得分和综合评价。

（6）反馈结果：将考核结果反馈给考核对象，帮助其了解自己的优点和不足，以便制订改进计划。

二、优点

（1）全方位、多角度的评价，使考核结果更客观全面。

（2）有助于员工自我认知，发掘潜能，提升工作效率。

（3）为组织的人力资源管理提供决策依据。

三、缺点

（1）考核过程可能受到人际关系、主观偏见等因素的影响。

（2）考核成本较高，需要投入大量的人力、物力和时间资源。

示例：

某公司中层管理人员的 360 度考评

1. 考核对象：李经理（项目经理）。

2. 考核者选择：李经理的直接上级、直接下级（项目团队成员 3 名）、同事（其他部门经理 2 名）以及主要客户代表 1 名。

3. 考评问卷设计：

工作能力：项目管理能力、决策能力、问题解决能力等。

工作态度：如责任心、积极性、抗压能力等。

团队合作与沟通能力：与团队成员和其他部门的沟通效果等。

4. 数据收集与分析：通过在线问卷系统收集数据，并进行统计分析。

5. 考评结果：见表 5-23。

表 5-23　李经理的 360 度考评结果

考评维度	上级评分	下级平均分	同事平均分	客户评分	综合评分
工作能力	4.5/5	4.3/5	4.4/5	N/A	4.4/5
工作态度	4.6/5	4.5/5	4.5/5	4.7/5	4.58/5
团队合作与沟通能力	4.3/5	4.2/5	4.4/5	4.5/5	4.35/5

6. 结果反馈：李经理在工作能力、工作态度和团队合作与沟通能力方面都得到了较高的评价。可以进一步与李经理沟通，讨论其在工作中的优秀表现和可能存在的提升空间，并制订相应的个人发展计划。

7. 后续改进方向：根据考核结果，李经理可以进一步提高与团队成员的沟通技巧，以更好地推动项目的顺利进行。

此外，运用 360 度考评方法时，还需要注意以下几点：

（1）确保评估过程的公正性和保密性。

（2）评估过程应公开透明，避免主观偏见和歧视。

（3）应保护考核者和被考核者的隐私，确保考核结果不被滥用。

（4）结合组织实际情况进行调整和优化。不同组织的战略、组织架构、人员特点等可能存在差异，因此在运用 360 度考评方法时，应根据组织的实际情况进行调整和优化，以确保其适用性和有效性。

直通职场

美的集团的 360 度考评法实践

美的集团为了更全面地考核员工的工作表现，提升员工的工作积极性和团队协作能力，决定采用 360 度考评法进行绩效考核。

在美的集团的 360 度考评中，除了传统的上级对下属的评价外，还包括同事评价、下属对上级的评价以及自我评价等多个维度。通过设计详细的评价问卷，收集来自不同角度的反馈，以全面、客观地评估员工的绩效。在实施过程中，美的集团注重员工的参与和沟通。在考核开始前，公司会进行充分的宣传和培训，让员工了解 360 度考评的目的和意义，以及如何填写评价问卷。同时，公司鼓励员工在评价过程中保持开放和诚实的态度，提供真实的反馈。考评结束后，美的集团会对评价结果进行综合分析，并为员工提供具体的反馈报告。报告中会详细列出员工在各个方面的表现，以及需要改进的地方和潜在的发展机会。这有助于员工了解自己的优势和不足，制订个人发展计划。此外，美的集团还将 360 度考评结果与员工的培训、晋升和薪酬等方面相挂钩，以激励员工不断提升自己的绩效水平。

美的集团在 360 度考评法的实践中，还特别注重以下几个方面：

1. 保密性与匿名性。为了确保参评人员能够给出真实、客观的评价，美的集团在整个评价过程中都严格保证了保密性和匿名性。评价问卷的填写、收集和分析都由专门的人力资源团队负责，确保个人信息不被泄露。

2. 持续反馈与改进。360 度考评不仅仅是一个年度或季度的事件。在美的集团，这种考核是一个持续的过程，旨在为员工提供及时的反馈和改进建议。员工可以根据考核结果调整自己的工作方式和方法，以实现更高的工作效率和质量。

3. 考核与员工培训相结合。基于 360 度考评的结果，美的集团会为员工提供相应的培训和发展机会。这不仅有助于员工个人能力的提升，也进一步增强了员工对公司的忠诚度和满意度。

4. 管理层的参与。在美的集团，管理层也积极参与到 360 度考评中，他们不仅接受来自下属、同事的评价，还会根据考评结果进行自我反思和改进。这种自上而下的参与确保了 360 度考评法在组织内的全面推广和应用。

任务分析

该科技公司在实施 360 度考评法过程中采取的关键步骤包括：设计详细的考评问卷、确定参与考核的人员范围、匿名填写问卷、整理和分析数据以及形成 360 度考评报告。此外，公司还根据考核结果为员工提供个性化的职业发展规划建议和培训计划，并将考评与晋升机制相结合。

360 度考评法对该科技公司员工绩效和团队协作产生了积极影响。首先，通过全面的绩效评价，员工们更加明确了自己的工作目标和发展方向，从而提高了工作积极性。其次，考核结果为员工提供了有针对性的改进建议，有助于员工提升工作能力和效率。最后，360 度考评法加强了团队间的沟通与协作，因为员工们需要相互评价，这促进了彼此之间的了解和信任，有利于团队协作的加强。

学以致用

大学生创业可以借鉴 360 度考评法的多维考核理念，不仅关注团队成员的知识和技能，还要全面评估成员的创新思维、团队协作能力、问题分析能力、行动执行能力等多方面表现。同时，创业团队还可以引入多方评价，包括教师、行业专家、企业从业人员、团队成员自己等，以获得更全面的反馈。通过这种综合评价方式，创新创业活动就能更准确地促进大学生的成长，培养综合素养高又兼具显著特长的复合型人才。

在线练习

任务五　述职报告

案例与任务导入

××公司项目经理的年度工作汇报

报告人：李小明。

职位：××公司某研发项目经理。

在过去的一年里，我作为某重要研发项目的项目经理，全面负责项目的规划、执行与监控。以下是我的年度工作汇报。

一、项目概况与目标

本年度，我管理的项目主要是研发一款新型智能手机。项目的核心目标是按时交付高质量产品，同时确保成本控制和市场需求响应。

二、项目进展与成果

进度管理：项目自启动以来，已按计划完成了需求调研、原型设计、系统开发和初步测试等工作。目前，产品已进入用户接受测试阶段，预计明年 1 月份可全面完成并准备上市。

质量管理：通过引入敏捷开发方法和持续集成策略，我们有效提升了代码质量和开发效率。在测试阶段，我们实现了 98%以上的测试覆盖率，确保了产品的稳定性和可靠性。

风险管理：在项目执行过程中，我们成功识别并应对了多项技术风险和市场风险，包括供应链延迟、技术难题等，确保了项目的顺利进行。

三、团队建设与协作

团队组建：根据项目需求，我成功组建了一支包括软硬件工程师、测试工程师、产品经理等在内的跨部门团队，团队成员技能互补，合作默契。

沟通与协作：通过建立定期的项目进展会议和问题解决机制，我们确保了团队间的信息畅通和高效协作。在面对困难和挑战时，团队成员能够迅速响应，共同寻找解决方案。

四、个人成长与反思

在过去的一年中，我不断提升自己的项目管理能力和行业洞察力。通过参加专业培训和实践锻炼，我对敏捷项目管理方法有了更深入的理解和应用。同时，我也认识到在项目执行过程中，需要更加关注细节和团队成员的个性化需求，以进一步提升团队士气和项目效率。

五、未来计划与展望

在接下来的工作中，我将重点关注产品的市场推广和客户反馈，确保项目成果能够成功转化为市场竞争力。同时，我也计划进一步优化项目管理流程，提升团队的持续创新和快速响应能力。通过不断学习和实践，我期望能够带领团队在未来的项目中取得更大的成功。

任务：说明一份完整且有效的述职报告应该包含哪些关键内容。

理论基础与操作技能

一、述职报告的含义

在绩效考核中，述职报告是一份由特定岗位的被考核者撰写的详细的工作汇报，是他对自己在一定时间段完成的工作内容、采取的工作措施、取得工作成果的总结、评估和反思，同时也是对未来工作计划的展望。

二、述职报告的作用

（一）自我总结与反思

述职报告首先让被考核者对自己在过去一段时间内的工作进行全面的审视，有助于他们识别自己的长处和短处，从而更好地规划职业发展。

（二）工作成果展示

这是被考核者向管理层或所在组织展示其工作成果和贡献的有效方式与重要机会。通过具体的数据、案例和成果，被考核者可以证明自己的价值和对公司的贡献。

（三）沟通与反馈

述职报告是被考核者与其管理者或组织之间沟通的重要桥梁。它可以详细地解释自己在工作中遇到的问题、挑战以及所采取的应对策略。同时，管理层也可以通过下属的述职报告更深入地了解员工的工作状态和需求，为员工提供更有针对性的指导和支持。

（四）职业发展规划

在撰写述职报告的过程中，被考核者往往会对自己未来的职业路径有更清晰的认识。这有助于他们制订更为明确、有针对性的职业发展计划。

（五）绩效考核的参考

对于考核者而言，述职报告是评估被考核者绩效的重要参考。结合被考核者的自评和其他评估手段，考核者可以更为客观、全面、公正地评价被考核者的工作表现。

三、述职报告的特点

（1）客观性。述职报告应客观反映实际工作情况和成果，避免夸大或缩小事实。

（2）全面性。述职报告应涵盖在考核期内的所有重要工作内容和成果。

（3）反思性。述职报告应包括经验和不足两个方面的反思。

（4）前瞻性。述职报告应对未来工作进行规划和展望，展示职业规划能力。

四、述职报告的内容

述职报告的内容

述职报告的内容与结构密不可分，主要包括标题、称谓、前言、主体、结尾和落款。标题可以是公文式的标题（述职人＋关于＋事项＋的述职报告），也可以是省略式的（述职人＋的述职报告），或者就用文种作标题（述职报告）。述职报告属于上行文，应该有称谓，称谓一般为上级组织或者所在组织。结尾一般为："以上就是我的述职报告，请组织审核，不当之处请批评指正。"落款则为"述职人：×××"＋成文时间："×年×月×日"。

述职报告最重要的是主体部分，主体内容一般包括以下几个方面，见表5-24：

表5-24　述职报告的主体内容

序号	主要方面	具体内容
1	完成的主要工作	具体描述在考核期内完成的主要任务和项目，包括采取的措施
2	取得的主要成果	具体描述在考核期内关键业绩指标的达成情况，即为组织目标实现作出的贡献
3	遇到的困难与采取的策略	客观阐述在工作中遇到的困难及采取的应对策略，展现问题解决能力
4	分析自身的不足	对个人在工作中存在的不足进行客观评估和反思
5	未来的改进措施与展望	针对不足提出改进措施，或者提出未来工作的具体规划和目标

五、撰写述职报告时需要遵循的几点要求

（1）专业性。使用专业术语，准确描述工作内容和成果，体现专业素养。

（2）客观性。真实、客观地反映工作实际，不夸大成绩，不回避问题。

（3）针对性。紧密围绕考核期内的工作重点和目标进行阐述，突出重点。

（4）结构清晰。报告应有明确的结构，如前言、主体、结尾等，便于阅读和理解。

（5）数据支持。尽量使用具体数据来支持工作成果和业绩的描述，提高说服力。

（6）知识产权保护。确保报告中的所有内容均为原创或已获得授权，不侵犯他人的知识产权。

直通职场

多元化绩效考核与述职报告实践

案例1 阿里巴巴集团——基于价值观的绩效考核

阿里巴巴的绩效考核体系以“六脉神剑”价值观为核心，将员工行为与公司文化紧密结合。每年述职时，员工需要通过“KPI＋价值观”双维度进行总结，其中价值观占比高达50%。

员工述职报告的亮点在于（以某运营经理的述职报告为例）：

1. 目标与成果结合：该运营经理在述职中展示了下沉市场用户增长30%的业绩，同时用具体案例说明如何通过“客户第一”的价值观解决商户纠纷。

2. 反思与改进并行：坦诚分析因团队协作不足导致的项目延迟，并有针对性地提出“跨部门轮岗学习”计划。

3. 有针对性地提出未来规划：结合公司“全球化”战略，制定本地化运营方案，并申请参与国际业务培训。

该案例给我们的启示是：价值观考核让员工不仅关注结果，更重视行为与文化的契合度，适合创新驱动型企业。

案例2 某咖啡品牌公司——门店经理的360度述职

某咖啡品牌公司门店经理的年度述职需包含伙伴（员工）、顾客、上级的三方反馈，并提交数字化系统分析报告。

该公司门店经理的360度述职报告结构如下：

1. 顾客体验提升：例如，引用NPS（净推荐值）数据，说明通过优化排队流程将满意度从75%提升至88%。

2. 团队管理：分享“咖啡大师培养计划”，3名伙伴晋升为黑围裙咖啡师，降低离职率15%。

3. 数字化应用：使用公司“Deep Brew”系统预测库存，减少浪费10%。

4. 不足与计划：反思高峰时段人力调配不足，提出“弹性排班＋AI预测”解决方案。

不同行业述职要求不同，该案例告诉我们服务行业述职需量化顾客与员工双维度成果，并体现数字化工具的落地能力。

任务分析

一份完整的述职报告要能够全面、客观地反映述职者承担的任务、采取的措施（主要做法）、取得的成绩和存在的不足等工作情况，同时也要展示述职者对工作的深刻理解和未来的规划能力，包括他的工作体会（正面的和反面的）、今后的打算等。有的则要求从德、能、勤、绩、廉五个方面进行总结。总之，述职报告不仅有助于上级和相关利益方了解述职者的工作状况，还能为述职者自身的职业发展提供有力的支撑。

学以致用

绩效考核中的述职报告，其实就是最常见的工作总结在绩效管理中的应用。作为一种特殊的总结，述职报告首先强调了目标设定与达成的重要性，因此大学生在学习过程中也应明确目标，并采取有力的措施，确保知行合一。其次述职报告中的反思与改进部分，提醒大学生在学习和工作中要不断试错、反思并优化策略。最后，述职报告中对个人成长的关注，启示大学生要注重自我提升与学习能力的培养。

在线练习

任务六　绩效申诉与处理

案例与任务导入

在某科技公司，员工小张是软件开发部门的一名资深工程师。最近的一次季度绩效考核中，他意外地得到了一个较低的评分。根据公司的绩效考核体系，这将直接影响他的年终奖金和晋升机会。小张对此感到非常不解和沮丧，他认为自己很努力了，不仅完成了自己的任务，还主动承担了一些额外工作。

于是，小张决定向人力资源部提起绩效申诉。他首先查阅了公司的绩效申诉流程，然后按照流程准备了详细的申诉材料，包括他在这个季度的工作成果、项目完成情况、加班记录等。小张还找了几位同事作为证人，证明他在工作中的表现。

人力资源部在接到小张的申诉后，迅速组建由人力资源部、小张的直接上级以及相关部门负责人组成的评审小组，对小张的申诉进行了查证和审核。经过仔细审查小张提供的材料和听取同事的证言，评审小组认为小张的绩效评分确实存在偏低的情况。

最终，评审小组决定对小张的绩效评分进行重新调整，给予了他应有的认可。同时，公司也对此次绩效考核过程中存在的问题进行了反思和改进，以确保未来的绩效考核更加公正和客观。

任务：如果你是人力资源部的工作人员，你会如何确保绩效申诉处理的公正性和客观性？

理论基础与操作技能

一、绩效申诉的内涵与作用

绩效申诉是被考核者对绩效考核结果存在异议时，向组织提出重新评价或调整的机制。这是绩效管理体系中不可或缺的一部分，因为它为被考核者提供了一个表达不满和寻求公正的救济渠道，有助于维护被考核者的权益和提高绩效管理的公正性。

绩效申诉的作用如图 5 - 1 所示。

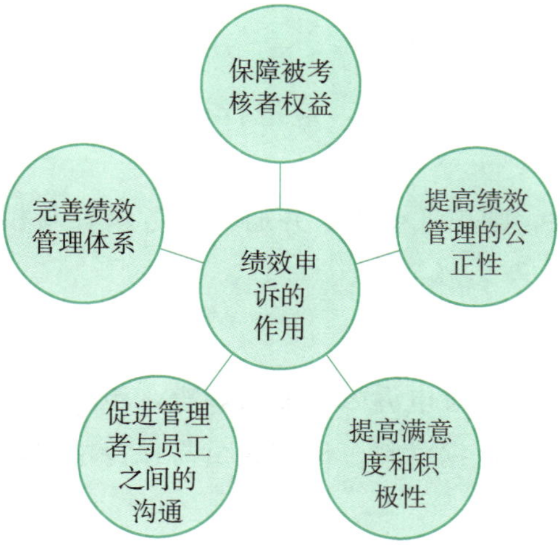

图 5 - 1　绩效申诉的作用

（一）保障被考核者权益

绩效申诉提供了一个正式途径，以表达被考核者对绩效考核结果的质疑或不满，有助于及时纠正被考核者受到的不公正评价，从而维护他们的合法权益。

（二）提高绩效管理的公正性

通过绩效申诉，组织及时纠正绩效偏差，有助于消除被考核者对绩效管理的不信任感，增强他们对组织的认同感。

（三）促进管理者与员工之间的沟通

绩效申诉需要管理者代表组织与员工进行面对面沟通。这不仅有助于解决具体问题，还能增进员工和组织之间的理解和信任，为未来的合作奠定基础。

（四）完善绩效管理体系

通过分析绩效申诉案例，组织可以发现绩效管理体系存在的问题，及时进行完善和调整，有助于提升绩效管理的有效性和准确性。

（五）提高满意度和积极性

当被考核者通过绩效申诉得到了公正评价时，他们的满意度和工作积极性会得到提高，有助于激发员工工作动力，促进组织整体绩效提升。

二、绩效申诉与处理流程

绩效申诉与处理流程

（一）申诉提起

（1）被考核者在收到绩效考核结果反馈后，若有异议，可在规定时间内与直接上级进行沟通协商。

（2）协商无果后，被考核者向人力资源部门提出申诉。申诉需要以书面形式提交，明确说明申诉的事项和理由。

（二）申诉受理

（1）人力资源部门收到申诉书后，应进行初步审查，确认是否符合规定条件和程序。

（2）若申诉符合条件，则正式受理，并通知被考核者及相关评价人员，进入申诉调查。

（三）申诉调查

人力资源部门应组织专人对申诉内容深入调查，包括与申诉人、被申诉人、相关证人面谈，收集并审核相关证据材料。调查人员需保持中立，确保调查的客观性和公正性。

（四）处理决定

根据调查结果，人力资源部门需作出维持或者调整绩效考核结果的决定，并通知被考核者和相关部门。

（五）二次申诉和最终裁决

（1）如果被考核者对处理结果仍有异议，可以向绩效管理委员会提起二次申诉。

（2）绩效管理委员会重新调查、审查申诉材料和处理流程，并作出最终裁决。此为最终裁决，被考核者不得再行申诉。

在整个绩效申诉与处理流程中，组织应确保所有操作均符合相关法律法规和组织政策。同时，为了维护流程的公正性和透明度，所有相关文件和记录都应妥善保存，并可供被考核者查阅。

此外，组织还应定期对绩效申诉与处理流程进行审查和改进，以适应组织发展和员工需求的变化。通过不断完善和优化流程，组织可以更有效地解决绩效申诉问题，提升员工工作满意度和组织整体绩效。

绩效申诉流程如图 5-2 所示。

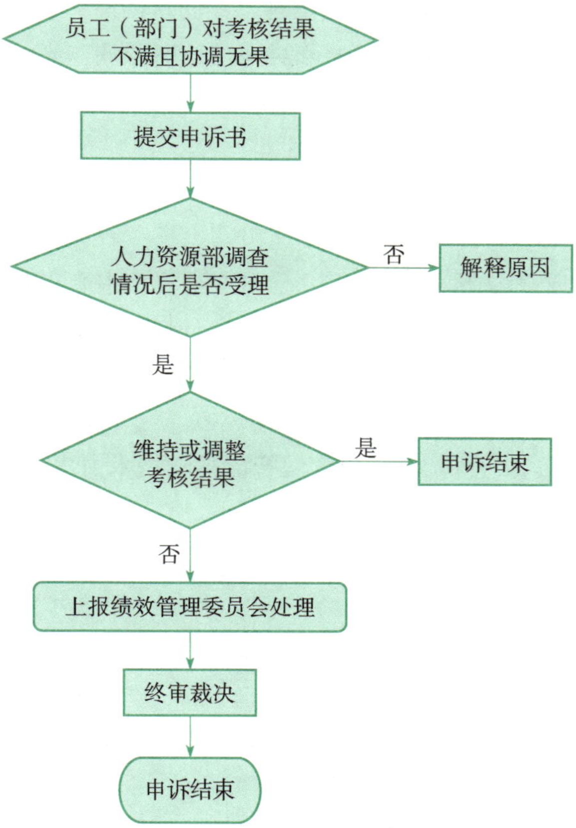

图 5-2　绩效申诉流程

直通职场

深瞳科技的绩效申诉与“指南针工程”改革

深瞳科技（DeepSight）是国内领先的智能视觉解决方案提供商，专注自动驾驶和工业质检领域，其核心产品“智脑”系列已应用于多家头部新能源汽车企业。深瞳科技的迅速发展也得益于其自主研发的“目标树（Objective Tree）+多维评估”绩效体系。在 2024 年 1 月的年度绩效面谈会上，算法二部总监陈昊将高级工程师苏芮的评级定为“待提升”。这个结果意味着苏芮将失去两项重要资格：参与“智脑 2.0”多模态感知模块开发的资格，以及获得年度技术骨干专项津贴（约占总收入的 25%）的资格。

“陈总，这个结果我不能接受。”苏芮握紧拳头，指着会议室电子屏上的数据，“客户实测报告显示，我的动态光补偿算法让 DT 公司新款汽车 E8 的夜间 AEB 触发准确率提升了 19%！”陈昊皱眉翻动平板：“但你的代码提交频率比团队均值低 30%，上次迭代还延期了两天。现在‘智脑 2.0’的首要目标是保证车企客户的交付节点，交付节点才是最重要的指标……”

这个考核结果让苏芮实在难以接受。2023 年，她主导开发的“动态光补偿算法”不仅解决了夜间图像识别准确率骤降的行业难题，其创新性的“双通道校验架构”更被写入公司年度技术白皮书。然而，项目总监陈昊在评估时强调“必须严格遵循敏捷开发的迭代周期”，还认为苏芮“在技术优化上投入了过多资源”。于是苏芮向公司提出了绩效申诉，整个申诉过程与公司的处理情况如下：

1. 申诉提出。苏芮通过公司数字人力平台“DS－HR”发起正式申诉，并提交了三组关键证据：

（1）《算法优化效果确认函》：来自 DT 公司汽车技术中心出具的测试报告第 4.3 节明确记载，其算法使暗光环境下误报率从 23 次/万千米降至 14 次/万千米；

（2）版本控制审计报告：GitLab 系统显示她完成了 42%的核心模块开发，包括最复杂的“光照突变应对单元”；

（3）技术白皮书节选：公司 2023 年度《智能视觉技术白皮书》第 17 页将其架构设计列为“长尾场景解决方案最佳实践”。

2. 受理申诉并调查。由公司人力资源部牵头联合“技术公正委员会”启动深度核查，发现几个问题：

（1）评估工具缺陷，现有考核系统未对接客户测试数据接口，导致 DT 公司提供的 19%效能提升数据未被录入；

（2）对比分析异常，同组获“优秀”评级的工程师王某，其负责模块的单元测试覆盖率仅为 68%（苏芮负责的模块达 92%）；

（3）存在流程漏洞，陈昊在填写评估表时，将技术文档中明确标注的“双通道校验”错误归类为“过度设计”。

3. 公布处理结果。两周后，公司发布全员公告公布处理决定，苏芮的评级更正为“卓越贡献”，立即重返“智脑 2.0”项目组，并补发技术津贴。同时，启动“指南针工程”，实施三项革新：一是采用三维评估矩阵，强制纳入客户实测数据（权重 30%）、技术文档引用次数（权重 15%）；二是双盲校准机制，技术委员会与质量委员会需分别独立评分，差异超 10%时自动触发 CEO 办公室复核；三是技术债看板，在 Jira 系统新增“架构健康度”指标，量化代码可维护性。

此后，2024 年 Q3 的内部调研显示：技术骨干离职率从 12%降至 5%；客户数据接入率实现 100%覆盖（原为 65%）；项目总监陈昊参加了“技术管理者认知升级”专项培训，其新主导的“雨雾增强算法”项目在最新考核中获得双 S 评级。苏芮这次绩效申诉也推动了深瞳科技公司建立 AI 企业特有的“技术价值量化体系”。

（注：案例中的公司为虚构企业，编者参考知名科技企业公开资料进行案例编写，案例中所有客户名称、测试数据为虚构，仅供教学使用。）

任务分析

如果我是人力资源部的工作人员，我会采取以下措施来确保绩效申诉处理的公正性和客观性：

1. 严格按照公司的绩效申诉流程进行操作，确保每一步都遵循规定；
2. 组建一个由多方代表组成的评审小组，以避免单一部门或个人的主观偏见；
3. 仔细审查申诉人提供的所有材料，并进行核实；
4. 听取相关人员的证言，包括申诉人的同事、直接上级等；
5. 在处理过程中保持与申诉人的沟通，及时反馈进展情况和处理结果；
6. 对整个处理过程进行记录，以备后续查阅和审计。

学以致用

绩效申诉与处理机制对于建设和谐的组织文化具有重要的启示意义。首先，它强调了公正评价的重要性。在组织文化建设或者团队文化建设过程中，对成员的工作和贡献进行公正、客观的评价是至关重要的，这有助于团队成员了解自己的真实水平和提升空间。其次，该机制凸显了反馈与沟通的价值。比如在学习过程中，教师应及时给予学生反馈，与其进行良好沟通，可以帮助学生明确学习方向、调整学习策略。最后，这一机制也提醒我们，教育过程中应建立有效的申诉渠道，确保学生的声音被听到和重视，从而营造更加公平、开放和包容的教育环境。

在线练习

任务七　数字化考核系统认知

案例与任务导入

某大型企业为了提升员工绩效考核的效率和公正性，决定引入一套数字化考核系统。此前，该企业的考核方式主要依赖于纸质表格和人工统计，不仅效率低，而且容易受到人为因素的影响，导致考核结果的主观性和不公平性。

在引入数字化考核系统后，企业为每位员工建立了一个电子档案，其中包括员工的工作表现、项目完成情况、培训记录等。该系统支持实时更新，员工和直接上级可以随时查看和反馈绩效情况。此外，系统还内置了多种考核模板和算法，能够根据员工的岗位职责和工作目标，自动生成考核指标和权重。

实施数字化考核系统后，企业的考核流程得到了极大的简化。员工可以在线完成自评，上级也可以实时进行考核和反馈。系统还提供了数据分析功能，帮助企业管理层深入了解员工的绩效情况，为人才培养和激励机制提供依据。

然而，在数字化考核系统实施过程中也遇到了一些挑战。部分员工对新的考核方式存在抵触情绪，认为数字化考核缺乏人情味。为了解决这个问题，企业加强了与员工的沟通，解释数字化考核的公正性和透明度，并鼓励员工提出改进建议。

经过一段时间的运行和调整，数字化考核系统逐渐得到了员工的认可和接受。企业的考核工作也变得更加高效、公正和客观。

任务：分析该企业在引入数字化考核系统后可能面临的挑战，并提出相应的解决策略。

理论基础与操作技能

一、开发现状

在人力资源管理领域，数字化考核系统的开发是一个综合性强、涉及面广的项目。下面就组织的数字化考核系统的开发现状做分析。

（一）技术集成与应用深化

目前，数字化考核系统已经能够与其他组织管理系统（如 ERP、CRM 等）进行深度集成，实现了数据的互通与共享。系统不仅能收集传统的财务数据，还能捕获员工的工作效率、客户满意度、内部流程效率等多维度的绩效指标。

（二）用户界面与交互优化

为了提升用户体验，现代数字化考核系统的用户界面设计得更加直观和友好，支持多种终端访问，如手机、平板和电脑等。系统还引入了自然语言处理和智能助手技术，使用户能够更便捷地查询绩效数据和接收个性化建议。

（三）数据分析与可视化

利用大数据分析和数据挖掘技术，系统能够生成多维度的绩效分析报告，帮助管理者洞察业务趋势和潜在问题。数据可视化工具使得复杂的绩效数据以图表、仪表板等形式直观展现，便于理解和决策。

（四）安全性与合规性增强

随着网络安全威胁的增加，数字化考核系统在数据加密、访问控制和安全审计等方面进行了强化。系统也更加注重遵守各国数据保护和隐私法规，如《通用数据保护条例》（GDPR）等。

二、未来发展趋势

（一）应用人工智能与机器学习技术

未来，数字化考核系统将更多地融入人工智能和机器学习技术，实现绩效数据的自动分析、预测和推荐功能。这些技术还能帮助识别被考核者绩效的潜在影响因素，提供个性化的提升方案。

（二）实现实时反馈与动态调整

数字化考核系统将趋向于提供实时反馈机制，使被考核者能够即时了解自己的绩效状态并进行调整。系统也将支持更加灵活的绩效目标和权重设置，以适应快速变化的市场环境。

（三）整合社交与协作功能

为了促进团队成员的沟通与协作，系统可能会整合社交功能，如讨论区、点赞、评论等。这将有助于建立更加积极的绩效文化，鼓励团队内部成员相互学习和支持。

（四）支持移动化与远程工作

随着远程工作的普及，数字化考核系统将更加注重移动端的用户体验和功能完善。系统将支持随时随地查看和更新绩效信息，以满足分布式团队的管理需求。

（五）与其他新兴技术的结合

未来系统可能会与虚拟现实（VR）、增强现实（AR）等技术结合，为被考核者提供沉浸式的培训和绩效考核体验。

此外，区块链技术也可能被引入以确保绩效数据的不可篡改性和透明度。

三、操作步骤示例

以下是某企业人力资源管理专家对数字化考核系统开发过程的详细描述。

（一）系统架构设计

技术架构：首先，需要设计一个稳定、可扩展的技术架构。这通常包括前端、后端、数据库和服务器等组件。考虑到系统的可扩展性和维护性，可以采用微服务架构，将不同功能模块拆分成独立的服务。

数据架构：设计合理的数据架构以支持大数据量的存储和高效查询。使用关系型数据库或非关系型数据库，根据数据特性和访问模式来选择。

安全架构：确保系统的安全性至关重要。需要设计身份验证、授权、数据加密和日志审计等安全机制。

（二）功能模块划分

绩效指标管理：允许管理员定义和修改绩效指标，如销售额、客户满意度、工作效率等。

数据收集与录入：被考核者或管理员可以输入绩效数据，如销售记录、客户反馈等。

绩效评估与计算：系统根据预设的算法和权重，自动计算员工的绩效得分。

报告与分析：生成绩效报告，提供数据分析功能，帮助管理层洞察员工和团队的绩效趋势。

反馈与沟通：被考核者可以查看自己的绩效结果，并接收来自上级的反馈。同时，系统支持被考核者与上级之间的在线沟通。

（三）数据收集与处理

数据源确定：明确数据收集的范围和来源，如销售数据、客户反馈、内部工作记录等。

数据清洗与整合：对收集到的原始数据进行清洗，去除重复、错误或不完整的数据，然后进行数据整合。

数据分析：运用统计学、数据挖掘等技术对数据进行深入分析，发现数据背后的规律和趋势。

（四）界面设计与用户体验优化

交互设计：设计直观、易用的用户界面，确保用户能够轻松导航和操作。

响应式设计：确保系统在不同设备和浏览器上都能良好地显示和运行。

用户测试与反馈：在开发过程中进行多次用户测试，收集用户反馈，并据此优化界面设计和用户体验。

（五）确保客观公正的评估机制

标准化评估流程：确保所有被考核者都按照相同的标准和流程进行评估，减少主观因素的影响。

多元化评估指标：采用多元化的绩效指标，以更全面、客观地评估员工的绩效。

透明的反馈机制：被考核者可以清晰地了解自己的绩效得分和反馈，确保评估的公正性。

（六）激励机制与持续改进

奖励与惩罚机制：根据绩效考核结果，设定相应的奖励和惩罚机制，以激励被考核者提高绩效。

持续改进：定期收集用户反馈和系统使用数据，对系统进行持续优化和改进。

直通职场

腾讯，作为中国领先的互联网公司，拥有数万名员工。随着公司规模的扩大，传统的绩效考核方式已经无法满足高效、准确、公平的需求。为了解决这一问题，腾讯决定开发一套数字化考核系统。该系统结合了大数据、云计算和人工智能技术，旨在实现绩效考核的自动化、智能化和公正性。

在开发过程中，腾讯首先梳理了现有的考核流程和标准，明确了考核维度和指标。然后，研发团队开发了基于云平台的考核系统，该系统支持多维度数据输入，包括被考核者的工作时长、项目完成情况、团队协作评价等。系统通过算法自动计算被考核者的绩效得分，并生成详细的考核报告。同时，系统还支持考核者对被考核者进行手动评价和反馈，确保考核的全面性和准确性。此外，该系统还具备强大的数据分析功能，可以帮助管理层深入了解员工的绩效情况，发现潜在的问题和改进空间。

数字化考核系统上线后，腾讯的考核效率得到了显著提升。被考核者可以随时随地查看自己的绩效情况，及时得到反馈并调整工作方向。同时，考核的公正性和透明度也得到了广泛认可。

任务分析

引入数字化考核系统后，企业可能面临以下挑战：

1. 员工存在抵触情绪：员工可能对新系统产生抵触，认为它缺乏人情味，无法完全反映自己的工作表现。

解决策略：加强员工沟通和培训，解释数字化考核的公正性和透明度优势，同时收集员工反馈，不断优化系统。

2. 系统适应性问题：不同部门和岗位的工作性质与要求不同，单一的考核系统可能难以适应所有情况。

解决策略：在系统设计中加入更多的灵活性和可定制性，允许根据不同部门和岗位的特点调整考核指标与权重。

3. 数据安全和隐私问题：数字化考核系统涉及大量员工的个人信息和工作数据，如何确保这些信息的安全性和隐私性是一个重要问题。

解决策略：加强数据加密和备份措施，确保只有授权人员能够访问和修改数据。同时，定期进行数据安全审查和培训，提高员工的数据安全意识。

学以致用

大学生在创新创业过程中可以尝试采用或者建立数字化考核系统，容易形成后发优势。利用先进的技术手段可提升创新创业的工作效率和成功率。首先，创业团队可以开发在线办公平台，实现远程办公、实时互动、智能评估等功能，感受更加便捷、高效的创新创业体验。其次，可以借鉴数字化考核系统的多元化考核方式，从多个角度全面评价创业团队成员的工作成果和创新能力，这将有助于激发项目团队成员的创造力和探索精神。再次，指导老师可以基于数字化考核系统的实时反馈和互动性及时给予学生反馈和指导，帮助他们发现问题并解决。最后，通过建立在线交流平台、定期组织线上讨论等方式，可以加强成员之间的互动和沟通，提升工作效果和创新能力。

在线练习

工作领域六

绩效反馈与改进

学习目标

知识目标

1. 理解绩效考核数据分析的概念。
2. 掌握绩效考核数据分析的方法。
3. 理解绩效反馈的主要形式。
4. 正确理解绩效反馈面谈步骤。
5. 理解和掌握绩效改进的流程。

技能目标

1. 能够运用绩效反馈的内容正确进行绩效面谈。
2. 能够在实际工作中运用好绩效面谈方法，确保员工充分理解其绩效表现。
3. 能够确定绩效改进的项目，找出所有可能的改进措施。
4. 能够制定绩效改进计划表。
5. 能够准确实施绩效改进流程。

素养目标

1. 培养较强的逻辑思维和数据分析能力，能够深入挖掘数据背后的含义和潜在问题。

2. 培养较强的适应能力和抗压能力，能够在面对复杂和不确定的情境时保持冷静与理性。

3. 培养持续改进和学习的态度，及时调整反馈策略和方法，确保改进效果。

4. 培养创新思维和创造力，不断探索新的解决方案和策略，以应对复杂多变的绩效挑战。

任务一　分析绩效考核数据

案例与任务导入

2023年末，新进入公司的人力资源经理小朱发现公司在进行绩效考核后，只是通过考核结果简单的评分或排名来了解被考核者的绩效状况，没有进行深入洞察，如绩效的波动、趋势、影响因素等。同时，公司也难以识别被考核者的优势、劣势以及潜在的发展空间，无法为其提供个性化的培训和发展计划，这可能导致被考核者的绩效改善不明显，甚至可能出现误导和无效投入。另外，公司在人才选拔、晋升、激励等方面的决策也缺乏充分的数据支持。此种流于形式的绩效考核，大大影响了员工的士气和工作积极性。长此下去，公司可能因为没有及时发现自身的不足和改进方向，在竞争激烈的市场环境中失去竞争优势。

面对以上状况，小朱决定从数据分析入手改变此种局面。

任务：请你谈谈对绩效考核结果进行数据分析的重要性。

理论基础与操作技能

一、绩效考核数据分析的基本内涵

绩效考核结束后，就需要对绩效考核数据进行分析，并将结果反馈给被考核者。绩效考核数据涵盖了被考核者在一个绩效周期内的工作成果、工作效率、工作态度、工作能力等。绩效考核数据分析是指通过对绩效数据的收集、整理、处理和分析，以评估被考核者的工作表现、发现潜在问题、制订改进计划，并为管理决策提供科学依据的过程，其结果是评估被考核者工作表现、制定激励政策和优化人力资源配置的重要依据。

二、绩效考核数据分析中常见的问题

在进行绩效考核数据分析时，由于种种主客观因素的影响，绩效考核数据分析中存在不少的问题，主要问题见表6－1。

表6－1　绩效考核数据分析中常见问题一览表

序号	问题	表现
1	数据不准确	如果数据来源不可靠，或者数据处理过程出现错误，就会导致错误的结论

续表

序号	问题	表现
2	指标设置不合理	如果指标设置过于复杂、难以量化、与实际工作脱节等，就会导致数据分析的结果无法反映被考核者的真实绩效情况
3	数据解读不准确	即使数据本身是准确的，但如果分析人员对数据的解读不准确，如带着主观偏见解读数据或者对数据的含义理解不够深入，就会导致错误的结论
4	分析方法不当	在绩效考核数据分析中，需要使用适当的数据分析方法。如果分析方法选择不当或者方法使用不当，就会导致结果的不准确。例如，有些方法可能适用于某些数据类型，但不适用于其他数据类型（详见工作领域三任务三“设计绩效考核指标评分标准”）
5	考核对象或考核标准不明确	如果考核对象或者考核标准不明确，就会导致考核者混淆被考核者相应的具体考核内容和标准，从而影响绩效考核的公正性和准确性
6	忽视非量化因素	如果仅仅关注量化数据，而忽视了某些非量化因素，比如创新能力、团队协作能力、工作态度等，就会导致对被考核者的绩效分析不全面

三、绩效考核数据分析方法

正确选择分析方法对于能否公正准确地了解被考核者的工作、发现其问题意义重大。目前还没有一种方法能够满足所有需求，不同的方法各具特点，每种方法都有其适用场景和优缺点。选择何种方法取决于组织的战略目标、考核目的以及可用的数据资源。在实际应用中，需要结合多种方法来进行全面、准确的绩效考核数据分析，以适应不同组织不同发展阶段对绩效考核数据分析的不同需要和不同目的。比较常见的绩效考核数据分析方法见表 6-2。

表 6-2 常见的绩效考核数据分析方法

序号	分析方法	说明	示例	适用场景	优点	缺点
1	顺序法	将绩效分数进行排序，根据排名确定绩效等级	将绩效分数从高到低排序后，前10%评为优秀	适用于员工绩效排名竞争激烈的场景，如销售团队	简单易行，直观明了	可能忽略具体分数差异，过于简化
2	等级分析法	设定明确的分数段，将绩效分数归入相应的等级	例如，0～59 分为不及格，60～69 分为及格，以此类推	适用于需要明确绩效等级划分的场景，如晋升评估	清晰明确，易于操作	分数段设定可能过于简单，不够精确

续表

序号	分析方法	说明	示例	适用场景	优点	缺点
3	对比分析法	对比在不同时间点的绩效数据，分析变化趋势	对比本季度与上季度的销售额变化	适用分析绩效随时间变化的场景，如持续改进和长期激励	揭示绩效变化趋势，预测未来	可能受外部因素影响，分析结果失真
4	综合分析法	考核多个绩效指标，为每个指标设定权重，用加权平均法计算出综合绩效得分	综合销售额、客户满意度和团队合作三个指标计算综合绩效得分	适用于需要综合考虑多个绩效指标的场景，如跨部门协作岗位	全面考虑，更准确地反映员工绩效	权重设定可能带有主观性，难以完全公正
5	360度评估法	从多个角度（上级、同事、下属、客户和本人）收集绩效数据考核被考核者绩效	通过上级、用人部门和求职者的评价来考核招聘专员的能力和态度	适用于需要全面了解员工绩效表现的场景，如管理岗位和团队合作岗位	评估角度全面，减少偏见	数据收集工作量大，可能存在主观偏见
6	关键绩效指标法（KPI）	设定具体的关键绩效指标，定期测量和评价被考核者的表现	将销售额和客户满意度设为销售人员的KPI	适用于目标明确、指标可量化的岗位，如生产、销售等	目标明确，便于员工自我管理和提升	可能忽略非量化指标，如团队协作
7	成本效益分析法	比较工作成本和产出，评估工作效益	分析销售人员薪资与销售利润的比例	需要权衡工作成本和产出的场景	强调成本效益，有利于优化资源配置	可能过于注重短期效益，忽略长期价值

四、绩效考核数据分析步骤

绩效考核数据分析旨在通过收集、清洗、分析和呈现数据，为组织提供有关绩效的深刻见解，进而为管理决策提供支持。整个过程基本包括明确问题、数据获取与清洗、可视化分析和数据挖掘、报告撰写、制定管理决策五个步骤。如图6-1所示。

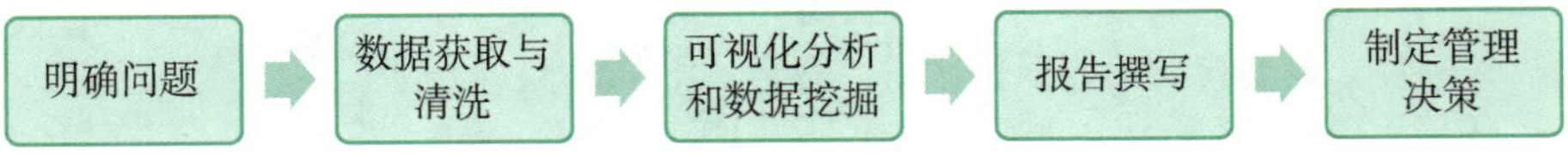

图6-1　绩效考核数据分析步骤

（一）明确问题

该阶段需要明确绩效考核的目标、关键绩效指标以及可能存在的问题。通过深入了解组织的业务需求和目标，可以确保数据分析能够直接服务于决策制定。假设销售团队的目标是提高销售额和客户满意度，那么就需要明确与这两个目标相关的关键绩效指标，如销售额增长率、客户满意度等，也要识别可能影响绩效的潜在问题，如销售流程瓶颈、客户反馈的常见问题等。

（二）数据获取与清洗

该阶段需要收集绩效考核数据并进行清洗，以确保数据的准确性和一致性。数据可能有多个来源，如 CRM 系统、ERP 系统、员工自评和上级评价等。如评估销售团队绩效，可能需要从 CRM 系统获取销售额数据，从 ERP 系统获取销售成本数据，以及从员工自评和上级评价中获取销售技能和服务态度数据。数据清洗时需要处理缺失值、异常值和重复数据，确保后续分析的准确性。如在整理数据时发现某业务员的销售额存在异常，就要核实是否是录入错误，并予以更正。

（三）可视化分析和数据挖掘

可视化分析有助于快速识别问题、发现机会并优化决策过程。数据挖掘是指在大量数据中，利用各种算法搜索隐藏于其中的有价值的信息的过程。数据挖掘技术可以通过图表、图形和报表等方式，将挖掘到的数据以可视化的方式呈现，可以更直观地理解数据和模型。

1. 图表分析

将清洗后的数据以图表（如柱状图、折线图、饼图、散点图等）、仪表板等形式展现出来，便于直观地理解数据的现有模式和变化趋势。如使用 Excel 或 Tableau（数据可视化分析软件）等工具，可以创建折线图来展示随着时间的变化销售额的变化趋势；使用条形图来比较不同业务员的销售额和客户满意度评分；使用散点图来识别销售额与客户满意度之间的潜在关系等。

2. 数据挖掘

除了基本的图表展示，还可以对数据进行深入分析和挖掘。第一步是数据准备，即从相关的数据源中选取所需的数据并整合成用于数据挖掘的数据集。第二步是寻找数据中的规律、规则、知识以及模式、关联、变化、异常和有意义的结构。第三步将挖掘结果以图表、图像等形式展示出来，方便决策者理解从而做出更准确的决策。

（四）报告撰写

绩效考核数据分析报告，要总结数据分析的主要发现、问题并提出建议。报告应清晰、简洁且具有针对性，以便管理层能够快速理解并做出决策。绩效考核数据分析报告一般包括：引言（概述分析目的和背景）、数据概述（提供关键数据的摘要）、主要发现（描述数据分析中发现的经验、问题和机会）、建议（基于分析结果提出改进建议）以及结语。

（五）制定管理决策

根据绩效考核数据分析报告中提出的决策建议及数据分析的其他发现，管理层需要制定相应的管理决策和改进措施，监控和评估改进措施的实施效果，并根据需要进行调整和优化，以实现业务目标。例如通过数据分析发现某个销售区域的销售额持续下滑，决策层可以增加该区域的营销预算或调整销售策略；如果通过数据分析发现客户满意度与销售人员的服务态度密切相关，决策层可以加强销售人员的培训以改善他们的服务态度，提高他们的服务技能等。

直通职场

某大型互联网公司为了提升员工绩效和企业整体绩效，决定实施一套全面的绩效考核体系，并对考核结果进行深入的数据分析。

首先，公司明确了各个岗位的绩效指标和评分标准，包括工作目标完成情况、团队协作、内部流程管理、客户满意度、创新能力等多个方面。通过收集员工的绩效数据，公司建立了一个庞大的数据库。

其次，公司运用数据分析工具对绩效数据进行处理和分析。通过描述性分析，公司了解了员工绩效的整体分布情况和离散程度，识别出了高绩效和低绩效员工群体。同时，公司还进行了相关性分析，探究了不同绩效指标之间的关联程度，以及绩效与员工个人特征之间的关系。

再次，公司进行了数据挖掘和机器学习。通过对历史绩效数据的挖掘，发现了影响绩效的关键因素和规律，如特定岗位的工作年限、项目经验等对绩效存在显著影响。公司利用机器学习算法构建了预测模型，能预测团队和员工未来的绩效表现。

最后，公司制定了一系列有针对性的绩效提升策略。对于高绩效员工，公司给予了更多的激励和晋升机会；对于低绩效员工，公司则提供了个性化的培训和发展计划，帮助他们提升绩效水平。公司还根据数据分析结果优化了绩效考核体系，使其更加符合公司实际和员工需求。

通过实施绩效考核结果的数据分析，该互联网公司的整体绩效水平得到了提升，公司业绩随之增长；还据此识别了潜在问题和改进方向，为公司的长期发展提供了有力支持。

任务分析

案例表明，不对绩效考核结果进行数据分析将严重限制组织对被考核者绩效的深入了解，很难制定有针对性的绩效提升策略、改善绩效考核体系的有效性以及作出准确的人力资源决策。因此，公司应重视绩效考核结果的数据分析工作，提升数据分析能力。为此就要掌握数据分析的技术手段，熟悉数据分析的工作步骤，形成详尽可靠的分析成果，化解组织因没有进行数据分析带来的潜在的管理危险。

学以致用

本任务的学习提醒我们可以通过教学的信息化系统全面收集学生的各方面数据，包括到课情况、课堂表现、课外表现、学业成绩、实践活动参与情况、团队协作能力、创新思维等方面的表现。然后，运用数据分析工具，对收集的数据进行深入挖掘和解读，识别学生在知识、技能、素养等方面的潜在优势和薄弱环节。基于数据分析结果，为每位学生制定个性化的培养方案。针对表现突出的学生，可以提供高级别的课程和实践机会；而对于存在短板的学生，则可以加强基础知识和技能的培训，并提供必要的心理和情感支持。

在线练习

任务二　绩效反馈

案例与任务导入

某公司年终绩效考核结束后的一天，市场部赵经理在办公室门口遇到了本部门员工小李。

赵经理："小李，有时间吗？"

小李："什么事情，经理？"

赵经理："想和你谈谈年终绩效的事情。"

小李："现在？要多长时间？"

赵经理："就一小会儿，我 9 点还有个重要会议。大家都很忙，我也不想浪费你的时间。"

小李："……"

赵经理："我们开始吧，我一贯强调效率。"

于是，小李在赵经理放满文件的办公桌对面不知所措地坐下来。

赵经理："小李，今年你的业绩总体来说还过得去，但和其他同事比还是差很多，你是老员工了，我还是很了解你的，所以我给你的综合评价是 3 分，怎么样？"

小李："经理，今年的很多事情你是知道的。我认为自己做得还不错呀，年初安排给我的任务我都完成了。另外，我还帮助其他同事做了很多工作……"

赵经理："年初是年初，你也知道公司现在的发展速度。半年前部门接到了新的任务。我也对大家宣布了，结果到了年底，新任务还差了一大截没完成，我压力也很大啊！"

小李：“可是你也并没有因此调整我们的目标啊?!”

这时候秘书直接走进来说：“赵经理，大家都在会议室等你呢!”

赵经理：“好了好了，小李，写目标计划都是人力资源部门要求的，他们哪里懂公司的业务！他们只是要求你把表格填得完整、好看，还给每个部门分派了指标，其实大家都不容易。再说了，你的工资也不错，你看小赵，他的基本工资比你低，工作却比你做得好，所以我想你心里应该平衡了吧。明年你要是做得好，我会让你满意的。好了，我现在很忙，我们下次再聊。”

小李：“可是，你去年年底评估的时候……”

赵经理没有理会小李，匆匆地离开了办公室，面谈就这样结束了。

资料来源：刘凤霞. 绩效管理：理论、方法与实务［M］. 北京：中国人民大学出版社，2020. 有改动。

任务： 请同学们讨论一下，赵经理和小李的绩效面谈存在哪些问题？

理论基础与操作技能

一、绩效反馈概述

绩效反馈主要通过管理者与下属之间的沟通，就下属在考核周期内的绩效情况进行面谈，在肯定成绩的同时，找出工作中的不足并加以改进。目的是让下属了解在本绩效周期内的业绩是否达到绩效合同预定的目标，管理者和下属双方就考核结果进行确认；共同探讨绩效考核实施过程中存在的困难和问题并制订改进计划。由于绩效反馈在绩效考核结束后实施，而且是管理者和下属的直接对话，因此，有效的绩效反馈对绩效管理起着至关重要的作用。绩效反馈可以进行以下方面的分类。

（一）按反馈中被考核者的参与程度分类

根据被考核者参与程度的不同，绩效反馈可分为指令式、指导式、授权式。

指令式是传统的反馈模式，其主要特点是管理者只告诉下属，他们做的哪些是对的，哪些是错的；他们应该做什么，不应该做什么；为什么应该这么做，不应该那么做。员工的任务是听、学，然后按照管理者的要求行事。

指导式将教与问相结合，同时以管理者和下属为中心，管理者关注的是反馈的内容，他们会不断地问员工。如：为什么认为这种行为不对？是否知道如何做得更好？在几种方案中哪种更好，为什么？这样下属就可以与管理者共同探讨解决问题的方法。

授权式以问为主、以教为辅，完全以员工为中心。管理者较少发表自己的观点，注重帮助员工独立地找到解决问题的方法。它与指导式所问的问题类似，但问题的内容更广泛、更深刻。

（二）按反馈正式程度分类

可以分为正式反馈和非正式反馈两类。正式反馈是事先计划和安排的，如定期的书面报告、面谈、有管理者参与的定期小组会或团队会等。非正式反馈的形式多种多样，如闲聊、走动式交谈等。

（三）按反馈的规模分类

可以分为个人（一对一）绩效面谈和集体绩效面谈。

（四）按照反馈的途径分类

可以分为电话反馈、邮件反馈和公示等。

下面就第三类和第四类反馈方式适用场景说明如下，具体见表 6－3。

表 6－3　不同绩效反馈方式的适用场景

反馈方式	说明	适用场景	特点
个人绩效面谈	由管理者与下属进行一对一面谈	作为正式的考核结果沟通，双方要做好充分准备	沟通充分，能通过肢体语言更好地把握员工情绪
集体绩效面谈	由管理者与多位下属进行面谈，或者邀请多位考核者与多位被考核者进行面谈	对团队绩效进行总评，邀请相关部门进行反馈，可作为个人绩效面谈的补充	相关部门、团队成员间能进行交流，形成会议纪要，沟通效率高，但无法进行私密交流
电话反馈	由管理者与下属就绩效结果进行电话沟通	在异地或时间紧迫时，只能进行电话沟通，适用于难度小的考核结果沟通	解决异地问题，但无法现场把握员工情绪，对难度大的考核结果沟通，须谨慎采用
邮件反馈	由管理者用邮件方式反馈考核结果并征求员工意见	比较适合为正式的电话或面谈反馈作铺垫	可表达不方便当面反馈的内容，但因信息单一而易引起误解
公示	由管理者在特定范围内公示考核结果并征求员工意见	在绩效反馈面谈后，可以树立绩效标杆，也给管理者带来客观考核的压力	结果公开，对被考核者刺激较大，对管理者成熟度要求较高

二、绩效反馈面谈

绩效反馈面谈是正式绩效反馈的主要形式。一些组织不够重视绩效反馈面谈，往往将填写考核表、计算考核结果视为绩效管理的全过程。实际上，如果缺少将考核结果和管理者的期望传达给被考核者的环节，就无法实现绩效管理的最终目的。

绩效反馈面谈是指由直接上级与被考核者进行面对面的沟通，向被考核者告知评价结果，共同分析绩效优缺点及其原因，发扬优点，克服不足，制订绩效改进计划的活动。在绩效管理体系中，根据考核层次的不同，反馈面谈的参加者也有所区别。一般而言，对于组织和部门层面的绩效反馈，参加者应为组织和部门的负责人及其上级主管领导；而对于个人层面的绩效反馈，参加者则是被考核者本人及其直接上级。绩效反馈面谈表见表 6－4。

表 6-4　绩效反馈面谈表

面谈对象		部门		岗位	
面谈人		面谈时间		面谈地点	
面谈方式		□一对一		□集体	
绩效面谈内容					
一、考核周期内的绩效情况回顾 （上级引导，告知员工考核期内绩效分数和等级）					
二、考核周期内突出的优势与不足 （面谈人讲述，根据面谈内容填写反馈，人力资源部参与，对不足项要有对应改进计划及建议，双方确认）					
三、人力资源部建议及改进计划检查周期，需要协调或协助事宜 （此项由面谈人根据现场达成一致意见进行填写）					
四、面谈人/面谈对象的其他建议与意见					
部门负责人签字		面谈人签字		被考核者签字	

备注：绩效反馈面谈表由面谈人整理，相关人员签字后交人力资源部备案，作为绩效评优的有效证据。

（一）绩效反馈面谈的步骤

1. 前期准备

（1）选择合适的面谈时间。

一般来说，管理者应根据工作安排并在征得下属同意的前提下确定面谈时间。尽量不要将绩效反馈面谈安排在临近上下班的时间和非工作时间，并且商定的时间并不是一个时间点而应当是一个合适的时间段。时间段的长短要适宜，比如半小时到一小时，以顺利达成反馈成果为准。

正确绩效面谈

（2）选择合适的地点和环境。

绩效反馈面谈可以选择在工作区域内或工作区域外的地方。工作区域内的主要反馈地点有管理者的办公室、会议室、接待室，其中小型会议室或接待室比较理想，因为这些地方一般不易受干扰。但现实中，管理者的办公室成为最常见的选择。在办公室进行绩效反馈面谈，务必确保面谈不被干扰或者中途打断。管理者最好拒绝接听电话，停止接待访客。面谈时场所最好是封闭的，避免受周围环境影响。工作区域外的地方有咖啡厅、茶楼等，这些地点可以拉近管理者与下属之间的关系，使下属和管理者在轻松的环境中充分表达自己的真实感受。

（3）收集整理面谈所需的信息资料。

面谈前，管理者和面谈对象都要收集和整理绩效实施过程中积累的有关绩效信息。

管理者必须准备并熟悉的资料主要包括绩效管理制度、绩效考核表、工作情况记录和工作总结、该绩效周期的绩效计划和绩效考核结果以及被考核者的基本信息。面谈对象则应该充分收集整理能够表明自己绩效状况的事实和数据等，还可以准备好与绩效管理有关的问题，以便在面谈中向管理人员提问和咨询。

2. 实施面谈

事先设计完整而合理的绩效面谈过程是成功实施绩效反馈面谈的保证。在进行面谈前，负责面谈的管理人员应该对面谈的内容进行详细的计划。绩效反馈面谈主要包括以下七个技巧：

（1）创造和谐的面谈气氛。

面谈开始的气氛往往对面谈的成功产生重要影响。如果面谈开始有一个和谐的气氛，员工就能无拘无束地表达意见，传递真实信息，促使双方顺利沟通。双方在和谐的气氛中开始，在友好的告别中结束，才能真正达到帮助员工提高绩效的目的。和谐气氛要通过心态和环境来营造。管理者要摆正心态，开诚布公，坦诚相待。在面谈开始时可以谈论一些比较轻松的话题，或者表达对下属的关心和慰问，拉近双方的关系。

（2）清楚说明面谈的目的和作用。

一般情况下，绩效反馈面谈的目的主要有：对比工作目标，评估工作表现；确定改进项目，共同制订工作绩效改进计划；作为培训、加薪、晋升等的参考。明确面谈目的，可以让员工明白面谈的作用，消除其心中的疑虑。

（3）告知考核结果。

考核者按照考核的具体分值、评价标准，将一年或阶段性工作绩效的考核结果以及从其他考核者那里得到的有关意见，实事求是地告诉被考核者。注意告知结果时，不要对结果进行判断，而是要对结果进行描述。考核结果要与书面考核意见保持一致，不能避重就轻。

对于表现优秀的员工，要给予正面反馈，肯定其工作价值，说明其工作的重要性及贡献，感谢其努力。正面反馈要做到以下三点：

首先要真诚。要让员工真实感受到管理者的满意，表扬是真情流露，不是套近乎。

其次要具体。表扬要有针对性，有具体的事实，而不能笼统地说表现很好。

再次要有建设性。要让员工知道自己的表现达到或超过了管理者的期望，通过强化员工的正面表现鼓励他以后继续保持。

给出负面反馈时，要适当地指出员工的不足之处，提出一些建设性意见。要让员工真实感受到管理者的不满意，帮助员工分析原因及影响，提出管理者的期望。一般可以采用 BEST 方法来处理。

BEST 法是按照四个步骤组织面谈。第一步是描述行为（Behavior Description），说明员工做了什么事情；第二步是表达后果（Express Consequence），客观、准确描述员工行为带来的结果；第三步是征求意见（Solicit Input），引导员工思考和回答应该怎样改进；第四步是着眼未来（Talk about Positive Outcomes），对员工提出的改进方案给予肯定和支持。

示例：

某公司市场部的小王在制作标书时犯了一个错误，这时候管理者就可以用 BEST 法对他进行绩效反馈面谈。

B：小王，9月份你制作的标书中报价出现了错误，单价和总价不对应，这已经是你第二次在这个地方出错了哦。

E：你的工作失误使销售员的工作非常被动，给客户留下了很不好的印象，这可能会影响到我们的中标及后面的客户关系。

S：小王，你怎么看待这个问题？准备采取什么措施改进？

小王：我准备……

T：很好，我同意你的改进意见，希望在以后的时间里，你能说到做到。

（4）绩效结果分析。

对员工绩效好的方面，分析成功原因，还有哪些强项与潜力；对其绩效差的方面，要分析差的原因，找出问题所在。

（5）共同制订工作改进计划和下期工作目标。

绩效面谈中，管理者代表组织面谈的焦点应是员工的绩效改进。首先，在员工接受考核结果后，要将问题集中在员工绩效可改进之处，并商讨新的绩效目标，制订具体的改进计划，确定检查改善进度的日期。

（6）形成面谈记录。

在面谈结束之后，一定要与员工做好书面面谈记录（见表6-5），双方签字确认；对于还有异议而没有形成共识的问题，可以与员工约好下次面谈的时间，就专门的问题进行二次面谈。

表6-5　员工绩效面谈记录表

<table>
<tr><td>被考核人</td><td></td><td>部门</td><td></td></tr>
<tr><td>职务</td><td></td><td>上级部门</td><td></td></tr>
<tr><td>考核期</td><td></td><td>面谈时间</td><td>年　　月　　日</td></tr>
<tr><td>面谈人</td><td></td><td>职务关系</td><td></td></tr>
<tr><td colspan="4">一、员工满意度问题交流（“Q12”问题）</td></tr>
<tr><td colspan="4">具体问题：
1. 我知道对我的工作要求吗？
2. 我有做好我的工作所需要的材料和设备吗？
3. 在工作中，我每天都有机会做我最擅长做的事吗？
4. 在过去的七天里，我因工作出色而受到表扬了吗？
5. 我觉得我的主管或同事关心我的个人情况吗？
6. 在工作单位有人鼓励我的发展吗？
7. 在工作中，我觉得我的意见受到重视吗？
8. 公司的使命/目标使我觉得我的工作重要吗？
9. 我的同事们致力于高质量的工作吗？
10. 我在工作单位有最要好的朋友吗？
11. 在过去的六个月内，工作单位有人和我谈及我的进步吗？
12. 过去一年里，我在工作中有机会学习和成长吗？</td></tr>
</table>

续表

二、对员工在本考核期内所完成工作的总结回顾及客观评价
工作内容和职责 工作进展与成效，工作成果评价 未完成的工作内容及原因分析，不足与改进意见
三、员工在下一个考核期的工作计划以及绩效改进方向
下阶段工作目标、工作计划/工作安排、工作内容或上级期望（本部分可由员工先考虑，面谈中再由双方进行修改确认，例如考核指标的调整等） 为更好地完成本职工作和团队目标，员工在下一阶段需要努力和改善的绩效（重点改进方向），部门经理的期望、建议、措施等
四、针对下一步工作，员工最希望得到的帮助/支持/指导
五、关于个人成长以及意见反馈
1. 工作、生活、学习中的烦恼和困难（例如个人成长方面） 2. 对部门以及公司管理工作的建议和意见（包括不满、抱怨等） 3. 工作意向变动（个人发展方向、近几年在公司内部的赶超对象等） 4. 个人成长需要的帮助和支持
六、以上面谈提纲中未涉及的其他面谈内容

员工签字（我同意面谈内容）：__________ 面谈人签字（我同意面谈内容）：__________

注：盖洛普公司经过多年的调查研究，总结出十二个维度（问题），称为 Q12，是员工满意度调查的一种手段，也是一个测评和管理基层工作环境的工具。用作测量时，它们是 12 个问题，不仅能用来评测一个部门/班组的工作环境，而且能据此区分优秀和一般的部门/班组；用作管理时，它们是 12 个重点。

（7）以正面激励话语结束面谈。

双方对绩效考核的各项内容基本达成一致意见之后，就可以结束面谈。在面谈结束时，管理者可以回顾面谈内容，并以积极、鼓励的方式结束面谈。例如，“感谢你的理解和支持，相信通过这次谈话，我们能互相帮助，在未来的工作中取得更好的成绩。”这样可以让面谈对象鼓足干劲，以满怀斗志的状态开始下一绩效周期的工作。

至此，整个面谈过程也可以称为汉堡包法。示例如下：

“小张，上一个月，你在培训计划编制、培训工作组织、培训档案管理……方面做得不错，不但按照考核标准完成了任务，还做了不少创新，比如在××工作中提出了××建议，对公司的培训管理起到了很好的促进作用，继续发扬哦。不过，我们也发现了一些需要改进之处，比如培训效果评估，这一直是我们公司的痛点，你也存在这个问题，有的培训没有做效果评估，有的培训做了评估但都停留在表面上，这样培训就容易流于形式。我想听听你的看法。”

“关于培训效果评估，我是这么想的，以后我们可以这么做……”

“嗯，不错！我赞同你的想法，我们把它列入你的改进计划，好吗？”

3. 总结和改进

在绩效反馈面谈结束之后，管理者要对面谈的整体情况和效果进行评估，对面谈过程中所记录的内容进行反思与总结，对面谈对象提出的疑问或要求予以高度重视，并采取具体的方法和手段加以解决。除此之外，管理者也要对自己在面谈过程中的表现进行反思，如是否采用了建设性的沟通方式、是否为下属提供了有效的支持与帮助等，以便在下一次绩效反馈面谈中取得良好效果。

（二）绩效反馈面谈中应注意的问题

一般来说，人们喜欢听对自己积极的评价，对消极的评价容易产生抵触情绪。由于绩效考评结果事关员工的奖惩及晋升等切身利益，所以员工对绩效反馈面谈非常敏感，与员工进行沟通时，需要注意以下问题。

1. 要保持双向信息沟通

在绩效考核过程中，难免会产生偏差。因此绩效反馈面谈过程中，管理者要通过询问和员工的说明、申辩，澄清一些事实，纠正一些偏差。此外，管理者还要就员工的要求、建议与下一绩效周期的工作计划等与员工进行广泛沟通。这样才能激起员工改进不足的信心。

2. 要因人施策

第一，与优秀员工进行绩效反馈面谈最顺利，但管理者也要注意两点：一是要鼓励员工，为他制订个人发展计划；二是不要急着许诺，也不要应允提拔或给予物质奖励。

第二，与绩效差的员工进行绩效反馈面谈要对事不对人。面谈重点集中在以具体数据为基础的考核结果上，避免泛泛而谈。要和员工一起分析绩效差的具体原因，比如工作态度不端正、积极性不高、技能不足、工作条件差等。找出原因后再与员工制定改进措施。

第三，与年龄大、工龄长的员工进行绩效反馈面谈要慎重。面谈时要对他们充分尊重，肯定其历史贡献，说话要耐心且充满关切，多为他们出主意。

第四，与过分自信的员工进行绩效反馈面谈要讲究策略。对他们要耐心开导，说明政策是论功行赏，用事实说明他们还有一定差距，但不能只泼冷水，还要与他们讨论未来发展的可能性与计划；也不能让他们以为只要达到某一目标就一定能马上获得奖励或晋升，同时也要说明只要努力进步，待机会到来，自然水到渠成。

第五，对性情急躁的员工要有耐心。与这类员工进行绩效反馈面谈时要有耐心、冷静，先等员工把话说完再查找原因。

第六，对沉默内向型员工要多鼓励。对于这类员工，管理者态度要温和，多征询他们的意见，鼓励他们说出内心的真实想法。

错误绩效面谈

直通职场

面谈 1

生产经理 A：最近你负责的生产线，每日生产的乙产品未能达到预定的产量，而且部分品质指数低于标准，你怎么解释？

车间主任：乙产品产量没有达到标准是因为该产品属于新产品，作业员在操作上还不太熟练，品质指数低于标准是因为一部分检验标准改变，而且近来原材料品质不太稳定。

生产经理 A：你是车间主任，你应该设法去解决这些问题，我希望你给我一个明确的日期，什么时候可以达到产量与品质的标准，一个星期够不够？不要因为你的无能造成公司的损失。

面谈 2

生产经理 B：你辛苦了，最近甲产品的产量及品质表现都很不错，要继续努力。不过，乙产品的产量与品质状况不如预期的理想，你认为原因是什么？我们共同探讨一下，好吗？

车间主任：乙产品是新产品，作业员操作不熟练，可能是主因，另外品质标准修改，检验员也不熟练，材料品质不稳定也是原因。

生产经理 B：甲产品与乙产品类似，为什么甲产品可以达到产量指标而乙产品不行？品质标准修改了哪些部分？检验员培训够不够？

车间主任：甲产品与乙产品外形类似，但乙产品的内部结构更复杂，在装配乙产品的过程中，有两个检验仪器老旧，功能落后，经常需要人工操作，所以耽误时间，而且往往不正确。

生产经理 B：你将这些问题罗列出来，哪些是需要我帮你解决的，你尽快交给我，我会协助你解决，我们共同来克服这些困难。

思考：生产经理 A 与 B 的绩效反馈面谈区别体现在哪些方面？

任务分析

绩效反馈面谈是通过面谈的方式，由管理者为下属确认本期考核结果，帮助员工总结经验，找出不足，共同确定下期绩效目标和改进措施的过程。赵经理与小李的绩效面谈明显是失败的，不仅流于形式，而且会使员工逐渐厌恶绩效面谈，造成沟通障碍，起不到积极作用。存在的问题主要体现在以下几个方面：

1. 绩效面谈之前双方没有做准备。面谈之前，管理者和下属应该就信息收集、时间约定、面谈地点和面谈的流程进行充分准备，做好详尽的计划。不能像赵经理这样，遇到了员工小李就让他到办公室，双方对绩效面谈都没有准备，连时间都无法保证。

2. 面谈时没有营造和谐互信的良好氛围。赵经理安排的绩效面谈就在自己杂乱的办公室，一开始使得小李感到“不知所措”，秘书还可以随便进入，严重影响了面谈氛围。

3. 忽视了员工对自身绩效情况的总结和评述，赵经理一开始先入为主地直接抛出自己的结论，直接告诉小李自己给了较低的综合评分，指出其工作的不足，而且不给小李充分解释的机会。整个面谈基本没有互动，沟通明显不畅。

4. 没有将事实和数据作为基础。在判断员工绩效好坏时，赵经理只是通过“我还是很了解你的”来对小李进行评价，明显没有相关事实和数据积累，是主观的，因此也招致了小李的质疑和不满。

5. 将绩效考核结果跟工资混为一谈。绩效面谈的主要目的是讨论如何改善绩效。赵经理随便将下属表现和工资直接挂钩，很容易让下属由于害怕减少工资而故意隐瞒问题。

6. 没有共同达成改进计划就草草结束。赵经理没有让小李找到问题所在，也没有提供有用的指导与建议，就匆匆离去，草草收场。

学以致用

绩效反馈是一个全面、互动和启发式的过程。在大学生的学习和工作过程中，老师和学生都要注意反馈自己的教育和学习的感受体会，实现真正的教学相长。当前教育信息化手段日益先进，老师可以通过教学信息化平台和课堂观察获取学生的学习信息，将这些信息第一时间以合适的方式比如社交平台软件微信、QQ 向学生个别反馈，包括肯定和提醒；也可以在课堂上针对一些重要的共同性问题灵活调整教学进度，进行集中反馈，以此保证教学质量和教育目标的实现。大学生也可以通过同样的渠道将自己内心的疑惑反馈给老师，争取老师在私域空间或者公共场域下帮助自己的学习进步。

在线练习

任务三　绩效改进

案例与任务导入

小李是技术支持部新提拔的一名主管。他原本是该部门的一名普通员工，由于他能创造性地运用现有技术为公司的设备维护、维修、升级等提供支持，为公司降低了成本，增加了收益，因此2024年初就被破格提升为主管。大家都十分钦佩他的工作才干和钻研精神，视他为楷模。但是，赵经理在2024年的年度考核中发现，小李所在团队的一些新进员工对他在新员工培训工作中的表现很不满意，小李在培养下属和指导下属职业生涯发展这一评价指标上的得分很低。为此，赵经理与小李进行了绩效反馈面谈，共同制订了2025年度的绩效改进计划。一贯认真的小李对这项绩效改进计划也不折不扣地执行，很好地完成了从普通员工到主管的转变，改变了过去仅依靠技术优势树立个人专家权威的状况，提高了管理团队的领导力。

任务：思考赵经理该如何指导小李制订绩效改进计划。

理论基础与操作技能

一、绩效改进的含义

绩效改进既是绩效考核结果的重要应用领域，也是绩效反馈面谈当中重要的沟通内容。绩效改进是一个系统化的过程，就是通过对被考核者现有工作绩效进行分析，找出与目标绩效之间的差距，查明原因，制订并实施相应的改进计划来缩小绩效差距，从而提升个人、部门和组织绩效水平的过程。

绩效改进的流程

二、绩效改进的流程

（一）找差距

这是绩效改进流程的第一步，其任务是找出个人、部门和组织层面存在的绩效差距。在为被考核者工作绩效寻找差距时，一般从三个维度去分析，也就是采用三种方法。一是目标比较法。将考核期内的实际绩效成果与计划目标进行对比，寻找不足。如，某业务员绩效合同定的销售目标为100万元，实际只完成了80万元，其差距就是20万元。二是水平比较法。将考核期内被考核者的绩效成果与上一期（或上一年同期）的业绩进行比较（即环比和同比），比较其进步或退步的程度。如，小张上个月考核时产品抽查不合格率为 5%，本月产品抽查不合格率为 8%，虽然没有超过企业 10%的标准，但比上个月超出 3 个百分点，小张需要加强学习，提高工作技能。三是横向比较法。在各个部门或单位之间、各个员工之间进行横向对比，找出被考核者工作绩效存在的不足。

（二）找原因

在发现被考核者的工作绩效与绩效目标存在差距之后，管理者应当和被考核者一起查找和分析产生差距的原因。如，员工方面，是否个人知识和技能欠缺，或者目标不明确、动力不足？管理者方面，是否辅导不当，给予员工压力过高，对员工工作没有给予及时有效反馈，或者不重视员工建议，没有给员工提供相关培训？环境方面，是否存在设备缺失、资源不足，或者工作条件艰苦、工作方法不当，甚或人际关系紧张？等等。

某公司绩效差距原因分析表如表 6－6 所示：

表 6－6　某公司绩效差距原因分析表

影响绩效的维度		工作绩效不佳的原因	备注
员工	知识		
	技能		
	努力程度		
	目标/动力		
管理者	监控/辅导		
	授权/资源		
环境	工作条件		
	外部机会		

（三）想办法

找到绩效差距的原因后，管理者应与被考核者一起，对改进所需的时间、精力和成本等因素进行综合考虑，确定绩效改进的项目，并利用头脑风暴和鱼骨图（因果图）等方法，找出所有可能的改进措施。改进可以从被考核者、管理者、环境和机会四个方面采取措施。

被考核者可以采取的措施有：向有经验的同事或领导请教和学习，观摩同事的成功做法，参加组织内外的专业培训和行业研讨会，阅读相关图书资料，等等，这有助于填补被考核者的知识和技能缺口，并提高他们在工作中的表现。

管理者可以采取的措施有：向组织内有经验的其他管理者学习，向人力资源管理专家咨询，参加组织内外关于绩效管理方面的培训，以此提高自身领导力和领导艺术。

环境方面，管理者根据组织工作需要适当调整下属分工或在组织内与员工进行适当沟通，调和内部人际关系；在资源有限的条件下，尽力改善被考核者的工作条件等。

机会方面，管理者帮助被考核者从宏观和微观等角度对组织所处的经济、政治、社会和技术环境进行分析，规避风险，克服困难，寻找实现绩效的机会。

由于组织资源有限，弥补绩效差距需要付出一定的人力、物力和财力，如果在多个方面都存在差距，就需要对绩效改进要点进行取舍。要综合考虑每个拟选项目所需的时间、精力和成本因素，从用时较短、精力花费少及成本低方面着手。除此之外，绩效差距与组织战略的相关性、存在差距的部门在组织结构中所处位置的重要性等都是确定绩效改进排序的重要因素。

（四）定计划

绩效改进计划的制订要符合以下要求：

（1）符合实际。可以将容易改变的最先列入计划，不易改变的列入长期计划，不需要改进的不列入计划。

（2）有时间限定。要规定每一时间段改进的工作内容，即制定绩效改进的时间进程表，避免改进计划束之高阁，流于形式。

（3）内容具体。要拟定具体的行动方案，如阅读指定的书刊、参加相关的培训和经验交流与指导活动等，切忌提一些空泛的目标。

（4）获得双方认同。管理者与下属要共同认可绩效改进计划，这样才能保证计划的顺利实现。

（5）有资源保障。拟订计划时双方要确定需要哪些内外部资源，管理者要予以保障，包括上级授权、推荐客户、提供培训、财政保障等。

××公司绩效改进计划样表如表 6 - 7 所示：

表 6 - 7 ××公司绩效改进计划样表

员工：赵五　　职位：汽车销售顾问　　部门：销售部

直接主管：刘云　　制订计划时间：2024 年 3 月 1 日

待改进的项目	改进的原因	目前水平	期望水平	改进的措施与所需的资源	评价的时间
客户沟通技巧	与客户沟通是销售顾问的主要工作，本人有较大欠缺	2 分	3 分	参加客户沟通技巧培训。本人注意体会和收集客户的反馈，与优秀销售顾问一同接待客户，观察并学习他们与客户沟通时好的做法	2024 年 12 月
汽车专业知识	需要了解较多的产品知识，本人不够专业	3.5 分	4.5 分	查阅有关的资料和图书；参加销售部举办的专业知识培训；多向他人请教	2024 年 5 月

续表

待改进的项目	改进的原因	目前水平	期望水平	改进的措施与所需的资源	评价的时间
撰写销售报告	要以书面形式报告销售情况，与主管和同事进行深入交流	3.5 分	4.5 分	学习同事撰写的销售报告，主管进行相关的指导	2024 年 8 月

直通职场

某企业在进行绩效管理时，发现一些员工的绩效得分较低，表现不够出色。经过分析，公司发现这些员工的工作任务比较固定，缺乏挑战性和创新性，这导致他们的工作积极性和创造力不足，绩效得分偏低。

针对这一问题，公司采取了以下措施：

1. 重新规划工作任务。公司将一些有挑战性和创新性的工作任务分配给原本绩效较差的员工，让他们能够有机会接触新的工作领域，提升自身能力和素质。

2. 加强培训和学习。公司为员工提供更多的学习机会和资源，促进员工的个人成长和职业发展。

3. 优化绩效考核标准和方法。公司强调绩效考核的客观性和公正性，避免考核中的主观因素对绩效考核的影响。

4. 建立绩效管理机制。公司成立绩效管理委员会，明确各层级考核对象工作目标和绩效考核标准，加强对员工绩效的监控和管理，提高其工作积极性和创造力。

通过以上措施，公司成功地改善了员工的绩效表现，提高了员工的绩效得分，促进了企业的发展和进步。

任务分析

根据案例要求，管理者要提高小李培训新员工的能力，改变新员工对小李的看法。赵经理和小李共同制订切实可行的改进计划，具体做法应该包括以下几个方面：

1. 绩效改进计划的内容包括：预期改进目标、计划采取的措施、执行者、执行时间、管理者可以提供的帮助、管理者对下属绩效改进情况的监控和辅导。

2. 绩效改进计划应当是在管理者和下属充分沟通的基础上制订的。单纯按照管理者的想法制订绩效改进计划，可能会使改进项目脱离实际，因为管理者并不一定很确切地知道每个员工的具体问题，管理者认为应该改进的地方可能并不是员工真正需要改进的地方。单纯让员工制订绩效改进计划，虽然可以激发其积极性，但是员工有可能避重就轻，漏掉重要的项目。只有管理者和员工就这一问题进行充分探讨，才能有效地实现绩效改进的目的。

3. 绩效改进计划制订后，双方要签字确认。这可以增强管理者和下属双方的承诺感。

学以致用

对于大学生而言，不管是日常学习还是参加诸如创新创业之类的技能竞赛活动，都要在将理论知识与实际相结合的过程中，不断试错、调整和优化，提高自身的知识水平，掌握相关技术技能，培养创新思维以及团队协作、问题解决等能力。

在线练习

工作领域七

绩效考核结果应用与诊断开发

学习目标

知识目标

1. 了解绩效考核结果在人力资源管理和组织管理其他方面的应用。
2. 了解绩效诊断的内容。
3. 正确理解各级考核者诊断的责任。
4. 理解绩效管理系统再开发的内容。

技能目标

1. 能够将绩效考核结果应用于招募与甄选、培训、薪酬管理、劳动关系管理等人力资源决策。

2. 能够根据绩效结果和反馈，持续改进和优化绩效管理系统，提高系统的有效性和效率。

3. 能够掌握绩效诊断的内容，对绩效管理体系进行诊断，以发现潜在的问题和改进空间。

素养目标

1. 培养严谨的工作态度和高度的责任感。
2. 培养创新思维，能够针对绩效管理系统中的问题提出新颖、有效的解决方案。
3. 培养系统思维，以及与团队成员和其他部门紧密合作的协同精神。

任务一 绩效考核结果的应用

案例与任务导入

KH公司处理绩效考核问题的全新办法

KH公司最近在人事决策方面针对绩效考核结果决定实施非惩罚性处分，其核心思想是倡导责任和尊重，认为每个员工都是成熟、负责、值得信任的成年人。这种新方法强调不使用惩罚，取消了警告、训斥、无薪停职，着眼于要求员工承担责任和决策。公司管理层甚至还取消了传统的无薪解雇，代之以带薪停职处分。具体做法是：

通知员工第二天将被停职，他必须在停职结束时回来做出决定：要么解决当前问题并完全承诺在各方面工作中达到令人满意的表现，要么另谋高就。公司负担停职期间的工资，以表示希望看到员工改正并留下来的诚意。但是，如果员工再次犯错就会遭到解雇。

非惩罚性处分先从非正式会谈开始。如果这些会谈未能产生结果，就会采取进一步的处分措施。当非正式的会谈过程和绩效改进讨论不能成功地解决员工的绩效问题时，主管所采取的第一级正式处分措施是"首次提醒"，也就是讨论员工存在的问题，提醒员工注意自己有责任达到组织的标准，并希望员工的表现令人满意。

如果问题继续存在，主管就会给予"二次提醒"。主管将再次跟员工会谈，争取他同意解决问题。会谈后，主管将讨论内容正式编写成备忘录交给员工。"提醒"不同于"警告"或"训斥"，而是提请员工注意两个问题：一是现有绩效和期望绩效之间的具体差距；二是他有责任拿出合格的表现，做好他该做的工作。

如果这些措施不能成功地说服员工解决绩效问题，就需要果断采取行动——带薪停职。

通过这种新的绩效管理方法，公司紧张的气氛得到了缓解，员工消极怠工等现象得到了遏制。

任务：分析本案例属于绩效考核结果应用的哪种情形，取得了什么样的效果，除此之外，绩效考核结果还可以用于企业管理的哪些方面。

理论基础与操作技能

一、绩效考核结果在人力资源管理中的应用

（一）应用于人力资源规划

（1）可以为组织制定人力资源规划提供重要的数据支持。通过分析绩效考核结果，组织可以了解被考核者的工作表现、能力特长以及潜在的发展需求，也可以评估现有的部门和岗位设置及其职责划分的合理性。

绩效考核结果在人力资源管理中的应用

（2）可以帮助组织确定人力资源需求。组织可以根据绩效考核结果和业务发展需求，分析所需的人才类型、数量和素质要求，从而制订有针对性的人力资源招聘和配置计划。

（3）可以帮助组织预测人力资源供给。通过分析绩效考核结果，组织可以评估内部人才的潜力和发展前景，从而预测未来的人力资源供给情况，为制订人才培养和晋升计划提供依据。

（二）应用于员工招募与甄选

（1）修订录用条件。可以根据现有在职者的绩效表现，修订录用条件，从而提高招聘质量，降低招聘成本。

（2）提高求职者的绩效预测。在招聘过程中，组织可以根据任职者的绩效表现预测相关求职者未来的绩效表现，从而做出明智的招聘决策。

（3）监测和评估招聘绩效。组织可以通过分析绩效考核结果，监测和评估招聘绩效，包括新员工的入职表现和工作表现等，从而不断优化招聘流程和方法，提高招聘效率和质量。

（三）应用于员工培训与开发

（1）识别培训需求。通过分析被考核者的绩效结果，可以发现员工能力的不足或者遇到的瓶颈，提供相应的培训，提高现有员工素质。

（2）制定培训方案。基于优秀员工的绩效考核结果或者未来的技术发展趋势，可以有针对性地制定培训方案，吸引优秀人才加入。

（3）评估培训效果。通过对比被考核者培训前后的绩效考核结果，可以评估培训的有效性和效果，从而不断改进培训管理。

（四）应用于薪酬管理

（1）用于员工薪酬调整。组织可以根据员工的绩效表现，对员工的薪酬进行相应的调整。如根据年度绩效考核结果对员工固定薪酬一年一调，绩效薪酬则以固定薪酬为基数随之调整。

（2）用于设定员工奖金。组织可以根据绩效考核结果设定各类奖金，如节约奖、质

量奖、销售奖等，对于表现优秀者给予额外奖励，激励员工更加努力工作。

（3）用于计算相应考核周期的绩效薪酬，如根据薪酬管理方案绩效考核结果为杰出等级的发放120%的绩效薪酬，优秀等级的为110%，良好等级的为100%，合格等级的为90%，基本合格的为80%，不合格的为50%。

（五）应用于人事决策

（1）用于职位调整。应该给予高绩效的员工更多的晋升机会或将其调整到更具挑战性的职位；而对于低绩效的员工则应该给予警示或者降职，或者将其调整到与之适合的次要岗位，从而激发员工的职业发展动力。

（2）用于解雇不合格员工。解雇员工或者裁员是一件非常棘手的工作，必须有充分的证据证明相关员工达不到任职要求，否则有可能引起法律纠纷。科学合理的绩效考核结果可以对解雇不胜任工作的员工提供证据。

（六）应用于员工劳动关系管理

（1）用于建立和谐稳定的劳动关系。根据客观公正的绩效考核结果进行公平的利益分配，能够使员工建立起对组织的信任和忠诚度，从而形成稳定健康的劳动关系。

（2）用于引导员工的工作方向，帮助员工明确个人工作目标，与组织发展战略保持一致。

（3）用于员工沟通与反馈。管理者和下属开诚布公地沟通交流考核结果可以促进上下级之间的良好合作关系，提高员工满意度。

（4）用于处理员工纠纷。绩效考核结果可以作为处理劳动纠纷的事实依据，有利于公正地解决问题。

（七）应用于绩效改进

（1）用于找出绩效问题所在，包括上级的、被考核者自身的、环境的因素。

（2）找出可能解决的方法，包括被考核者能做的、上级能做的、改善环境的。

（3）确立绩效改进计划。

二、绩效考核结果在组织管理其他方面的应用

（一）用于组织架构调整

（1）通过对绩效考核结果进行分析，组织可以了解到被考核者的工作表现和能力水平，以及他在组织中的位置和作用，为组织架构调整提供决策依据。

（2）绩效考核结果可以反映出组织中存在的问题和不足，如团队协作不够、资源分配不均等。通过调整组织架构可以更好地优化资源配置、提高团队协作效率。

（3）绩效考核结果可以作为组织架构调整后效果评估的重要参考。通过对调整后的组织架构进行绩效评估，可以了解新的组织架构是否有效地提高了整体绩效，为进一步优化提供参考。

（二）应用于业务流程调整

（1）基于绩效考核结果分析，组织可以对业务流程进行调整和优化，以更好地提高

工作效率、优化资源配置、提升客户满意度。例如，如果发现某部门或员工的绩效不佳，可能需要对相关的业务流程进行检查和优化，确保流程的顺畅和高效。

（2）通过对调整后的业务流程进行绩效考核，可以了解新的流程是否有效地提高了整体绩效，组织可以进一步优化和完善业务流程，以确保流程的高效和稳定。

（三）应用于规章制度修订

（1）用于修订奖惩制度。通过对绩效考核结果进行分析，可以发现绩效优秀者和绩效不佳者，并发现各自对组织的贡献和造成的损失与受到的奖励和惩罚是否存在正相关，从而检视现有奖惩制度的合理性，如存在不合理则进行修订。

（2）用于修订职业发展制度。通过对绩效考核结果进行分析，可以了解员工的职业兴趣、优势和潜力，从而更好地完善职业发展制度，帮助员工实现自己的职业目标。

直通职场

深圳××公司绩效考核结果在奖金方面的应用

实行全员绩效考核后，每位员工都有自己的考核方案。考核结果分为A（90分及以上）、B（80～89分）、C（70～79分）、D（60～69分）、E（60分以下）五个等级。公司设立月度优秀员工奖、季度优秀员工奖、年度优秀员工奖、质量奖、超产奖、技术明星、销售明星、管理明星、服务明星、董事长特别奖、年终奖等。

1. 月/季/年度优秀员工奖：各部门绩效考核得分第一名当选，月度优秀员工奖励500元并发奖状，季度优秀员工奖励1000元并发奖状，年度优秀员工奖励2000元并发奖状。

2. 质量奖：每月各生产线、IQC、IPQC、OQC绩效考核第一名，奖励300元并发奖状。

3. 超产奖：按各生产线进行奖励，用于集体活动（聚餐、郊游等），每月超计划产量5%以内奖励1000元，超5%～10%奖励2000元，超10%～20%奖励3000元，超20%～30%奖励5000元，超30%以上奖励6000元。

4. 技术/销售/管理/服务明星：根据绩效考核结果和部门负责人、绩效考核委员会的综合意见，考核结果占70%权重，部门负责人和绩效考核委员会意见各占15%，每月评出以上四大明星，各奖励2000元并发奖状。

5. 董事长特别奖：董事长根据各部门负责人的绩效考核结果并结合董事长个人评价，最终由董事长裁决，每年评出一名，奖励20000元，以红包的形式在年终晚会上颁发，并发奖状，戴大红花。

6. 年终奖：根据全年各月绩效考核结果的平均分，加上员工在当年的工作天数和个人奖金系数（从1.00～3.0不等），一般都能得到比一个月工资要多一些的年终奖。

以上奖励都将在每月初的公司全体员工大会上颁发，并在公司网站、公告栏上将姓名、奖励项目进行公示，以激励全体员工奋发向上。

资料来源：李志勇. 某公司绩效工资、奖金、调薪的操作. 三矛人力资源网. 有修改。

任务分析

本案例属于绩效考核结果在人事决策方面的应用。KH 公司采用非惩罚性处分法，用带薪停职替代无薪解雇，以责任和尊重为核心，通过非正式会谈、首次提醒、二次提醒等逐步推进的步骤，引导员工解决绩效问题，这体现了绩效考核结果在解雇不合格员工及职位调整（间接通过员工自我选择实现）上的创新应用。其效果显著，缓解了公司的紧张气氛，遏制了员工消极怠工现象。

除人事决策外，绩效考核结果还可应用于企业管理的多方面：在人力资源规划中提供数据支持；在员工招募与甄选中修订录用条件、预测绩效；在员工培训与开发中识别需求、评估效果；在薪酬管理中用于调整薪酬、设定奖金；在劳动关系管理中建立和谐关系、处理纠纷；在绩效改进中找出问题、确立计划；在组织架构、业务流程调整及规章制度修订中提供决策依据。

学以致用

绩效考核结果应用可以培养学生的创新思维，挖掘学生的创新潜力，通过分析考核结果在人力资源管理等领域的应用，学生可以培养发散思维，意识到绩效管理在人力资源管理中的核心地位，从而在创新创业活动中重视和利用好绩效考核结果，把创业计划书的人力资源管理模块做实做细，服务好整个创新创业项目。

在线练习

任务二　绩效诊断与系统再开发

案例与任务导入

慧能公司的绩效诊断

又到年终绩效评估的时候了。慧能公司去年采取比较公开的方式，结果因为打分出现了不少矛盾，因此，今年为了避免重蹈覆辙，公司决定采用背靠背的打分方式，即主管人员为员工打分但不让员工知道，员工也为主管人员打分，将其作为民意调查的结果。这几天业务三部办公室里的气氛跟往常有点不大一样，一向比较矜持的王经理对部下露出了一点笑容，平时上班经常迟到的小邓早早就来到了办公室。

老张心想："我在这里资格最老，这么多年，没有功劳也有苦劳，没有苦劳也有疲劳。现在的年轻人，理论知识是一套一套的，可真正做起业务来，还不得靠我这老业务员?! 王经理要是有头脑的话，一定不会亏待我的。"

小蔡暗自想："我可是名牌大学毕业的，在这里，我的能力最强，去年把我评为先进，那些老同志不乐意，今年王经理会不会害怕别人的闲言碎语而不敢给我太高评价呢?"

老吴心里琢磨："那天王经理说了句'现在年轻人的外语、计算机水平都比我们强，真是青出于蓝而胜于蓝啊！'。看来我们这些老同志是一天不如一天了，不知年终奖金能分到多少。"

小郭心里想："经理看我的眼神有点不对劲，肯定是那天开会我给他提了一条意见，他还耿耿于怀呢，看来今年我要倒霉了。"

几天后，考核结果出来了，不但之前的矛盾没有减少，办公室员工之间的差距更大了，大家闹得不可开交。整个公司士气严重下降，还出现了严重的"离职潮"。

任务： 请运用绩效诊断知识诊断该公司的绩效考核为什么会出现这种情况。

理论基础与操作技能

一、绩效诊断

（一）绩效诊断的内容

绩效诊断就是通过分析各种绩效考核结果，发现绩效管理体系中存在的问题，并揭示组织总体经营管理方面存在的问题，为提高组织绩效提供依据。诊断主要内容包括以下几方面：

1. 对绩效管理制度的诊断

如现行的绩效管理制度在执行的过程中，哪些条款得到了落实，哪些条款遇到了障碍难以执行。同时，还要关注绩效管理制度是否存在不科学、不合理、不现实的地方，以便提出修改和调整的建议。

2. 对绩效管理体系的诊断

如绩效管理体系在运行中存在着哪些问题，各个子系统之间健全完善的程度如何，各个子系统相互配合协调的情况如何，目前亟待解决的问题是什么，等等。

3. 对绩效考核指标和标准体系的诊断

如对绩效考核指标与评价标准体系的全面完整性、科学合理性以及实际可行性的评估。此外，还要识别哪些指标和标准需要修改或调整，以更好地反映被考核者的工作表现和组织战略目标。

4. 对考核者全面的诊断

如在执行绩效管理的规章制度以及实施考评的各个环节中，有哪些成功的经验可以推行，有哪些问题亟待解决，考核者自身的职业品质、管理素质、专业技能存在哪些不足，有哪些亟待提高等。

5. 对被考核者全面的诊断

如在绩效管理的各项活动中，被考核者持有的态度、参与程度以及取得的成果。通过了解被考核者对绩效管理的看法、参与的积极性以及在实际工作中的表现、职业品质和素养的提升等，可以评估绩效管理体系效果，并找出可能的改进点。

6. 对组织的诊断

对被考核者全面的诊断是对各级组织诊断分析的基础和前提，在绩效管理诊断活动中，最重要的是及时发现个人和部门绩效不高的原因，因为它是导致组织总体绩效低下的重要因素。绩效诊断还要关注组织层面的因素，如组织结构、文化氛围等，以判断它们是否支持绩效管理体系的有效运行。同时，还要关注组织在绩效管理方面的整体表现和存在的问题，为改进提供方向。

（二）各级考核者的诊断责任

1. 高层管理者

（1）设定并传达清晰的组织战略目标和绩效期望，确保绩效管理体系与战略目标紧密对接。

（2）审批绩效管理制度和考评方案，确保其科学性和合理性。

（3）对绩效管理体系的运行效果进行定期评估，提供战略层面的指导和建议。

（4）参与关键岗位或部门的绩效面谈，分析存在的问题，提出改进措施。

2. 中层管理者

（1）分解高层战略目标，制定本部门的具体绩效目标和计划。

（2）指导下属员工制定个人绩效目标，并提供必要的资源和支持。

（3）对下属的绩效进行定期评估，提供具体的反馈和指导。

（4）分析本部门绩效管理的瓶颈和问题，提出改进措施并推动实施。

3. 直接考核者

（1）负责与员工进行日常绩效沟通，及时了解员工的工作进展和困难。

（2）根据绩效标准对员工进行公正、客观的考评，确保考评结果的准确性和可信度。

（3）针对员工的绩效问题，提供具体的改进建议和培训支持。

（4）参与绩效面谈，与员工共同制订绩效改进计划。

4. 人力资源部门

（1）设计、优化和维护绩效管理制度和流程，确保其适应组织的发展需求。

（2）提供与绩效管理相关的培训和指导，提升各级考核者的专业能力。

（3）收集和分析绩效数据，为管理层提供决策支持。

（4）定期组织绩效诊断活动，识别存在的问题并提出改进方案。

5. 跨部门考核者

（1）在涉及跨部门协作的项目或任务中，与其他部门考核者共同制定绩效目标和评估标准。

（2）对跨部门协作的绩效进行公正、客观的评估，确保各部门之间的利益得到平衡。

（3）在绩效诊断中，关注跨部门协作中的问题和瓶颈，提出改进措施并推动跨部门协作的优化。

（三）各级考核者在绩效总结会中的具体职责

各级考核者能够在月度、季度和年度总结会中，全面、深入地分析绩效管理的现状和问题，为制定有效的改进措施和发展计划出谋划策。同时，这也有助于增强员工的绩效意识，提升公司的整体绩效水平。表 7－1 是各级考核者在不同总结会中的具体诊断责任。

表 7－1　各级考核者在不同总结会中的具体诊断责任

总结会	基层管理者（如团队主管、项目经理等）	中层管理者（如总监、部门经理等）	高层管理者
月度总结会	诊断被考核者月度工作完成情况，对比绩效目标，分析差异原因	审核基层管理者的诊断结果，确保公正性和准确性	评估组织月度整体绩效，分析战略执行情况
	针对被考核者的绩效问题，提出具体的改进建议和行动计划	诊断部门或业务模块整体绩效，识别关键问题和挑战	诊断组织层面的绩效管理问题，提出战略性改进意见
	汇总被考核者反馈，识别潜在绩效管理问题，为制度优化提供依据	制订月度改进计划，明确资源分配和行动步骤	协调资源，支持关键部门和项目的绩效改进
季度总结会	诊断被考核者季度内的绩效变化趋势，识别长期问题	诊断部门或业务模块的季度绩效，分析关键成功因素和不足之处	诊断组织整体季度绩效与战略目标的一致性
	评估月度改进计划的效果，提出进一步优化的建议	评估季度改进计划的执行情况，调整策略和资源分配	评估组织层面的关键决策对长期绩效的影响
	与被考核者进行绩效反馈面谈，共同制定下季度目标	协调与其他部门的合作，解决跨部门协作中的问题	制定或调整组织整体战略，以应对环境或市场变化和竞争态势
年度总结会	全面诊断被考核者的年度绩效，总结全年工作亮点和不足	诊断部门或业务模块年度绩效，总结年度成果和经验教训	诊断组织整体年度绩效，评估战略执行情况和市场地位
	评估被考核者个人发展计划的执行情况，提出未来发展方向	分析部门或业务模块在绩效管理中存在的系统性问题，提出长期改进方案	总结组织在绩效管理中的优点和不足，制订整体改进计划
	为被考考核者制定下一年度绩效目标，明确发展路径	制订部门或业务模块下一年度绩效计划，明确目标和策略	调整组织战略，优化组织结构，以适应未来发展和市场需求

二、绩效管理系统再开发

绩效管理系统再开发是一个持续的过程，需要不断关注考核者能力、被考核者绩效、绩效管理系统本身以及组织绩效的发展情况，并进行相应的优化和升级。通过这一过程，可以不断提升绩效管理的效果和水平，为组织的持续发展和成功提供有力支持。具体包括以下几个方面：

（一）考核者绩效管理能力开发

人力资源管理部门应定期组织专题培训或研讨会议，围绕绩效管理中遇到的问题寻求解决办法和对策，具体内容可以包括：专业知识与技能、沟通与反馈技巧、实践经验与案例分析、自我管理与情绪控制、持续学习与更新等。

（二）被考核者的绩效开发

绩效管理履行开发被考核者潜能的职能，就要激励被考核者不断增长自己的才干。为此，就要调动组织全员的积极性、主动性和创造性。因此，人力资源部门在明确绩效目标和期望的前提下就要提供培训和发展机会，各级管理者就要积极进行绩效反馈与辅导，对被考核者的优秀表现给予激励与认可，促进被考核者持续改进与自我学习。

（三）绩效管理的系统开发

这是将系统改进计划落实的过程，也即对现有绩效管理系统进行必要的修改调整和深层开发的过程。该过程一般包括基于考核结果的需求分析、系统设计、技术选型与数据库设计、系统架构设计与功能开发、测试与优化、数据分析与报告、系统集成与扩展、部署与上线等步骤。通过以上步骤，可以开发出符合组织需求的绩效管理系统，为组织的绩效管理工作提供有力支持。

（四）组织的绩效开发

在绩效管理应用开发阶段，无论是对考核者、被考核者的开发，还是对绩效管理系统的深层开发，其最终目的都是要推进组织绩效的全面提高和全面发展。因此，在这个阶段各级管理者和员工应当根据本期绩效考核的结果和绩效改进计划，从组织全局出发，针对现存的各种问题，分清主次，按照重要程度逐一解决。绩效诊断中发现的各种问题，有的源于员工，有的源于有关部门的管理者，有的可能来自上级或兄弟部门。为了推动组织的进步，各级管理者应当从我做起，认真转变观念，优化组织环境，完善规章制度，优化工作流程，提高工作的计划性和指导性。同时，针对员工存在的共性问题组织必要的培训和专题研讨，使员工找到克服困难、解决问题的途径和办法。对上级和同级部门存在的问题，应当提请上一级领导协助解决，对于那些短时间内无法解决的问题，各级管理者应灵活应对，尽可能地消解下属的埋怨情绪，采取机动灵活的策略，保证工作沿着正常的轨道前进。

直通职场

A 公司是一家通信器材公司，成立于 21 世纪初。这家公司为国内通信行业提供中间产品，下属 8 家分公司，年销售额约 30 亿元人民币，利润 4 亿元人民币。我国加入 WTO 后，国内通信需求持续旺盛。作为为通信行业提供部件的上游企业，其产品一直供不应求。

2021 年后通信市场供求关系发生逆转，A 公司的各项经济指标不同程度地恶化，经济效益持续下降。公司的经营业绩从顶峰跌入谷底了。公司高层管理者认识到外部环境变了，但公司却保持着惯性，在原来的轨道上行进。为了恢复公司过去的生机和活力，公司领导希望“改变能从内部开始”。2023 年 7 月，公司决定对绩效管理体系进行再开发。为此公司委托某咨询公司对现有绩效管理系统进行全面诊断，发现在绩效管理方面存在如下问题：

1. 该公司的考核分为年度考核和月度考核，年度考核的结果与年底奖金挂钩，月度考核与月度工资联系。但事实并不是这样，公司的考核对工资、奖金影响很小，工资分配有“大锅饭”倾向，级别相同，工资收入基本一样。

2. 公司的计划管理不完善。普通员工不了解公司的整体计划，只是接受任务、执行任务，缺少对任务意义的理解，工作存在偏离公司整体目标的行为，不利于公司目标的实现。

3. 考核指标权重中业绩只占 40%，而且所有人都一样，结果是大家都是遵守纪律的好员工，但不能推动公司目标的实现，同时缺少工作能力、客户满意度和跨部门流程等方面的考核指标。

4. 考核基本是各部门独立进行，人力资源部很少进行控制和指导，缺少整体的考核管理制度和流程，现行的考核制度已经几年没有调整，考核结束时没有考核面谈，员工也不知道改进的方向。

5. 考核结束后，缺少考核沟通，同时，考核结果只与工资挂钩，在晋升降级、培训、问题分析等工作中没有得到充分利用，而且考核结果一般都会很好，没有优胜劣汰的机制，激励作用很小。

资料来源：刘凤霞. 绩效管理：理论、方法与实务［M］. 北京：中国人民大学出版社，2020：52.

任务分析

通过对慧能公司绩效考核工作的诊断可以发现，导致公司上上下下都打着自己小算盘的不正常情况的原因主要有以下几个方面：

1. 绩效管理制度不完善，缺少反馈机制。有效的绩效反馈对绩效管理起着至关重要的作用，通过考核者与被考核者之间的沟通，能让员工了解自己在绩效周期内的业绩是否达到所定的目标，共同探讨绩效未合格的原因并制订绩效改进计划，案例中“主管人员为员工打分但不让员工知道”无法使员工了解自己对公司的贡献水平，达不到绩效考核的预期目的。只有将绩效反馈制度化，才能保证它能够持久地发挥作用。

2. 考核指标设置不合理、标准不明确。根据业务三部的实际工作情况设置工作业绩指标、工作能力指标、工作态度指标等，避免出现依据“没有功劳也有苦劳”“平时经常上班迟到，但为了年终考核成绩而早到几天”“老同志一天不如一天”的现象进行评定，解决“考核什么”的问题；明确定性和定量考核标准，解决“被评价者怎样做，做多少”的问题，否则很容易出现被考评者迷茫、无所事事的工作状态。

3. 考核者专业水平和公正性有待加强。案例中老张、小蔡、小郭对经理的猜想体现出了考核主体考核的非客观性。为保证绩效考核合理有效地进行，必须对考核者进行严格培训，使其掌握考核操作方法、考核标准、考核沟通技巧等，以工作数据和行为事实为依据，力求评价公正严谨，避免总体印象和主观偏差。

学以致用

绩效诊断是识别和分析绩效问题、找出潜在原因的过程。在学习绩效诊断的过程中，大学生要运用创新方法，引入新的绩效诊断工具和方法，如大数据分析、人工智能等，从而更精准地识别绩效问题，提高诊断效率。在绩效诊断与绩效管理系统再开发中，创新还体现在跨领域合作与知识共享方面。通过与不同领域、不同行业的专家和企业进行合作，或者通过内部的知识共享机制，引入新的思想和观点，拓宽绩效管理的视野和思路。这些都是促进创新思想传播和应用的具体途径。

在线练习

参考文献

[1] 林新奇. 绩效管理：技术与应用. 北京：中国人民大学出版社，2021.

[2] 王冰. 绩效管理实务. 北京：中国人民大学出版社，2023.

[3] 李宝莹. 绩效管理实务. 北京：中国人民大学出版社，2022.

[4] 杨明娜，贾朝莉，杨兴. 绩效管理实务. 北京：中国人民大学出版社，2021.

[5] 王炜，孙颖荪，赵根良. 绩效管理. 北京：中国人民大学出版社，2022.

[6] 刘凤霞. 绩效管理：理论、方法与实务. 北京：中国人民大学出版社，2020.

[7] 方振邦，杨畅. 战略性绩效管理. 北京：中国人民大学出版社，2023.

[8] 付亚和，许玉林. 绩效管理. 上海：复旦大学出版社. 2023.

[9] 张旭. 绩效管理. 长沙：湖南师范大学出版社，2020.

[10] 贺小刚，吕蔚起，丁雪婷. 绩效管理. 上海：上海财经大学出版社，2024.

[11] 中国就业培训技术指导中心组织. 企业人力资源管理师（三级）. 北京：中国劳动社会保障出版社. 2020.

[12] 中国就业培训技术指导中心组织. 企业人力资源管理师（四级）. 北京：中国劳动社会保障出版社. 2022.

[13] 杨毅弘，赵新刚. 绩效薪酬管理实务. 北京：中国电力出版社. 2014.

[14] 谢伟宁，龙敏，李建春. 员工绩效管理. 大连：东北财经大学出版社，2013.

[15] 朱金树. 如何激励你的员工：绩效管理实战真经. 广州：广东经济出版社，2015.

[16] 保罗 R. 尼文，本·杜木尔特. OKR 源于英特尔和谷歌的目标管理利器. 况阳，译. 北京：机械工业出版社，2017.

附录

绩效管理的数字化转型

一、数字化技术在绩效管理中的运用

数字化技术在绩效管理中的运用，为组织带来了前所未有的效率和精确度。以下是数字化技术在绩效管理中的具体应用。

（一）数据收集与存储

数字化技术使得绩效数据的收集变得更加方便和高效。通过电子表格、数据库或专门的绩效管理系统，可以实时录入、更新和存储员工的绩效数据。这使得数据收集过程更加快速、准确，避免了手动录入可能出现的错误。数字化技术还允许以标准化的格式存储数据，确保数据的一致性和准确性。

数字化
技术在绩效
管理中的运用

（二）数据分析与报告

数字化技术提供了强大的数据分析工具，可以对绩效数据进行深度挖掘和分析。这有助于识别员工的优势和不足，发现潜在的绩效问题，并为制定改进措施提供有力支持。通过自动生成报告，管理层可以快速地了解整个组织或特定团队的绩效情况，从而做出更明智的决策。

（三）目标设定与监控

数字化技术使得目标设定与监控变得更加简单和直观。被考核者和考核者可以共同制定明确的、可衡量的绩效目标，并通过绩效管理系统进行实时监控和跟踪；同时也让被考核者更加明确自己的工作职责和期望。通过实时监控，考核者能够及时发现并解决潜在问题，确保被考核者能够按照既定目标前进。数字化系统还可以自动计算目标的完成情况，并提供进度报告和提醒，以确保被考核者始终关注自己的绩效目标。

（四）反馈与沟通

数字化技术为绩效反馈与沟通提供了更加便捷和高效的平台。员工和管理层可以通过在线系统如在线会议、即时通信工具等进行实时反馈与沟通，及时解决问题并分享经验。数字化系统还可以记录所有的反馈与沟通记录，以便后续参考和分析。

（五）激励与奖励

数字化技术可以根据绩效数据自动生成激励与奖励计划。例如，当被考核者达到或超过绩效目标时，系统可以自动触发奖励措施，如奖金、晋升或培训机会等。确保奖励的公正性和客观性。这有助于激发被考核者的工作积极性和创造力，提高整体绩效水平。通过数据分析，考核者可以更加准确地评估被考核者的贡献和价值，为奖励分配提供更加科学的依据。数字化系统还可以跟踪奖励措施的实施情况，并评估其对绩效的影响。

（六）灵活性与适应性

数字化技术使得绩效管理更具灵活性与适应性。随着组织战略和业务环境的变化，管理者可以轻松地调整绩效指标和评估标准，以适应新的需求；同时，数字化系统还能够与其他管理系统（如人力资源管理系统、财务管理系统等）进行集成，实现信息的共享和互通，提高管理效率。数字化系统还可以根据被考核者的反馈和组织的实际情况进行持续改进和优化。

二、数字化技术在绩效管理中的不足

在绩效管理中，数字化技术的确带来了诸多便利和效率提升，但同时也存在一些不足。

（一）技术更新迭代快，成本和维护压力大

数字化技术不断更新换代，要求组织不断投入资金进行技术升级和维护。对于一些中小组织而言，这可能带来较大的经济压力。同时，技术的频繁更新也可能导致员工需要不断学习和适应新的系统，增加了他们的学习压力。

（二）存在数据安全和隐私问题

数字化绩效管理涉及大量敏感数据，如被考核者个人信息、绩效数据等。如果数据保护措施不到位，可能会导致数据泄露或滥用，对员工和组织造成损失。此外，在收集和分析被考核者数据时，需要确保不侵犯员工的隐私权，这需要在技术和制度层面进行严格的控制。

（三）过度依赖数据和算法，可能忽视人的因素

数字化绩效管理通常依赖于数据和算法来评估员工的绩效，但数据和算法可能无法完全反映被考核者的实际工作情况和能力。过度依赖数据和算法可能导致考核不够全面和公正，忽视了人的主观能动性和创造性。

（四）可能导致员工与管理层之间的隔阂

数字化绩效管理可能使员工与管理层之间的沟通更加便捷，但也可能导致双方之间的隔阂加深。被考核者可能觉得自己的绩效被数据和算法所控制，而管理层则可能过于依赖数据和算法来做出决策，忽视了员工的真实感受和需求。

（五）可能引发不公平竞争和攀比心理

数字化绩效管理通常会将被考核者的绩效数据进行排名和比较，这可能会引发被考核者之间的不公平竞争和攀比心理。过度关注绩效排名可能导致被考核者忽视团队合作和整体利益，影响组织的凝聚力和竞争力。

（六）复杂的系统可能导致操作难度大

一些数字化绩效管理系统可能过于复杂，操作难度较大，导致考核者和被考核者难以熟练掌握和使用。这可能会降低系统的使用效率，甚至影响绩效管理的正常进行。

（七）技术局限性可能导致发生误判风险

数字化技术虽然强大，但仍然存在局限性和误判风险。例如，某些算法可能无法适应所有情况，导致评估结果出现偏差。同时，如果系统存在漏洞或被恶意攻击，可能导致数据失真或损坏，影响绩效管理的准确性和公正性。

三、采用数字化技术进行绩效管理时需要注意的事项

针对以上不足，组织在采用数字化技术进行绩效管理时需要注意以下几点：

（1）确保技术更新迭代与组织的实际需求相匹配，避免过度投入和浪费。

（2）加强数据保护和隐私保护措施，确保员工信息的安全和隐私不受侵犯。

（3）在使用数据和算法进行评估时，要充分考虑人的因素，确保评估结果的全面性和公正性。

（4）加强员工与管理层之间的沟通和协作，建立和谐的工作氛围。

（5）鼓励团队合作和整体利益，避免过度关注绩效排名。

（6）选择简单易用的系统，降低操作难度和复杂度。

（7）定期对系统进行检查和维护，及时发现和解决潜在问题。

职业教育产教融合新形态教材

新编21世纪高等职业教育精品教材
人力资源管理系列

绩效管理实务

活页实训手册

主　编　杨喜军　赵　楠　朱　怡
副主编　郭新娟　谢　幸　贲绍云　谢艾秀　罗香苑
参　编　韦荣录　闫　燕

中国人民大学出版社
·北京·

CONTENTS 目录

实训指导

一、实训周的具体安排和要求

1. 实训对象：人力资源管理专业学生。

2. 实训时间：一周。

3. 实训内容和要求：绩效管理实务。要求每位学生通过分析项目情境、查阅资料，根据绩效管理要求，完成绩效管理的准备、绩效计划、绩效监控辅导、绩效考核、绩效反馈面谈和结果应用的任务。

4. 实训目的：

（1）掌握绩效管理的基本流程。

（2）掌握绩效管理各个流程的具体操作技能。

（3）掌握绩效管理岗位要求。理解职业角色，树立角色培养的自我认知、自我适应、自我提升的意识。

（4）通过自我学习和独立思考，培养和提高解决问题的能力。

（5）培养学生搜集、整理、分析等信息处理能力。

（6）学以致用，根据所学知识和操作技能解决实际问题，培养“自强弘毅，知行合一”的求真务实精神。

二、作业的格式要求

1. 按照工作内容和规范要求独立工作，并按照不同任务要求完成工作。

2. 纸质或电子文档不限，建议排版为 A4 大小的 word 文档，或者用 A4 纸打印出来。

三、实训成绩的评定标准

1. 指导教师和小组长根据学生实训期间的表现、实训内容的完成情况（主要是质和量）进行综合评定，评定出优秀、良好、中等、及格和不及格五个等级。

纪律（如出勤）和态度评价：40%（组长评定）；

实训成果的质量评价：60%（指导教师评定）。

2. 指导教师评定的具体情况：

（1）优秀（90 分以上）：按时完成任务，格式规范，内容合乎要求，有一定创新性。

（2）良好（80～89 分）：按时完成任务，方法正确，内容合乎要求，结构完整，条理清晰。

（3）中等（70～79 分）：按时完成任务，格式基本正确，内容基本合乎要求，结构基本完备，条理较清晰。

（4）及格（60～69 分）：按时完成任务，基本合乎规范，格式基本正确，内容基本符合要求，结构不完整，条理欠清晰。

（5）不及格（60 分以下）：不能按时完成任务，格式不合规范，结构不完整，内容不符合要求。

四、实训项目

任务一　实施前准备——明确实训任务
任务二　实施前准备——准备资料
任务三　绩效计划——绩效计划沟通
任务四　绩效计划——确定考核指标
任务五　绩效计划——设计绩效合同
任务六　绩效监控与辅导——过程管理
任务七　绩效监控与辅导——绩效数据采集
任务八　绩效考核——绩效评分
任务九　绩效考核——考核分数处理
任务十　绩效反馈——反馈面谈培训
任务十一　绩效反馈——反馈面谈
任务十二　绩效考核结果应用——选择结果应用方式

五、实训的具体内容

（一）绩效管理概述

绩效是被考核者在可以直接控制的条件下产生的与工作目标相关的行为过程及其结果，按照评价的范围或者对象可分为组织绩效、部门绩效、团队或项目绩效、员工个人绩效。绩效管理是为了实现组织战略目标，将组织目标与部门目标、员工个人目标紧密地联系在一起，通过制订绩效计划、实施绩效监控辅导、进行绩效考核和反馈，最后将绩效管理结果充分运用于改进组织绩效管理系统乃至整个组织管理系统的一系列程序，是持续提高组织整体绩效的动态过程。

那么，如何在管理者与下属之间达成绩效目标共识？如何引导下属朝着正确的目标开展工作？如何对下属执行绩效计划的过程进行监控和辅导？如何对被考核者的绩效表现进行考核？考核结果又有些什么用途？这些问题是实施绩效管理必须逐一解决的问题。为此我们就遵循绩效管理的流程开展工作。而绩效管理的流程就是一个不断循环的过程，即绩效计划—绩效监控与辅导—绩效考核—绩效反馈与改进—绩效考核结果应用与诊断开发五个阶段，如图 1 所示。

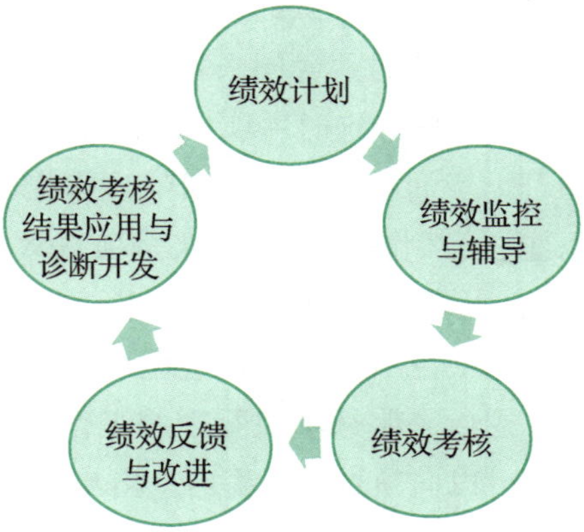

图 1　绩效管理流程模型

（二）公司背景

强梦公司是一家从事人力资源管理服务的企业。强梦公司拥有强大的咨询师团队，是一家在珠三角乃至中南地区小有名气的人力资源管理咨询服务机构。主要为各类企事业单位提供组织架构优化、岗位优化、薪酬体系设计、绩效体系设计、股权激励等服务，服务对象以珠三角及武汉城市圈、长株潭等地的民营企业和国有企业为主，行业主要集中在机械工程、新能源汽车、互联网、人工智能、微电子等领域。该公司的运作模式如图 2 所示。

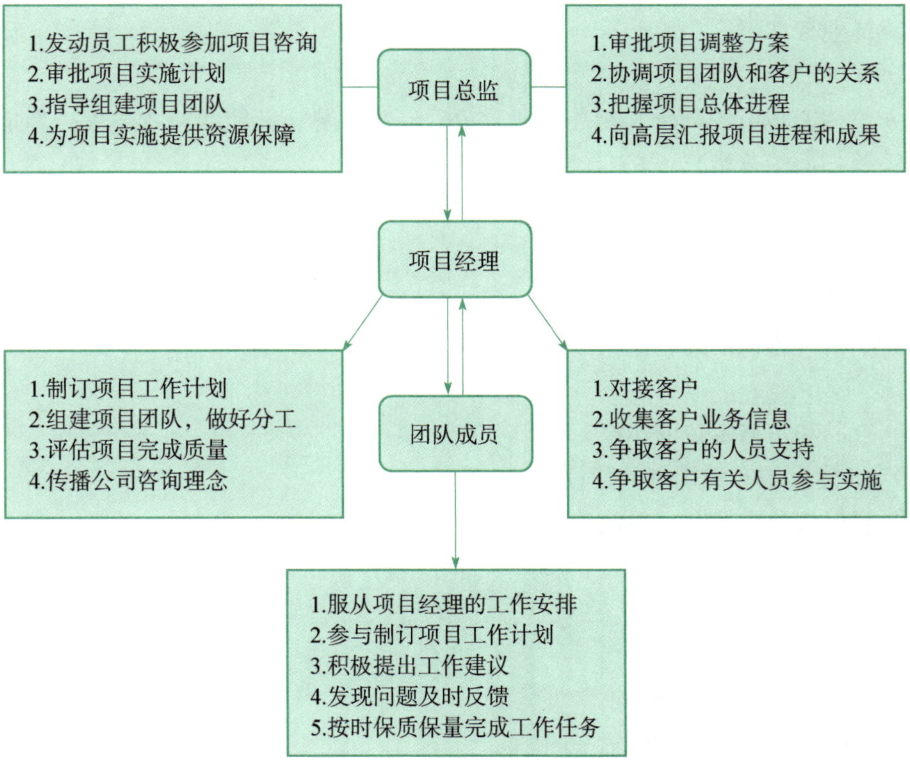

图 2　强梦公司项目咨询业务职责分工图

强梦公司由项目总监负责各个项目团队的管理和重要客户的联系，确保项目的顺利推进。在咨询项目实施过程中，如果遇到合同条款之外的因素影响而导致项目团队发生较大变动的情况，项目将不得不暂停，这时由项目总监出面与客户进行协商调整。

项目团队由项目经理和若干咨询师组成。项目经理首先要有非常丰富的企业管理经验（5 年以上的人力资源管理主管工作经验），其次是项目管理经验也要非常丰富（3 年以上的咨询师经验），方能担任此职。项目经理主要负责对接客户、项目工作计划的制订、团队组建及内部任务分工、项目团队成员的绩效考核等。

项目团队成员（咨询师）主要是服从项目经理的工作安排。当然，有良好的建议或者对工作有不同的意见随时都可以向项目经理提出，当与项目经理无法达成一致意见时，在客户方面前必须服从项目经理安排，保持项目团队行为一致性；在公司内部，可与项目总监进行汇报反映。

为了方便对接客户，强梦公司一般要求客户企业成立对接团队或者明确各项工作的对接人员，以及时配合、积极支持项目团队的日常工作，如项目方案制定过程中与相关管理者的联系、时间地点的预约、工作汇报会议的预约及准备等，并要求负责安排好项目团队的工作和生活。

最近，强梦公司又签约了一家新能源汽车销售公司——GY 公司，为该公司提供股权激励、薪酬和绩效优化方案。

新能源汽车销售公司是专门为销售新能源汽车提供策划和销售的服务机构，业务集中在产品定位、4S 店铺地址选择和铺面设计、品牌建设、广告推广、营销策划等。GY 公司的具体业务如下：

1. 市场调研

（1）整体宏观市场调研（相关产业政策、经济形势、新能源技术发展、新能源汽车供求关系等方面的分析）。

（2）竞争研判，找到竞争的基准对象。

（3）汽车品牌的价值研判。

（4）消费群体和产品的双向调研。

（5）项目可行性研究。

2. 前期咨询

（1）产品和价格定位的建议。

（2）4S 店区域布点规划的建议。

（3）目标细分市场及主力消费群的建议。

3. 规划咨询师

（1）区域总体规划的建议。

（2）单店规划的建议。

4. 营销策划

（1）营销总策略建议。

（2）单品推销策略建议。

（3）价格策略建议。

（4）品牌传播策略建议。

（5）销售节奏调控建议。

5. 推广策划

（1）企业形象广告总体主旨的建议。

（2）产品具体广告表现策略的建议。

（3）广告平面创意和设计的建议。

（4）促销用品与礼品的创意和设计。

（5）主题活动策划。

GY 公司已经成立 10 多年了，目前在行业中排名比较靠前。度过快速发展期后，公司进入战略探索期后，发现内部出现了一些问题，管理层经过分析和讨论，决定从下面几个方面进行改善。如图 3 所示。

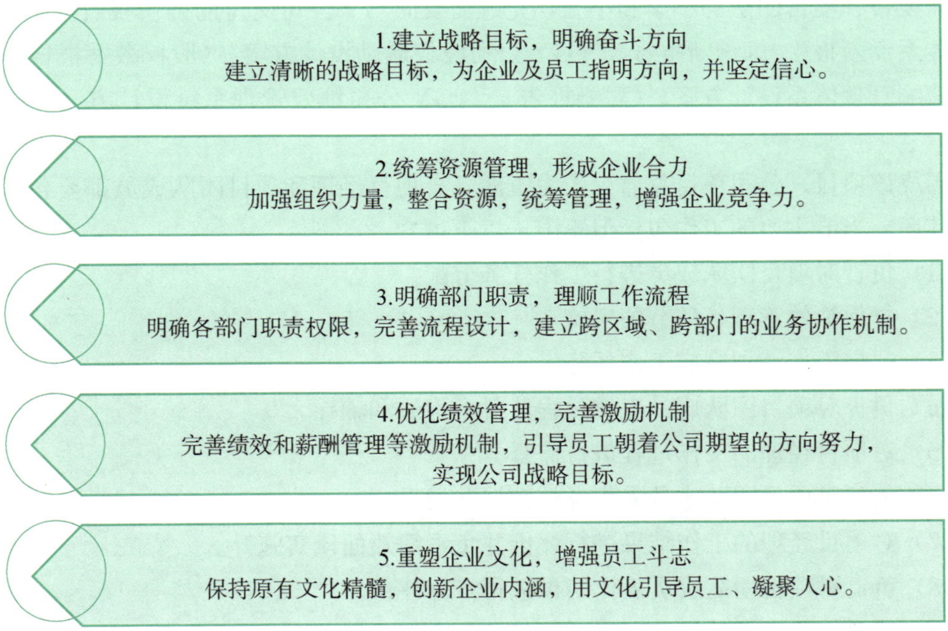

图 3　GY 公司内部管理分析结果

因此，GY 公司联系了强梦公司，希望强梦公司帮助它完成“优化绩效管理，完善激励机制”这个模块。

（三）实训步骤

强梦公司根据 GY 公司的需求，组建了项目团队，项目经理由胡建担任，咨询师两名，分别是骨干咨询师小李和助理咨询师小王。胡建经验非常丰富，对股权激励、薪酬体系设计、绩效体系设计专业性强的工作非常熟悉，小李在人力资源相关方面比较有经验，以前与胡建合作过，他的工作能力，胡建心中有数。小王是新员工，以前没有合作过，从他的工作经历来判断，应该还不错。

团队组建报总监批准后，胡建开始对成员进行分工。胡建自己主要负责与GY公司高层沟通、对项目团队的工作任务进行分配、日常管理监督、三份核心方案初稿的修改与把关、汇报和方案实施指导。小李主要负责与胡建完成股权激励方案的设计，单独完成薪酬方案设计的初稿。小王主要负责收集客户资料、绩效方案的设计和日常办公管理。

分配方面实施项目经理负责制。项目团队的工作任务分配、工作任务完成的结果考核、奖金分配乃至项目团队成员的去留等，都由项目经理决定，由项目总监审批。一般情况下，项目总监会充分尊重项目经理的意见。

项目团队的咨询师，在项目实施期间，需要配合、服从项目经理的管理，与项目经理共同完成合同内容，对项目经理负责。

（注：本案例分析的绩效考核是项目团队内部胡建对两位咨询师的考核，案例情景中所有的信息，目的均是让学生更好地对项目团队的工作任务加深理解。）

上面已经介绍了胡建对项目团队成员的大致分工，下面是胡建制定的任务分配清单，胡建需要带领项目团队的小李和小王，完成需要向GY公司交付的四份报告：《GY公司管理体系诊断报告》（诊断报告）、《GY公司股权激励设计方案》（股权激励报告）、《GY公司薪酬管理体系设计方案》（薪酬报告）、《GY公司绩效管理系统设计方案》（绩效报告）。

围绕该项目，公司项目总监、人力资源部、项目经理和项目团队成员都要各就各位、各司其职，当前主要的工作包括但不限于以下内容：

（1）负责对项目团队成员进行工作任务分配。

（2）督促绩效管理各环节的实施。

（3）根据工作计划完成工作任务。

（4）负责对项目团队成员工作过程监督、沟通和辅导。

（5）对项目经理的工作过程进行监督。

（6）负责对项目团队成员采集考核数据并记录。

（7）对项目经理的工作结果进行评价并负责绩效面谈实施等。

（8）负责对项目团队成员工作结果进行打分评价。

（9）若对绩效考核结果有异议可提起考核申诉。

（10）负责对项目团队成员进行绩效面谈实施。

（11）组织项目组进行绩效考核。

（12）收集汇总考核数据。

（13）对项目经理在项目管理、回款进度方面提出指标。

（14）进行绩效面谈的时间、地点、材料等准备工作。

（15）绩效结果应用，绩效考核结果申诉的接待和反馈。

实训操作

任务一　实施前准备——明确实训任务

训练目的：能够根据任务的性质进行分配。

训练内容：明确全部工作任务的归属部门或个人。

训练要求：

1. 列表明确所列任务的归属（见表 1）。

表 1　任务的归属

责任主体	序号	任务内容
项目总监	1	
	2	
	3	
人力资源部	1	
	2	
	3	
项目经理	1	
	2	
	3	
项目团队成员	1	
	2	
	3	

2. 能够对归属理由进行解释。

工作思路提示：项目经理作为项目团队成员的绩效考核实施者，需要负责对项目团队成员进行工作任务分配，工作过程监督、沟通和辅导，采集考核数据并记录，对工作结果进行打分评价，绩效面谈实施，等等；而公司人力资源部则需要组织项目团队进行绩效考核，督促绩效考核各环节的实施，收集汇总考核数据，进行绩效面谈的时间、地点、材料等准备工作，绩效结果应用，绩效考核结果申诉的接待和反馈，等等；作为项目总监，需要对项目经理在项目管理、回款进度方面提出要求，对项目经理的工作过程监督，对项目经理的工作结果进行评价并负责绩效面谈实施，等等；项目团队成员作为被考核对象，主要是根据工作计划完成工作任务，若对绩效结果有异议可提起考核申诉。

任务二　实施前准备——准备资料

训练目的：掌握被考核者绩效管理资料准备的方法与技巧。

训练内容：编制绩效管理资料列表。

训练要求：

1. 请根据项目团队的实际情况和工作目标，为胡建编制一份项目团队绩效管理文件列表（见表2），包括文件名称和说明。

表2　项目团队绩效管理文件列表

序号	资料名称	说明
1		
2		
3		
4		
5		
6		

2. 请根据团队普通成员的绩效管理要求，帮助小李和小王选定有关资料。
3. 表格设计要有表格名称、栏目设置要科学合理，逻辑清晰，简洁美观。

梳理清楚需要准备的文件类别后，胡建就着手准备文件，除了《GY公司管理咨询合同》和《强梦公司咨询师岗位说明书》是现成的，只需找相关部门索取或在公司网站办事大厅下载外，其他文件还得他自己或者跟团队成员一起协商制定。他首先自己根据项目合同和以往的项目经验制作了一份《GY公司项目团队工作任务清单》，见表3。

表3　GY公司项目团队工作任务清单

<table>
<tr><th colspan="3">工作内容</th><th colspan="2">分析</th><th colspan="4">梳理</th><th colspan="4">报告</th></tr>
<tr><th>审核</th><th>主导</th><th>协助</th><th>调研分析</th><th>问题分析</th><th>战略梳理</th><th>股权结构</th><th>绩效体系</th><th>薪酬体系</th><th>诊断报告</th><th>股权激励报告</th><th>绩效报告</th><th>薪酬报告</th></tr>
<tr><td>胡建</td><td>胡建</td><td>小李</td><td colspan="2">主导思路：完成调研问卷的基础分析，完善调研问卷统计和分析工具，两个模块分析同时进行</td><td colspan="4">一起梳理</td><td colspan="4">1. 调研问卷的设计
2. 部分诊断报告初稿、诊断报告终稿的把关
3. 股权激励报告的前半部分，全部股权激励报告终稿的把关
4. 绩效报告初稿审核，终稿把关
5. 薪酬报告初稿审核，终稿把关</td></tr>
</table>

续表

工作内容			分析		梳理				报告			
审核	主导	协助	调研分析	问题分析	战略梳理	股权结构	绩效体系	薪酬体系	诊断报告	股权激励报告	绩效报告	薪酬报告
胡建	小李	—	问题分析，讨论思路		一起梳理				1. 调研问卷的发放，统计 2. 部分诊断报告初稿 3. 股权激励报告的后半部分 4. 薪酬报告初稿			
胡建	小王	—			一起梳理				1. 调研问卷的发放、统计 2. 部分诊断报告初稿 3. 绩效报告初稿 4. 其他协助工作			
客户	胡建	小李 小王			梳理主导思路：进行成果确认和进一步探讨，找到实现公司诉求的依据，对比分析							
备注：1. 以上内容明确的是主导咨询师的工作主导思路，作为工作依据； 2. 以上工作节奏根据周工作计划执行； 3. 具体内容以每日早会主导者的工作计划作为调整依据。												

在制定完工作任务清单后，需要通过上下沟通协商制定《GY 公司项目工作计划》。为此，胡建先起草了一份草稿，然后与小李、小王在办公室就工作任务的分配进行沟通。请你以当下的时间为假定时间，以工作任务清单为主要依据，通过合理的补充和假设，模拟胡建经理与两位下属的沟通情景，并拟订项目工作计划。

胡建：我们负责的这个 GY 公司咨询项目的服务内容首先是对该公司进行管理体系诊断，诊断方式是：我们项目团队先对中、高层管理人员和骨干员工进行访谈，然后在全公司发放调查问卷，回收问卷后进行分析。

接着，我们根据分析问卷和访谈了解到的情况，进行股权激励、绩效管理系统、薪酬管理体系的设计。一共要提交四份报告，即《GY 公司管理体系诊断报告》《GY 公司股权激励设计方案》《GY 公司绩效管理系统设计方案》《GY 公司薪酬管理体系设计方案》，然后指导 GY 公司进行这些方案的实施，项目时间一共是 2 个月。

小王：时间有点紧，我们三个一起做还是分工来做？是不是分工效率更高一点？

胡建：我们需要分工合作。根据你们以前的项目经验，我做了一个初步安排：首先是我们一起对客户进行访谈，问卷我来设计，你俩负责问卷的发放、回收、统计。这期间，小王主要负责整理访谈资料等工作，我和小李负责起草诊断报告；小李以前做过股权激励，小王没有，所以股权激励报告由我和小李负责，各负责一半，小李负责前半部分，我负责后半部分，统稿由我来完成，审核和反馈修改也由我负责。小王以前对薪酬模块不太了解，但接触过绩效，所以这段时间可以多看看我给你准备的相关资料，消化消化，负责起草绩效报告，初稿给我审核，我来把关；小李对薪酬比较熟悉，在我和客户沟通股权激励方案并根据客户意见进行修改的时候，着手起草薪酬报告，初稿给我审核，我来把关。然后我再对绩效、薪酬部分统一审核，修改，一起汇报。这样你们的任务基本就完成了，后续的辅导实施，由我负责。

小李：经理，那具体的时间节点呢？

胡建：一会儿我做一份工作计划发给大家。

小王：那经理如何评价我们俩的工作呢？

胡建：首先，你俩的初稿，一定要按时提交；质量方面，结构要完整，逻辑要合理，选用的分析工具要适用。此外，不允许出现错别字、病句，格式要规范。我在审核的时候，重点对报告结构完整性、论据客观性、逻辑合理性、问题分析与客户实际的贴合度、针对客户的实际问题给出的解决办法等进行评判。

小李：经理，那就是除了提交的时间节点外，报告质量的评价是以你的意见为主吧？

胡建：对的。如果我认为有问题，就会直接返回给你们重新修改；如果我觉得不错，会直接给 GY 公司的对接团队审核，然后根据他们的意见我们一起讨论修改。

小王：经理，我第一次单独起草绩效管理系统设计方案，对方案的逻辑合理性、问题分析与 GY 实际情况的贴合度，我不是很有把握，尤其是要根据 GY 的实际情况，在方案中要给出解决办法，我不是很有信心。

胡建：小王，我理解你的担心，毕竟是第一次独立做方案，但是想要成长，这样的机会必须把握住。而且从项目分工协作来看，团队里每个人必须承担起一部分工作任务，这样才能保证团队效率。你的经验虽然不是很丰富，但是我还是愿意让你试一试。你写的方案可能会达不到要求，我会多花精力指导你，这点我也清楚。

根据前面给你们的任务量和你们对这个项目模块可能的贡献度，我建议我们项目的奖金分配比例是 1.7∶1.3∶1，就是项目经理 1.7，骨干咨询师小李 1.3，小王 1，你们觉得怎么样？

小李：这个项目我承担的工作任务虽然比小王多一些，但是和经理相比还是差不少，对这个比例我没意见。

小王：就像经理说的，成长的机会是非常重要的，能给我这次锻炼机会，我已经很开心了，我也没问题。

胡建：这只是初步的分配系数，我们这次项目的总奖金额度是 20 万元，根据比例，初步的额度是项目经理 8.5 万元，骨干咨询师是 6.5 万元，助理咨询师是 5 万元。为了避免在工作过程中出现有人表现不够积极主动“搭便车”的情况，确保公平，我还会根据你们实际完成的工作任务质量进行打分，到时会根据打分结果和刚刚说的分配系数综合考虑进行核算。

小李、小王：好的。

胡建：公司项目总监对我们项目也设置了奖励规则，总监规定，项目结束日期是 1 月 3 日，如果在 1 月 18 日之前全部回款，那么我们项目团队的总奖金额度系数定为 1.2，如果在 2 月 3 日之前全部回款，总奖金额度系数定为 1.1；在 2 月 3 日之后回全款，系数为 1。回不了全款，我们就会按回款的比例进行打折。

小李：嗯，这个项目回款的规定没问题。

小王：我也没意见。我想请问我们最后的考核得分怎么划分等级呢？

胡建：对你们个人最后的考核分数划分等级，我是这样设定的，得分 91～100 分的，为优秀，系数为 1.2；得分 81～90 分的，为良好，系数为 1；得分 71～79 分的，为合格，系数为 0.8；低于 70 分的均为不合格，系数为 0.5。

小李、小王：好的。

第二天，胡建根据团队协商的意见和项目实际情况，制订了项目工作计划并发给了项目团队。见表 4（仅供参考）。

表 4　项目工作计划

	序号	工作内容	责任人	所需时间（天）	日期
第一阶段		访谈、问卷调研		10	11 月 4 日—11 月 13 日
	1	根据访谈计划进行访谈	胡建、小李、小王	5 天	11 月 4 日—11 月 8 日
	2	设计问卷，问卷发放与回收、数据分析	胡建、小李、小王	5 天	11 月 9 日—11 月 13 日
		诊断报告设计		15	11 月 14 日—11 月 28 日
	1	负责对整体经营状况、战略、股权激励、企业文化等方面进行分析	胡建	10 天	11 月 14 日—11 月 23 日
	2	小李负责对薪酬、绩效部分进行分析	小李	10 天	11 月 14 日—11 月 23 日
	3	诊断报告合并、审核、修改、汇报	胡建、小李	5 天	11 月 24 日—11 月 28 日
第二阶段		股权激励方案设计		20 天	11 月 29 日—12 月 18 日
	1	负责对股权激励问题进行分析，根据“六定”模型进行设计	胡建	10 天	11 月 29 日—12 月 8 日
	2	负责对激励总量和各层级人员总量、个量进行设计，并进行测算	小李	10 天	11 月 29 日—12 月 8 日
	3	股权激励方案合并，修改，提交，反馈与修订，汇报	胡建、小李	10 天	12 月 9 日—12 月 18 日

续表

	序号	工作内容	责任人	所需时间（天）	日期
第三阶段	绩效薪酬方案设计			36天	11月29日—次年1月3日
	1	负责对绩效问题进行分析，根据问题提出解决方案，然后根据修改意见进行修改	小王	25天	11月29日—12月23日
	2	负责对绩效管理体系设计报告初稿进行审核、把关，提出修改意见并汇报	胡建	10天	12月24日—次年1月2日
	3	负责各阶段的资料搜集、协助支持等	小王	—	11月4日—次年1月1日
	4	负责对薪酬问题进行分析，根据问题提出解决措施，并根据修改意见进行修改	小李	8天	12月23日—12月30日
	5	负责对薪酬管理体系设计报告初稿进行审核、把关，提出修改意见并汇报	胡建	3天	次年1月1日—1月3日

任务三　绩效计划——绩效计划沟通

训练目的：掌握绩效计划沟通的方法与技巧。

训练内容：

1. 胡建的绩效计划沟通主要涉及哪几项内容？

2. 在本次绩效计划沟通中，胡建在分配工作任务时遇到什么情况？是如何解决的？

3. 从本次计划沟通的情况来看，你认为胡建在后续的绩效考核过程中，应重点关注哪方面的问题？

训练要求：

1. 请根据 GY 公司项目的实际情况，识别此次沟通的主要内容。

2. 根据项目经理与员工的沟通内容，识别沟通的重点和难点。

3. 学会遇到沟通困难时的应变策略。

项目经理在绩效计划沟通中，主要谈到了以下几件事情：

____

____

____

____

____

分配工作任务时遇到的问题主要是：

____

____

____

____

____

胡建在后续的绩效管理过程中应重点关注与合同有关也即与绩效考核有关的问题，包括：

____

____

____

____

____

任务四　绩效计划——确定考核指标

对工作任务进行人员分工之后，对胡建来说接下来就需要确定每个成员的绩效考核指标，确定绩效考核指标的工具有目标管理法（MBO）、关键绩效指标（KPI）、平衡计分卡（BSC）、目标与关键结果（OKR）等，本项目团队的管理者胡建决定综合目标管理法和关键绩效指标，根据项目团队计划沟通的成果对两位下属的考核指标进行确定。为此，他需要对小李和小王的考核内容作一个初步的梳理，并确定考核的关键绩效指标。请你根据前面提供的信息帮胡建整理两位下属需要考核的内容，并设定关键绩效考核指标。

训练目的：掌握绩效考核指标提取的方法与技巧。

训练内容：确定项目团队两位咨询师小李和小王的考核指标，并进行定义。

训练要求：

1. 请你根据项目团队的工作计划和沟通会议决定分析小李和小王的考核内容。
2. 考核内容的完成格式不限。
3. 考核指标的呈现形式为表格。

小李的考核内容：

____

____

____

____

____

____

____

小王的考核内容：

____

____

____

____

____

____

____

相应地，我们可以确定两位团队成员的考核指标，如表 5、表 6 所示。

表 5　小李的考核指标及相关定义列表

序号	考核指标	指标定义
1		
2		
3		
4		
5		
6		

表 6　小王的考核指标及相关定义列表

序号	考核指标	指标定义
1		
2		
3		
4		
5		
6		

任务五　绩效计划——设计绩效合同

在前期准备的基础上，项目经理胡建就可以就绩效合同的签订事宜与小李、小王进行具体探讨了，为此，胡建需要起草两份绩效合同作为具体沟通的依据。假如你是胡建，你将制定怎样的绩效合同文本？

训练目的：掌握绩效合同内容和格式编写的方法与技巧。

训练内容：根据小李和小王各自的考核内容和考核指标制定相应的考评标准、设置权重、明确数据来源，设计针对小李和小王各自工作任务的绩效合同，如表 7、表 8 所示。

训练要求：

1. 以表格或者文字加表格的形式呈现相关内容。
2. 绩效合同文字表达不能存在模糊和歧义。
3. 绩效合同内容要与前面的实训内容存在内在的一致性。
4. 绩效合同的设计要简洁美观，要素齐全，适用项目团队考核实际。
5. 绩效合同内容的设计要逻辑清晰，让人容易理解。

表 7　强梦公司 GY 项目咨询师绩效合同（绩效计划书）

<table>
<tr><td colspan="8">基本信息：</td></tr>
<tr><td colspan="2">被考核者：</td><td colspan="2">部门：　　　　岗位：</td><td colspan="4">考核者：</td></tr>
<tr><td colspan="8">评价期间：　　年　　月　　日—　　年　　月　　日</td></tr>
<tr><th>序号</th><th>考核指标</th><th>指标定义</th><th>考评标准</th><th>权重</th><th>完成情况</th><th>数据来源</th><th>得分</th></tr>
<tr><td></td><td></td><td></td><td></td><td></td><td></td><td></td><td></td></tr>
<tr><td></td><td></td><td></td><td></td><td></td><td></td><td></td><td></td></tr>
<tr><td></td><td></td><td></td><td></td><td></td><td></td><td></td><td></td></tr>
<tr><td>考核结果</td><td>得分</td><td></td><td>绩效等级</td><td></td><td>绩效系数</td><td colspan="2"></td></tr>
<tr><td colspan="2">被考核者意见</td><td colspan="6"></td></tr>
<tr><td colspan="2">项目经理意见</td><td colspan="6"></td></tr>
<tr><td colspan="2">项目总监意见</td><td colspan="6"></td></tr>
</table>

表 8 强梦公司 GY 项目咨询师绩效合同（绩效计划书）

<table>
<tr><td colspan="8">基本信息：</td></tr>
<tr><td colspan="8">被考核者：　　　　部门：　　　　岗位：　　　　考核者：</td></tr>
<tr><td colspan="8">评价期间：　年　月　日—　年　月　日</td></tr>
<tr><th>序号</th><th>考核指标</th><th>指标定义</th><th>考评标准</th><th>权重</th><th>完成情况</th><th>数据来源</th><th>得分</th></tr>
<tr><td></td><td></td><td></td><td></td><td></td><td></td><td></td><td></td></tr>
<tr><td></td><td></td><td></td><td></td><td></td><td></td><td></td><td></td></tr>
<tr><td></td><td></td><td></td><td></td><td></td><td></td><td></td><td></td></tr>
<tr><td></td><td></td><td></td><td></td><td></td><td></td><td></td><td></td></tr>
<tr><td></td><td></td><td></td><td></td><td></td><td></td><td></td><td></td></tr>
<tr><td></td><td></td><td></td><td></td><td></td><td></td><td></td><td></td></tr>
<tr><td>考核结果</td><td>得分</td><td></td><td>绩效等级</td><td></td><td>绩效系数</td><td colspan="2"></td></tr>
<tr><td colspan="2">被考核者意见</td><td colspan="6"></td></tr>
<tr><td colspan="2">项目经理意见</td><td colspan="6"></td></tr>
<tr><td colspan="2">项目总监意见</td><td colspan="6"></td></tr>
</table>

任务六　绩效监控与辅导——过程管理

项目相关工作按照既定计划稳步推进，项目团队提出的管理体系诊断报告得到了GY公司的认可。接下来，股权激励设计方案是重头戏，胡建将大部分精力都放在了这方面。他不但认真撰写自己负责的半部分，还对小李所负责的部分不时给予关注，两人共同讨论所有与股权激励相关的问题，拓宽思路，确保方案的系统性。

由于胡建在工作过程中与小李密切互动，沟通充分，加上小李以前接触过股权激励，具有不错的基础，小李所负责的股权激励设计方案提交及时，质量也比较好，只有解决措施需要改善。胡建提出了一点个人修改意见，小李修改后，胡建将方案整合后就提交给了GY公司。

这期间，胡建给小王提供了大量的绩效管理系统设计方面的资料，让小王自行消化，遇到不懂的问题可随时与他讨论。小王也每天认真翻看资料，并开始着手起草绩效管理系统设计方案。

由于GY公司主管领导出差，股权激励方案的汇报推迟了几天。这几天，胡建一直就与GY对接人员就绩效和薪酬方案的设计进行了密切沟通，并与小李、小王讨论，有了制定绩效管理系统设计方案和薪酬管理体系设计方案的大体思路。

由于小王以前没有独立撰写过绩效管理系统设计的方案，胡建对他进行了单独辅导。跟他着重讲述了GY公司现行绩效管理体系存在的问题，并提出了自己的解决建议。

胡建认为，股权激励是块硬骨头，也是GY公司关注的重点，这个难题解决了，相对而言，后面的绩效、薪酬是比较成熟的模块，经过团队讨论，小李和小王搞定它们应该没问题。因此，胡建并没有像关注股权激励方案设计一样关注绩效、薪酬方案的设计工作。

12月23日，到了小王提交绩效管理系统设计方案的日子。小王表示还没有写好，觉得自己还不满意，希望胡建再宽限几天。胡建看了看计划表，自己还有10天的时间审核和修改，就同意再宽限3天。

到了12月26日上午，胡建向小王催要东西。小王把绩效管理系统设计方案发给了胡建，胡建看完后，觉得问题非常多，本想找小王面谈，但是因为正好在参加公司为期3天的年终封闭式会议，担心影响进度，故给小王写了一封简单的邮件。

小王：

你好！

我看了你发给我的绩效管理系统设计方案，我觉得问题比较多，现在时间比较紧迫，但由于最近几天我在参加公司会议不能跟你面谈，现来邮告知，请根据我在邮件中提到的意见做仔细修改。

首先，对GY公司绩效问题的分析，没有抓住其特点和核心问题，方案中指出的问题，都是我发给你的资料中都涉及的通用性问题。这样的分析和论述，GY会觉得这个方案不是针对他们公司的，放到哪里都一样。

其次，从直观感觉上看，格式没有完全规范好，字体大小不一致，标题也没有突出。这是方案格式方面存在的主要问题。

前面我单独对你的工作进行了过程辅导和沟通，当时和你详细讲过GY公司绩效方面存在的主要问题，但是你的方案中没有这些内容的体现。这说明你对GY公司的具体情况还没有抓住核心。

我们项目只剩7天时间了，但是这个方案的问题实在太多了。这7天中，前三天你按照我提出的问题去修改，后面我再来重新整理、分析，因为时间紧迫，可能没有时间留给你慢慢琢磨、细细修改了。

此外，还有一个问题，就是前面绩效沟通中提到的，由于这个方案的质量不过关，又没有时间再由你负责修改定稿，而是由我来负责做最后的修改分析，那么奖金分配可能需要调整一下。

祝进步！

胡建

12月25日

小王在收到胡建的邮件后及时回复邮件，如下：

经理：

您好！

非常抱歉，第一次撰写的绩效管理系统设计方案就出了这么多问题，影响大家的进度了。

关于你在邮件中提到的GY公司绩效方面存在的主要问题，我觉得我写了一些，但是在写的过程中，我的思路始终不是很清晰，语言表达也不是很合适。要么觉得没什么东西可写，要么就觉得写得不够详细，特别矛盾。可能很大的原因是我自己其实也不是非常清楚GY公司的绩效问题该如何解决。

项目时间节点要到了，我在这三天一定会根据您指出的问题好好修改。此外关于项目奖金分配的问题，我接受，毕竟是因为我自己的工作能力和工作质量不高造成的。

我会认真修改，谢谢经理再次给我机会。

祝：工作顺利！生活愉快！

小王

12月25日

由于小王这边出现了意外状况，胡建一边花很多的时间和精力急急忙忙地修改《GY公司绩效管理系统设计方案》，一边又想着如何对薪酬分配进行必要调整。

同时，胡建要小李把手头已经完成的部分薪酬设计方案发给他看一下。看完小李的工作成果后，觉得还不错，要小李就按照目前的思路写下去。想起小李这边自己不需要花费太大的时间来修改了，才松了一口气。因此简单和小李沟通几句后，就忙各自的去了。

胡建在和小李、小王过程沟通结束后，就抓紧时间，重点修改小王的绩效报告，经过连续加班加点，终于赶在截止日期前完成了。小李这边也让胡建比较欣慰，在规定的日期提交了《GY公司薪酬管理体系设计方案》。胡建虽然只有两三天的时间统稿、修改，由于小李提交的方案质量非常好，几乎没费什么精力就完成了。

第三部分的薪酬、绩效，也总算是按照项目计划，在项目结束的日期 1 月 3 日前提交完成了，胡建深深松了口气。

训练目的：能够分析识别绩效计划实施过程中管理者进行绩效监控的内容和方法。

训练内容：

1. 根据上述过程管理信息，判断小李股权激励设计报告完成是否及时，质量如何。

2. 根据过程管理信息，对小王起草《GY 公司绩效管理系统设计方案》的过程，胡建经理是如何进行监控辅导的？可能存在什么隐患？

3. 如果你是胡建经理，应该在过程监控与辅导中注意哪些问题？

4. 胡建经理的错误主要是什么？

5. 胡建经理出乎意料地发现小王负责的绩效管理系统设计方案存在很多问题，而所剩时间不多，他是如何处理的？

6. 以胡建管理的这个咨询项目发生的情况为基础分析：为什么说绩效管理的过程沟通是非常重要的？在过程沟通中，上下级应该怎样做？

训练要求：

在准确理解项目团队的过程管理内容的基础上完成实训任务。

1. ______________________________

____

____

2. ______________________________

____

____

3. ______________________________

____

____

4. ______________________________

____

____

5. ______________________________

____

____

6. ______________________________

____

____

任务七　绩效监控与辅导——绩效数据采集

为使绩效管理有效、有序地贯彻执行，需保证关键绩效指标统计数据的公平性、客观性。正常情况下，数据采集部门应与被考核部门和人力资源管理部门一起明确各指标的定义及相关名词的解释；建立考核指标的有关评分或等级标准，确立科学、合理的评分计算方法。

数据采集部门应提交关键绩效指标数据形成的过程，供被考核部门及人力资源管理部门确认，包括数据的采集方式、采集频率、原始数据来源及精确程度等均应明确化。这些内容一经三方认可，不可随意更改，并由数据采集部门以工作流程形式将采集过程固化。这样，严格根据被考核部门的原始数据进行统计分析，方不会违背客观性原则。

在本咨询项目中，采用的是在客户现场驻场工作的形式，考核权全部在胡建的手上，数据采集也是由胡建来完成的，只要胡建和被考核人小李、小王共同认可就好。强梦公司的人力资源管理部门只需要将胡建传回公司的数据进行备案，并与小李、小王核实无误，就可以生效了。而胡建对小李和小王绩效考核的数据采集，主要是根据事先制订好的工作计划，在工作任务提交的时间节点进行的。

训练目的：掌握绩效信息收集的内容和方法。

训练内容：制定小李、小王的绩效数据收集表（见表 9、表 10），并能进行绩效信息采集。

表 9　GY 项目团队小李的数据采集表

序号	指标名称	指标定义/计算方式	数据采集时间	需要采集的数据	完成情况
1					
2					
3					
4					

续表

序号	指标名称	指标定义/计算方式	数据采集时间	需要采集的数据	完成情况
5					
6					

表 10 GY 项目团队小王的数据采集表

序号	指标名称	指标定义/计算方式	数据采集时间	需要采集的数据	完成情况
1					
2					
3					
4					
5					
6					

训练要求：作业形式为表格，表格设计要求规范合理，要素齐全。

任务八　绩效考核——绩效评分

2024 年 1 月 3 日，为期两个月的项目咨询任务终于圆满结束，胡建率领项目团队回到了强梦公司，按照原来的工作安排，项目结束就要进行绩效考核，项目经理就要根据原先的约定即绩效计划给小李和小王打分，评定等级，以此作为报酬的分配依据。假如你是胡建，请你根据项目工作计划、绩效合同等，运用一定的绩效评分技巧完成小李和小王的考核打分。

技巧 1：对事不对人

根据被考核者本身的绩效目标、工作内容和工作职责描述，以其实际的工作表现和工作成果为唯一考核内容，不考虑该被考核者个人的特定情况，尤其不能将考核评分与考核者的个人偏好、与被考核者关系的远近作任何关联。

技巧 2：绩效管理追求的是区分相对业绩好坏，而不是绝对的分数

绩效考核打分衡量的是被考核者为组织做出的相对贡献的大小，而不是绝对值。只是根据预先设定的评分标准，对被考核者的关键绩效指标逐一进行评比打分，由此得出各个被考核者的绩效分数，使被考核者的绩效有个对比的基础。

技巧 3：不能用一把尺子衡量所有被考核者，打分宽严尺度要一致

不同被考核者的任务与职责有差异，因此对不同被考核者的绩效评分标准就不能一样。作为独立评委对同一个组织内的所有被考核者进行考核，打分的宽严尺度一定要统一，这样才能体现公平。

技巧 4：多了解被考核者的情况

考核者所做出的打分决策要有依据，每个分数都必须是可以追溯的，当被考核者进行绩效申诉时，必须能给出充分的理由。因此，对被考核者的绩效表现了解得越多，就越经得起质询。考核的依据是绩效管理过程中收集的相关数据，这些数据的来源主要有：一是考核者平时的观察；二是日常工作记录；三是其他相关人员（同事、下属、客户）的反馈；四是被考核者的述职报告；五是关于被考核者的关键事件的记录；六是被考核者主管的评估。

技巧 5：实事求是，准确反映被考核者的真实业绩水平

考核者要准确理解与把握每一个绩效考核指标、实际绩效水平与绩效评分标准之间的对应关系，让每一个分数都能真正反映被考核者的实际工作情况，反映出该被考核者对组织的贡献大小。

技巧 6：只根据预先设定的绩效考核标准打分

建立绩效考核标准和考核打分分属两个不同的层面，建立考核标准有一套独立的程序，而考核打分则是严格根据已经设定的考核标准来衡量被考核者绩效的相对价值，奖罚尺度必须建立在同等条件下。不能试图通过绩效打分来纠正考核标准设定的偏差，否则就是本末倒置。

技巧 7：遵循“二八原理”

即被考核者 80％的目标任务是由其 20％的关键工作行为完成的。因此，在对被考核

者进行考核时必须抓住这20%的关键工作行为，对之进行分析和衡量，从而抓住和把握被考核者绩效评价的重心。

技巧8：记名打分

为保证绩效考核的客观公正，要利用监督来制衡考核者的打分权力。公开一切绩效考核打分过程中的信息，利用“阳光”的力量来消除打分过程中的偏差。考核人打分出现了偏差，如果对考核人没有影响的话，则打分的权力就容易失控。有时候，考核者自己都不知道在打分过程中出现了偏差，组织需要通过公开相关信息的方式，帮助考核者提高考核能力。组织还要通过绩效申诉这一环节，加强组织纠偏能力。

胡建作为小李和小王的直接上级，对于项目团队成员的日常工作表现和工作结果非常了解，因此可以采用主观评价法对小李和小王进行考核评分。下面需要模拟胡建的角色进行绩效评分，需要注意的是，绩效考核表的满分为100分，每项指标所对应的权重即为本项指标的满分值，比如，《诊断报告》初稿提交的及时性的权重为5%，那么该指标的单项满分为5分。

训练目的：掌握绩效评分的基本方法。

训练内容：制定小李、小王的绩效考核评分表（见表11、表12），并完成对两人的考核打分。

表11　绩效考核评分表

被考核者：小李		部门：		岗位：	考核者：		
评价期间：　　年　　月　　日—　　年　　月　　日							
序号	考核指标	指标定义	考评标准	权重	完成情况	数据来源	得分
1							
2							
3							
4							

续表

序号	考核指标	指标定义	考评标准	权重	完成情况	数据来源	得分
5							
6							
考核结果	得分		绩效等级		绩效系数		
被考核者意见							
项目经理意见							
项目总监意见							

表 12　绩效考核评分表

被考核者：小王		部门：		岗位：		考核者：	
评价期间：　　年　　月　　日—　　年　　月　　日							
序号	考核指标	指标定义	考评标准	权重	完成情况	数据来源	得分
1							
2							
3							
4							
考核结果	得分		绩效等级		绩效系数		
被考核者意见							
项目经理意见							
项目总监意见							

训练要求：作业形式为表格，表格设计要求规范合理，要素齐全。

任务九　绩效考核——考核分数处理

在绩效管理中，绩效考核结果的处理是非常关键的。对于员工的考核，组织希望个人考核结果与部门/团队考核结果挂钩，来进行绩效奖金的发放，充分体现出员工个人、部门/团队、组织密不可分，相互联系，以此培养员工的团队协作精神和集体意识。具体来说就是，部门/团队中的个人之间根据各自绩效表现会区分出谁是优秀、谁是良好、谁是合格、谁是不合格，但如果整个部门/团队绩效表现不好，那么即使个人绩效考核结果为优秀，他享受的绩效奖金可能比绩效好的部门/团队的优秀员工要差很多，反之亦然。

那么如何体现员工个人与部门/团队、部门/团队与组织层层挂钩呢？常见的做法是通过绩效结果最终的分数折算成系数来实现的。

员工绩效考核系数与部门挂钩常用的系数计算公式为：

员工绩效考核系数＝(员工绩效考核得分÷部门员工绩效考核得分均值)×部门绩效考核系数

部门绩效考核系数＝部门绩效考核得分/组织部门绩效考核得分的均值

除此之外，也有的企业在实际操作过程中不进行上述系数的折算，而是根据实际情况直接对考核结果进行处理或直接赋予折算系数：前者如考核的对象人数少，没必要计算均值就直接乘以部门考核系数进行折算；如果考核的是独立的某个阶段性任务，直接用考核得分处理就可以了；等等。

训练目的：掌握绩效考核分数或等级处理的基本方法。

训练要求：

1. 处理方法选择得当。

2. 计算正确无误。

训练内容：

1. 强梦公司市场部一共有 6 名员工，当期绩效考核得分如下：李二 76 分，张三 94 分，李四 91 分，王五 88 分，赵六 82 分，胡七 78 分；部门绩效考核 91 分，公司定为优秀等级，享受 1.2 的绩效奖励系数。请计算李二、张三、王五、胡七四人的绩效考核系数（结果保留两位小数）。

2. 现在强梦公司准备组织中层管理岗位的全员竞聘，共有综合办公室、项目咨询部、市场部、财务部等 8 个部门，16 个岗位，即每个部门正副职岗位各 1 人。也就是说这些岗位的编制都是 1 人，现在每个岗位的竞聘人数都达到 3 人以上，请问评委对这些竞聘者进行考核打分？需要对这些考核分数进行系数折算吗？为什么？

3. GY 公司咨询项目团队的工作结束后，项目总监给予的考核分数是 93 分，请问整个项目团队的奖励系数是多少？根据之前商定的奖金分配方案，项目组 3 位成员各自可以获得多少奖金？

1. ______

2. ______

3. ______

任务十　绩效反馈——反馈面谈培训

绩效考核结果出来了，根据绩效考核评分对应的等级，团队的奖金额度和每位团队成员的奖金分配也可以作出一个初步的估算了。现在作为项目经理的胡建就需要进行绩效反馈面谈。在面谈之前，作为考核者胡建需要了解反馈的方法，或者接受反馈面谈培训，确保工作有的放矢，有利于团队绩效文化的建设和成员绩效改进，为今后的咨询项目实施打下更好的基础。

训练目的：掌握绩效反馈面谈的基本方法。

训练要求：

1. 掌握多种反馈面谈的方法，理解各自的利弊。
2. 能够根据考核对象的实际情况随机应变，采用合适的面谈技巧。

训练内容：

1. 根据 GY 公司项目团队的实际情况，胡建应该采用何种面谈方式？
2. 胡建在接下来的面谈中应该注意哪些方面的问题？
3. 请大概列出人力资源部将要为绩效反馈面谈所做的工作。

1. ______________________________

____

____

____

2. ______________________________

____

____

____

3. ______________________________

____

____

____

任务十一　绩效反馈——反馈面谈

GY 公司的项目按期结束了，项目团队回到了强梦公司。回到公司后，项目团队着手进行在 GY 公司驻场结束后的相关总结工作。其中比较重要的一项就是完成绩效考核中的绩效反馈面谈和绩效结果的应用，分配项目奖金。同时，按照项目咨询合同的约定，GY 公司的服务费也于 1 月 18 日全款汇入强梦公司账户，项目总监根据 GY 公司反馈和胡建的项目总结报告，给予项目团队的考核等级为优秀。

强梦公司的人力资源部相关人员准备了面谈所需要的工作计划、含考核结果的绩效计划书、过程追踪和沟通的记录、面谈记录表等相关资料，与项目团队成员沟通了面谈的时间，确认后把相关资料和时间地点的安排发送给了相关人员。下面是绩效反馈面谈的沟通内容。

一、胡建与小李的绩效反馈面谈

胡建：小李，快来坐，忙了两个月，做完这个项目有什么收获吗？

小李：我觉得自己对股权激励又加深了理解，以后再负责这个模块应该会做得更好。但是在项目实施过程中，对于客户股权激励面临的问题该如何解决，虽然我们前面也讨论过，但是我自己对实操性很强的解决措施还是把握不准，被扣分也是预料之中。薪酬模块以前做过，比较熟悉，就是这次时间紧了些，差点不能按时提交。

胡建：我们以前合作过，我对你的能力还是很有信心的，工作态度也很积极，这次表现不错。股权激励的解决措施是和相关政策、客户股权结构、客户实际诉求等因素相关的。比如，GY 公司老板只愿意最多出让总盘子 10%的股份用于内部员工激励，而员工认为只要是主管以上的人员就有权得到股份，个人需求量还比较大，这样 10%肯定不够。这个时候就需要员工自己掏钱买，股价就稍微高了一些。如有的员工打算买 5 万股，可是又拿不出那么多现金。这时就要重新商量股份数量，就可以引导双方达成一致，而不至于形成不可调和的矛盾。这方面你的方案有瑕疵。所以扣了 6 分。

小李：通过这个项目，我觉得自己对项目的整体把握还有欠缺，对客户需求的反应敏感度也需要提高，不能预判客户看到方案后会出现哪些反应。

胡建：都是这么过来的，这种感觉是需要通过多做项目、多积累慢慢形成的。从你的年龄和工作经历来看，能够单独承担几个模块，并完成得很好，已经非常不错了。以后在做项目的时候，争取和客户多沟通，沟通完了之后再多跟项目经理交流，不仅要承担制定模块方案的职责，也要承担起和客户沟通汇报的责任，这样就会得到很大的提高。

小李：这是个不错的改进建议，谢谢经理！

胡建：你对这次绩效考核结果有意见吗？

小李：没有，扣分的地方，我也没有异议。

胡建：还有什么问题需要聊聊吗？

小李：暂时没有了，谢谢经理。

胡建：好的。那我们签字确认，今天我们就先聊到这里。

二、胡建与小王绩效反馈面谈

胡建：小王，进来坐。回来休息得怎样？对参加这次项目有什么感想呀？

小王：回来这几天虽然没做什么事情，但脑子一直没闲着，在回顾这次的项目经历。

胡建：都回顾了些啥呀？分享一下？

小王：觉得自己还是做得太差劲了，你给我口头讲述客户遇到的问题的时候，我好像是听懂了，但是到自己亲自动手的时候，写起来就没有方向了。其实我内心挺不好意思的，自己的任务完成得不好，还拖累您加班加点帮我修改。

胡建：我理解你的心情，以前我也有过类似的经历。毕竟你是第一次独立制定方案，这种情况很正常，不要有太大的心理压力。我们是一个团队，虽然说分工协作，但是我还是要全局把握的。

小王：谢谢经理的安慰。

胡建：你最后提交的绩效方案虽然结构完整了，但是逻辑性还有些混乱，指出的有些问题也不是GY公司内在的根本问题，比如考核指标书写不规范等，这些问题其实很多企业多多少少都存在，但是如果我们设计的方案停留在这个层面，就属于蜻蜓点水了。我们一定要紧紧抓住它的核心问题。GY公司绩效方面的核心问题就是绩效奖金分配主要是由中层负责人主观决定的，这种做法造成的内部不公平导致优秀人才流失。因此，我们一定要围绕这个点去深挖，再从根本上提出解决问题的方案。这家公司的绩效奖金分配为什么由中层负责人主观决定呢？通过调研我们知道是由于总部监管缺位，由下到上的信息汇报失真。绩效考核反映出的问题只是个表象。

小王：我理解，当时时间紧迫，我前面已经花费了20多天，质量还是不行，其实即便再给我10天时间，我也不见得会有大的突破。

胡建：我很明白你的感受，但是如果时间充裕，我会再仔细地指导你，相信你一定会写出一份高质量的方案。因为绩效管理系统设计方案是你的主要工作任务，权重比较大，所以扣分相对比较多，对于我后面根据考核得分对奖金分配的调整，也希望你能理解。

小王：没问题，经理，还是那句话，能得到锻炼能学到东西，我就知足了。

胡建：接下来有时间的话，我们再回过头讨论一下，把咱俩的方案对比去分析一下，希望对你有帮助。

小王：太感谢您了，经理。

胡建：不要这么客气，我们毕竟是同一个团队，对这次绩效考核结果有什么意见吗？

小王：没有，扣分的地方我没有异议。

胡建：好的，那先对考核结果签字确认。今天我们就先聊到这里吧。

训练目的：掌握绩效反馈面谈的基本方法。

训练要求：

1. 掌握多种反馈面谈的方法，理解各自的利弊。
2. 能够根据考核对象的实际情况随机应变，采用合适的面谈的技巧。

训练内容：

1. 小李、小王对胡建的考核结果为什么认同？
2. 胡建经理为什么说要再约小王？
3. 胡建经理分析小王绩效表现不足的谈话，哪些方面值得学习？

1. ____________________

____

____

____

2. ____________________

____

____

____

3. ____________________

____

____

____

任务十二　绩效考核结果应用——选择结果应用方式

绩效考核结果的应用主要体现在两个层面：一是人力资源管理层面，如图 4 所示；二是组织管理层面，如图 5 所示。

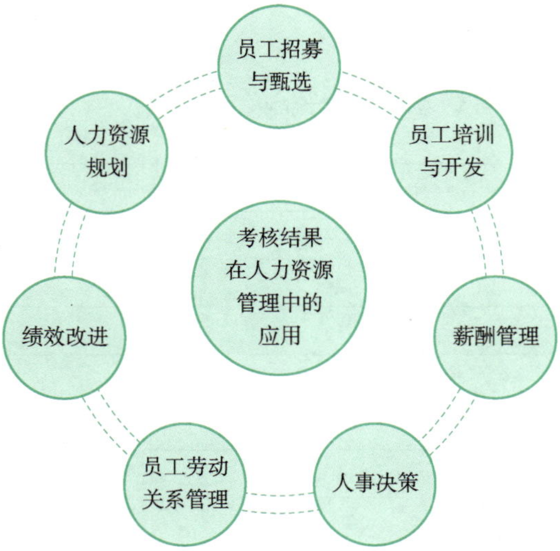

图 4　绩效考核结果在人力资源管理中的应用

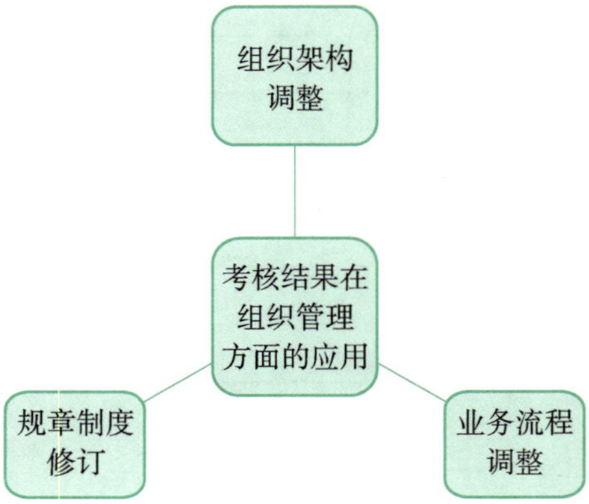

图 5　绩效考核结果在组织管理方面的应用

绩效考核结果反馈结束以后，根据事先的计划和绩效反馈的结果，胡建作为项目经理就要根据双方签字确认的绩效考核结果按照约定的方式对奖金进行分配。

训练目的：掌握绩效考核结果在薪酬方面的具体应用。

训练要求：

1. 掌握奖金计算的方法。
2. 认真细心，确保计算准确。

训练内容：准确计算项目奖金在团队 3 位成员之间的分配金额。